XUEXI
ZHIHUILUN

曾 强／著

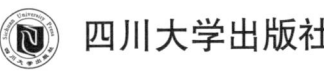

四川大学出版社

项目策划：何　静
责任编辑：高庆梅
责任校对：王　静
封面设计：墨创文化
责任印制：王　炜

图书在版编目（CIP）数据

学习智慧论／曾强著．— 成都：四川大学出版社，2020.12
ISBN 978-7-5690-2665-8

Ⅰ.①学… Ⅱ.①曾… Ⅲ.①学习理论（心理学）—研究 Ⅳ.①G442

中国版本图书馆CIP数据核字（2018）第301918号

书　名	学习智慧论
著　者	曾　强
出　版	四川大学出版社
地　址	成都市一环路南一段24号（610065）
发　行	四川大学出版社
书　号	ISBN 978-7-5690-2665-8
印前制作	石　慧
印　刷	四川盛图彩色印刷有限公司
成品尺寸	148mm×210mm
印　张	8.875
字　数	216千字
版　次	2020年12月第1版
印　次	2020年12月第1次印刷
定　价	48.00元

◆ 版权所有 ◆ 侵权必究

◆ 读者邮购本书，请与本社发行科联系。
　电话：(028)85408408／(028)85401670／
　(028)86408023　邮政编码：610065
◆ 本社图书如有印装质量问题，请寄回出版社调换。
◆ 网址：http://press.scu.edu.cn

四川大学出版社
微信公众号

前　言

在知识经济和信息时代的背景下，终身学习成为新的学习理念，我们应该重新思考学习的价值和意义。反观现实，基础教育经历了十几年的课程改革，学生的学习效率得到了显著提高，但部分学生不擅长学习、不擅长与同伴和教师交往、不擅长正确认识自己、不能主动承担学习责任等，这些都是当下需要解决的问题。与此同时，学习研究有待进一步深化，应该将学习理论中的"应如何"和学习具体实践中的"如何做"有机结合起来，建构新的学习理论。

本书在收集国内外关于学习、智慧和学习智慧相关文献的基础上，以亚里士多德的德性观、康德的理性思想、皮亚杰的建构主义学习理论、加德纳的多元智力理论为理论基础，以学习智慧为主题，阐述了学习智慧的本质、学习智慧的特点、学习智慧的分类、学习智慧的功能和学习智慧的表征，以及学习智慧的形成机理，提出了学习智慧养成的外部支持策略。

（一）分析学习智慧的两个上位概念：学习和智慧，从而确定学习智慧的本质。学习是实现人自身发展的实践活动。人作为学习的主体，一方面改造着客观世界，另一方面改造着自身的主观世界。学生作为向学的生命，是学习的责任人，应以发展自身为学习目的。同时分析构成学习实践的要素，包括学生、学习他人、学习内容和学习环境，四个要素之间又构成了四种常见的关系：学生与学生自身、学生与学习他人（教师和学生）、学生与学习内容、学生与学习环境。学生在处理这四种关系的时候存在着三种实践水平差异,从低级到高级分为学习经验、学习科学、学习智慧。此三者之间既相互联系又彼此区别。为了更好地理解学习智慧,定义智慧是一种明智决策的能力[平衡(选择)① 能力],此人有智慧,是指此人拥有能在对立冲突的价值和行为之间进行平衡(选择)的能力。学习和智慧二者之间是相互关系的,其中学习支持智慧的形成和发展,智慧可以促进学习能力和学习效率的提高。学习和智慧有机组合便成了学习智慧。学习智慧是指学生在复杂的学校情境中,在感悟学习规范的基础上,通过自身立法和情意自律,形成学习信念,平衡(选择)适度的学习价值和学习行为,形成良好的学习品质。

(二)为了更深入地理解学习智慧,对学习智慧进行了全面的理论剖析。

其一,论述了学习智慧的四点特征,即独立自主性、生成创造性、内隐规约性、个别差异性。将学习智慧分为学习价值平衡智慧和学习行为平衡智慧。在此基础上,认为学习智慧具有充分体现学习和学生本质、帮助学生提高学习效率、促进个人和社会发展的功能。

其二,从学习实践本质的四种关系出发,结合学习智慧的分类,探讨学生在学习过程中的学习智慧表征,包括五种良好的学习价值和学习行为。它们分别是:①学生处理与自身关系的学习智慧:欲望之我与完美之我平衡后的身心和谐的学习价值,肆意放纵与内敛苛求平衡后的自制接纳的学习行为;②学生处理与教师关系的学习智慧:学生"神化"教师与学生"魔化"教师平衡后的学生"人化"教师的学习价值,学生顺从教师与学生敌

---

① 平衡含有选择的意思,为了方便理解,文章中有些地方使用平衡(选择)来表示平衡和选择的意思。

对教师平衡后的学生尊重、协作教师的学习行为；③学生处理与学生关系的学习智慧：个人主义与集体主义平衡后的群己共赢的学习价值，自我中心与盲目从众平衡后的合作学习的学习行为；④学生处理与学习内容关系的学习智慧：实质学习与形式学习平衡后的形实并举的学习价值，知识获得与智力训练平衡后的扬弃兼容学习内容的学习行为，即学生选择、理解、继承与创新学习内容的学习行为；⑤学生处理与学习环境（技术）关系的学习智慧：技术异化与技术膜拜平衡后的技术合和的学习价值，排斥技术与追逐技术平衡后的技术创生的学习行为，即学生能动适应、创造和超越学习技术的学习行为。

其三，探究了学习智慧的形成过程及其机理。从学习智慧的本质出发，认为学习智慧的发展经历了学习规范、学习信念、学习品质三个不同的阶段，经历了由外在学习规范内化为学习信念的过程，由内在学习信念外化为学生个人学习品质的过程。支持和推动学生学习智慧发展的心理机理有：学生的认知感悟能力、学生的情意自律能力、学生的平衡（选择）能力。支持和推动学习智慧发展的教育机理有：课程设置引导学习智慧的萌生；教学过程促进学习智慧的生长；教学环境影响学习智慧的发展；教学评价规约学习智慧的形成。

（三）从课程与教学论的视角，提出了促进学生养成学习智慧的策略。其一，课程：综合素养的个性化课程促成学习智慧，包括综合素养的个性化课程设置帮助学生拥有主体责任意识；综合素养的个性化课程内容推动学习智慧发展。其二，教学：多种方式锻炼学习能力、发展学习智慧，包括互惠关怀的教学情境支持学生学习智慧的萌生；"研究—探讨"型的教学模式促进学生学习智慧的生长；对话教学法推动学生学习智慧的形成。其三，环境：激发学生的情感和意志，陶冶学习智慧，包括形成正能量的社会心理；让学校成为学生栖居的场所；激发学生探究欲的班

级环境。其四，评价：促进学生自我认知，引领学生的学习智慧，包括充满激励和爱的评价理念；实现学生自身发展的评价目的；评价体现的真诚性、具体性。

希望通过本书的出版，有更多教育研究工作者从学生的视野出发，探究适应学生终身学习发展的教育，引领学生走向学习智慧。

目 录

第一章 绪 论 /1
  第一节 选题缘起 /1
    一、学习社会的到来召唤新的学习理论 /1
    二、现实的学习危机期待新的学习理论 /4
    三、学习理论自身发展的必然趋势 /6
    四、笔者对学习问题的思考 /6
  第二节 综 述 /7
    一、学习的相关研究 /7
    二、智慧的相关研究 /16
    三、学习智慧的相关研究 /21

第二章 学习智慧的理论基础 /28
  第一节 亚里士多德的德性观 /29
    一、亚里士多德德性观的要点分析 /29
    二、亚里士多德德性观对学习智慧的启示 /32
  第二节 康德的理性思想 /34
    一、康德理性思想的要点分析 /35
    二、康德理性思想对学习智慧的启示 /38
  第三节 皮亚杰的建构主义学习理论 /42
    一、皮亚杰建构主义学习理论的要点分析 /43
    二、皮亚杰建构主义学习观对学习智慧的启示 /46

第四节 加德纳的多元智力理论 /48
　　一、多元智力理论的要点分析 /48
　　二、多元智力理论对学习智慧的启示 /50

第三章　学生的学习智慧 /54

第一节 学　习 /54
　　一、学习的本质 /55
　　二、学生学习的基本特征 /60
第二节 智　慧 /74
　　一、智慧的本质 /74
　　二、智慧的基本特征 /88
第三节 学生的学习智慧 /91
　　一、学习与智慧的相互关系 /91
　　二、学习智慧的本质 /93
　　三、学习智慧的基本特征 /95
　　四、学习智慧的分类与功能 /103

第四章　学生学习智慧的表征 /108

第一节 学生处理与自身关系的学习智慧 /109
　　一、身心和谐：欲望之我—完美之我的学习价值平衡 /110
　　二、自制接纳：肆意放纵—内敛苛求的学习行为平衡 /116
第二节 学生处理与学习他人（教师）关系的
　　　　学习智慧 /121
　　一、"人化"教师："神化"教师—"魔化"教师的学习
　　　　价值平衡 /123
　　二、尊重、协作教师：顺从教师—敌对教师的学习
　　　　行为平衡 /128

第三节　学生处理与学习他人（学生）关系的
　　　　学习智慧　/137
　　一、群己共赢：个人主义—集体主义的学习价值平衡　/138
　　二、合作学习：自我中心—盲目从众的学习行为平衡　/142
第四节　学生处理与学习内容关系的学习智慧　/149
　　一、形实并举：实质学习—形式学习的学习价值平衡　/150
　　二、扬弃兼容：知识获得—智力训练的学习行为平衡　/155
第五节　学生处理与学习环境（技术）关系的
　　　　学习智慧　/162
　　一、技术合和：技术异化—技术膜拜的学习价值平衡　/165
　　二、技术创生：排斥技术—追逐技术的学习行为平衡　/170

第五章　学生学习智慧的形成过程及机理　/176
第一节　学生学习智慧的发展阶段和过程　/176
　　一、学生学习智慧的发展阶段　/177
　　二、学生学习智慧的发展过程　/186
第二节　学生学习智慧养成的心理机理　/192
　　一、认知感悟：学习智慧的前提条件　/193
　　二、情意自律：学习智慧的动力枢纽　/196
　　三、平衡（选择）：学习智慧的协调机制　/215
第三节　学生学习智慧养成的教育机理　/220
　　一、课程设置引导学习智慧的萌生　/221
　　二、教学过程促进学习智慧的生长　/223
　　三、教学环境浸染学习智慧的发展　/228
　　四、教学评价规约学习智慧的形成　/229

第六章　学生学习智慧养成策略　/232
第一节　课程：综合素养的个性化课程促成学习智慧　/233

一、综合素养的个性化课程设置帮助学生拥有主体
责任意识 /233
二、综合素养的个性化课程内容推动学习智慧发展 /238

第二节 教学：多种方式锻炼学习能力、发展学习智慧 /241
一、互惠关怀的教学情境支持学生学习智慧的萌生 /242
二、"研究—探讨"型的教学模式促进学生学习
智慧的生长 /246
三、对话教学法推动学生学习智慧的形成 /253

第三节 环境：激发学生的情感和意志、陶冶学习智慧 /256
一、形成充满正能量的社会心理 /256
二、让学校成为学生栖居的场所 /258
三、激发学生探究欲的班级环境 /260

第四节 评价：促进学生自我认知、引领学习智慧 /262
一、充满激励和爱的评价理念 /263
二、实现学生自身发展的评价目的 /265
三、评价体现真诚性、具体性 /267

结 语 /271

第一章 绪 论

第一节 选题缘起

两千多年前,亚里士多德在《形而上学》中提出,求知是人类的本性。① 学习是一种求知过程,学习的最高境界是达致智慧。在社会进化的过程中,人不仅是社会的重要组成部分,也是推动人类进化的主要动力,推动人类进步的动力之源就是学习。学习是什么,为什么学习,如何学习等成为文明进程中具有深刻意义的研究主题。在科学技术日新月异、知识更新高速发展的今天,面对日渐复杂的学习环境,面对日益多元的学习价值,学生究竟应如何取舍才能使自身的发展与他人的发展、自身的发展与社会的发展有机统一?我们不得不进一步思考如何智慧性地解决这些冲突,如何合理有效地解决矛盾冲突。随着研究的深入,人们愈发产生了学习智慧是什么的追问?本研究通过对学习智慧本质的追问,探讨学习智慧的理论框架,以及如何实现学生学习智慧的发展。

一、学习社会的到来召唤新的学习理论

人类经历了一万年前农业文明的第一次浪潮,几百年前工

---

① 〔古希腊〕亚里士多德. 形而上学 [M]. 吴寿彭,译. 北京:商务印书馆,2011:1.

业革命的第二次浪潮,当下,后工业社会或超工业社会的第三次浪潮正汹涌澎湃地向人类涌来。人类的政治、经济、文化发生了前所未有的翻天覆地的变化。面对巨大的压力和冲击,有人踟蹰不前,有人盲目激进。为了适应社会突飞猛进的发展,也许通过学习可以解决人类发展过程中的困难。但目前而言,人类的学习速度和时代发展的速度不相匹配,个人的学习速度跟不上时代发展的步伐。人类的学习还没有达到对付当下复杂性生活所需要的水平、强度和速度,这种适应性学习虽然在过去取得了辉煌的成绩,人们可以通过学习去获得明确的观点、方法和原则,来对付已知的或重复发生的情况。这种适应性学习方式以前是、现在是并继续是每个社会正常运行和保持稳定所不可缺少的学习方式。在当前的社会背景下,人们通过适应性学习来对付全球问题所提出的挑战,难免会捉襟见肘。尽管如此,人类仍不能坐以待毙,而应该成为时代发展的助推手,改变现状和实现目标唯一可能的途径就是学习。既然适应性学习已不适应时代发展所需,那么究竟什么样的学习才能推动人类自身的发展,推动人类的进步?此时,重新认识学习和把握学习的内涵就显得尤为重要了。学习不仅是人类的一种生存方式,更应该成为人类的生活方式,这种生活方式应该强调人的首创精神,学习应该使人拥有更强大的功能。故而,学习化社会和终身学习观念铺天盖地而来,席卷全球。1968年美国的法律学者、教育思想家哈钦斯提出了"学习社会"这一理念,他认为教育的根本目的不是促进国家繁荣,认为教育的失误就在于以经济发展作为培养人才的目的。他的学习社会主要是指通过学习实现人格的完善,为了达成这一目的,所有的制度都需发挥其本身固有的作用,以最终保证全体成员实现最大限度发展自身的能力。① 学习社会着眼于对人、对人性以及对人生真正价值的培养和实现。联合国教科文组织提出了人未来发展的四大支柱②，这些都充分说明学习对人发展的重要性。四大支柱同时说明学习不能像过去一样，局限于按照教师或成人的组织规划、需要和见解去学习。学习已经不再是一种特定年龄的规定性的活动，学习是每一个人生活中不可缺少、不可剥夺的基本需要，学习正在日益向着整个社会和个人终身的方向发展。

在第三次浪潮的信息科技的推动下，学校教育已经打破了那种分散的、片段的局限，教育正在跳出传统教育所规定的界限，未来，学校教育的变革势在必行。学习作为实现个体自我发展的实践活动已成为共识。虽然每个人都在不分昼夜地接受教育，但人们逐渐从被教育的对象演变成教育的主体。未来的学校必须把接受教育的学生变成自己教育自己的学生，教师的教育不能成为学生的教育。个人在学习中主体性的根本转变是对传统教育将人视为客体的逆转，人成为学习的主体是未来学校教育变革的主要方向。③ 人应该通过学习使自己日臻完善，使自身人格丰富多彩，以适应多种社会角色的需要。人不能通过短时间学习获得很多知识，尔后就可无限期地加以利用，这已经不符合时代发展的需要。人必须打破前半辈子学习后半辈子工作的思维模式，学生进入学校学习的目的已经不是获得系统的知识，而是通过掌握知识，提升各种学习能力和学习品质，为自身内部生长做好充分的准备。

---

① 林钧. 论赫钦斯学习化社会的理论构想[J]. 太原师范学院学报，2010（2）：106-108.

② 四大支柱是指学会认知，学会做事，学会共同生活，学会生存。

③ 联合国教科文组织国际教育发展委员会编著. 学会生存：教育世界的今天和明天[M]. 北京：教育科学出版社，1996：200.

学习化社会推动人重新反思学习中人的主体性。《国家中长期教育改革和发展规划纲要（2010—2020）》指出："要以学生为主体，以教师为主导，充分发挥学生的主动性，把促进学生健康成长作为学校一切工作的出发点和落脚点。关心每个学生，促进每个学生主动地、生动活泼地发展，尊重教育规律和学生身心发展规律，为每个学生提供适合的教育。"① 在教学过程中，教师尤其需要尊重学生的人格，不能谩骂和侮辱学生，不能对学生进行体罚和变相体罚。关注学生的个体差异性，同时满足不同学生的学习需要。学生是充满差异性的个体，不能将学生限定在一个既定的框架内，以一刀切的方式去认识和评价所有学生——这样会严重阻碍学生的个性发展，不利于学生创造性的发挥。学校必须创设有利于学生发展的环境，充分激发和调动学生的学习积极能动性，推动学生掌握和运用知识的能力，确保每个学生都能获得充分且长远的发展。如何才能使学生成为学习的主体？如何让学生成为生命意义完整的人？这就需要突破原有学习理论的局限，召唤新的学习理论。

二、现实的学习危机期待新的学习理论

2001年我国颁布了《国务院关于基础教育改革与发展的决定》，基础教育改革从此如火如荼地在我国开展，十几年的不断摸索，基础教育改革取得了些许成绩，主要表现为中国学生的国际考试名列前茅，留学生的学习成绩优异，学生夺得学科奥赛的金牌。这些都成为基础教育改革的亮点，但国人的创造力与其他国家相比还有一定的距离。经分析发现，优秀的成绩主要源于学生对基础知识的掌握，通过不断练习，提高做题的

---

① 国家中长期教育改革和发展规划纲要（2010—2020年）[EB/OL]. http://www.gov.cn/jrzg/2010-07/29/content_1667143.htm, 2010-07-29.

熟练度，从而获得较好的成绩。但是，掌握知识并不意味着学生创造力的提高，知识与创造力有着本质的区别。一些曾经所谓的优等生和奥数金牌获得者，经过一段时间学习后都不从事原来相关学科工作。更有甚者，有些学生对原有的学习工作表示强烈的反感。

"形成爱学习、爱劳动、爱祖国活动的有效形式和长效机制，增强学生社会责任感、创新精神、实践能力。"① 基于学生个体充分发展，让学生拥有爱学习的态度是教学改革的一个出发点；具有创新精神和实践能力的人成为教学改革的核心内容；让学生成为一个成长中和发展着的人，成为一个向学的生命，这是教学改革的目的和归宿。如何让学生在学习过程中拥有安全感？如何让学校成为学生栖居的场所？这是值得深思的话题。著名的钱学森之问②是值得每位学生和教育工作者、研究者认真思考的问题。有调查结果显示："恢复高考以来的 3300 名高考状元，没有一位成为行业领袖。"（见《上海教育》2011 年 12A 期第 34 页）问题出在哪里？难道是学习的知识不够吗？目前，有些学生不喜欢学习甚至讨厌学习，学生学习的内部动力较为缺乏，外在的学习动力将越来越使人相互隔绝和疏远。究竟是什么在推动学生学习，学生面对多种价值冲突的时候，如何迅速分析、调节冲突、选择合适的价值，如何准确把握学习各因素与自身的关系，当遇到学习困难时如何寻求帮助并解决，如何通过元认知调控学习过程，这些都是目前的教育中亟待思考和解决的问题。

---

① 新华社. 中共中央关于全面深化改革若干重大问题的决定［EB/OL］. http://news.xinhuanet.com/mrdx/2013－11/16/c_132892941.htm，2013－11－16. http://www.scio.gov.cn/zxbd/nd/2013/document/1374228/1374228_1.htm，2013－11－15.

② 著名的钱学森之问："为什么我们的学校总是培养不出杰出人才？"

三、学习理论自身发展的必然趋势

学习是个体社会化的必经之路,学习是个体不断实现自身发展的实践活动。学习理论的发展在不同的领域都有所论及,但学习理论各有侧重,如心理学领域主要用动物的实验来论述人类学习,其理论运用的适当性和可靠性就值得商榷。学习理论的发展经历了由感性到理性的过程,在此基础上,人们逐渐认识到学习理论应该统合理性和感性并逐渐过渡到"做"的领地。此观点强调学生从主观的实践出发,形成实践理性,通过自身立法和意志自律,不断处理与周遭事物的关系,通过平衡和选择实现美好生活。在学习过程中,学生一方面需要认识感悟社会规范,这是人自我实现的前提。另一方面,不局限于社会规范,通过对规范的感悟,内化为自我学习信念,通过意志努力,不断践行良好的学习品质规范,从而实现学生与学习内容、学生与学习环境、学生与他人、学生与自身的和谐。这就说明,不能用客体来说明主体关于客体的知识,而应该用主体来说明主体关于客体的知识①,通过学习主体的建立,使学习目的从求真的过程逐渐向着求善和求美的方向迈进。

四、笔者对学习问题的思考

目前,中国小学生、初中生、高中生的学业负担普遍很重。家长们感慨孩子学习辛苦,但又不得不将学生送往各种补习班,目的是不想让孩子输在起跑线上。如此一来,学生的双休日被各种辅导班、兴趣班所占用,学生所有时间都被周密安排。试问,在此情况下,学生如何自由?学习有何乐趣?在这种学习状态

---

① 〔德〕康德. 任何一种能够作为科学出现的未来形而上学导论[M]. 庞景仁,译. 北京:商务印书馆,1978:92-94.

下，学生如何判断？如何主动学习？如何形成丰富多样的个性？我们不得不深入反思减负的必要性。学习作为人的一种生存状态和生活方式，学生能否意识到自我的主观能动性，能否处理好学习过程中的各种关系，应拥有什么样的学习价值，应选择什么样的学习行为，种种问题都激发笔者研究学习智慧的兴趣。

第二节　综　述

合理地界定和理解学习智慧的内涵，需要对学习和智慧两个核心概念进行深入理解，如此才能为深入把握学习智慧的内核，从而奠定良好的根基。在厘定学习和智慧的定义之前，需要追溯与梳理以往研究者关于学习和智慧的论述，深度挖掘二者的合理内核。与此同时，笔者对学习智慧的研究现状进行了综述，探讨了学习智慧在已有研究领域的可行性和必要性。

一、学习的相关研究

学习的内涵随着时代的发展而发展，关于学习的论述，国内外研究的重心和热点主要集中在学习的本质和学习的实践研究两方面，此外也有研究者从事学习策略和学习风格的研究。

（一）国外关于学习的研究

1. 学习本质的研究

（1）心理学领域着重强调学习的心理机制研究。学习理论分别对学习本质进行了论说且各有侧重。①行为主义学习理论根据实验提出学习是刺激和反应之间形成的联结。经典条件反射的代表人物巴普洛夫根据实验结果，提出了学习的习得律、消退律、泛化律、辨别律、高级条件作用律等。操作性条件反射的代

表人物斯金纳提出了程序学习原理，认为强化对学习行为的养成有非常重要的作用。约翰·华生依据实验提出了频因律和近因律等学习规律。②认知学习理论反对行为主义学习流派，在学习过程中注入心理的过程，强调个体根据自己内部结构对环境进行选择，目的是赋予经验的意义。学习是认知结构的改变。认知主义将学习重心转移到学生内部认知结构的变化上，主要代表人物和观点如下：让·皮亚杰认为学习是学生头脑中认知图式的重建，布鲁纳提出了发现学习；奥苏贝尔提出了意义学习，同时又把意义学习分为表征学习、概念学习和命题学习；加涅提出了信息加工学习，认为"学习是可以持久保持且不能单纯归因于生长过程中人的倾向或能力的变化"①，学习使人发生能力和倾向的变化且得以持久保持，而这种变化不能简单归因于生长过程。② 人本主义学习理论是继行为主义和认知主义学习理论后的又一重大学习理论。该理论从人自身出发，强调人的自我发展、创造潜能和情感教育，主要代表人物有马斯洛、罗杰斯等。此理论认为学习是自我概念的变化，每个人都具有发展自己潜力的能力和动力，个体可以自由地选择自己发展的方向，并对自己选择的结果负责。罗杰斯认为，人内心深处都有一种想保存、提高和表现自己的倾向，也希望摆脱外界控制而独立，成为自我支配的、甚至超越自己的本性。

以上理论主要针对学习的心理机制进行论述，各派别学习理论优劣共存、瑕瑜互见。其中，行为主义强调行为链接的形成，却忽视了人的内部心理和人的主观能动性，同时由于行为主义的

---

① 〔美〕R. M. 加涅. 学习的条件和教学论［M］. 皮连生，等译. 上海：华东师范大学出版社，1999：2.
② 〔美〕R. M. 加涅. 学习的条件和教学论［M］. 皮连生，等译. 上海：华东师范大学出版社，1999：2.

学习结论大部分来自对动物的实验，难免出现片面狭隘的学习理论，其结论也难免牵强附会。认知主义开始把重心转移到学生内部心理结构的变化上，但他们仍然脱离不了行为主义的影响。人本主义把学习的兴趣、动机纳入人类学习考虑的范围，把人的全面发展作为学习的终点。人本主义重视经验范式，强调个体的重要性，把自我以及自我实现凌驾于团体之上。这些学习理论异曲同工地共同关注学习内部机制，关注学生外部知识的获得，却未能关涉学生的学习品质和人格的发展。

（2）教育学认为学习是有计划的能力变化。其中主要的代表人物和观点如下：学习是行为按某种方式表现出某种行为能力的持久变化，它来自实践或其他的经历。[①] 学习发生于生命有机体中的任何导向持久性能力改变的过程，这些过程的发生并不是单纯由于生理性成熟或衰老机制。[②] 学习被理解为"现实世界中的创造性社会实践中完整的一部分"，是"对不断变化的实践的理解与参与"[③]。鲍尔和希尔加德在著作《学习论》中声称学习是学生在特定的环境中，通过具体的行为活动，不断重复锻炼，从而引起行为或潜能的变化。

2. 学习实践的研究

国外对学习实践的研究也在如火如荼地进行。主要的学习实践研究是由经验主义开展的一系列研究活动。经验主义号召学生走出教室，感受生活，体验社会，以实现完满人格。其代表性的人物有卢梭、杜威和卡尔·罗杰斯。卢梭认为经验是认知的途

---

① 〔美〕戴尔·H. 申克. 学习理论：教育的视角 [M]. 韦小满，等译. 南京：江苏教育出版社，2003：2.

② 〔丹〕克努兹·伊列雷斯. 我们如何学习：全视角学习理论 [M]. 孙玫璐，译. 北京：教育科学出版社，2010：3.

③ J. 莱夫，E. 温格. 情境学习：合法的边缘性参与 [M]. 王文静，译. 上海：华东师范大学出版社，2004：译者序.

径，经验具有理智性，通过感官观察达到理性认识。卢梭认为教育应从儿童的经验着手，培养儿童的感觉经验，而教学应从儿童的实际生活出发。1896年杜威在芝加哥学校进行了为期8年的试验，强调教育与家庭、社区和职业等生活实际的联系，以提高学生的兴趣、经验，要求把教学与实践联系起来，以促进学生的身心发展，以活动为中心组织课程与教学，提出"做中学"理论。杜威还提出了问题解决五步教学法，广为流传。正因为杜威的"经验"没有与学习理论相结合，因此，学生通过"做中学"得到的知识缺乏系统性，而经验学习主要以实用为目的。杜威的学生克伯屈致力于对进步教育思想进行解释并将其付诸实践，提出了设计教学法，将项目作业引进专业教学理论和实践领域，引发了20世纪20年代早期教育界的广泛讨论。20世纪80年代初，一些学者就针对探究学习进行了探索，其中美国教授兰本达提倡"探究—研讨教学法"，另有学者进行探究学习模式的探究，如施瓦布、萨其曼。他们认为儿童通过掌握必需的探究能力，通过主动参与获得知识，形成科学概念，从而成为认识自然的基础，并在此基础上形成积极探究未知世界的态度。[①] 舍恩强调教育的终极意义是学生的发展，学生在行动中思维、在实践中反思，当学生具有反思性思维的时候，才具有可持续发展性。这种反思能力主要用于考察学生自己行动和在具体情境下活动的能力。根据美国学者纽曼和韦拉基的研究，一种教学或学习活动是否具有较高的实际价值，取决于它能否帮助学生实现知识的创造性或个性化建构，学生是否进行了严格的探究，学习结果是否能够运用于学校考试以外的实际生活情境。从1985年开始，在美国的劳伦斯中学的7年级学生中，一直开设有一门"自主研究"课程，这

---

① 钟启泉编译. 现代教学论发展 [M]. 北京：教育科学出版社，1988：366.

门课程要求在教师的帮助下学生能独立进行某项课题研究。同样，在日本东京学芸大学附中，学生进行探究性学习的指导用书为《对物理世界的研究》。另一种经验学习的形式就是服务性学习，美国《国家与社区服务法案（1990）》认为服务性学习是一种学习方式，在这一过程中，学生参与社区服务，在服务中学习并获得发展。

3. 学习策略的研究

学习策略的研究主要表现在以下几个方面：其一，学习策略的学习过程本质研究。代表性的人物和观点如下：里格尼提出学习策略是学生用于获取、保存、提取知识的各种操作程序。梅耶指出，在学习过程中学生用来促进学习效率的任何行为都是学习策略。纳斯比特和舒克史密斯强调学习策略是选择、整合、应用学习技巧的一套操作过程。凯尔和比森认为，学习策略不是轻易的学习实践，而是一系列学习活动过程。丹塞路提出，学习策略是以加强知识的获取、储存、利用为目的的一些过程。琼斯认为学习策略是被用于编码、分析和提取讯息的智力活动或思维步骤。尼斯柏特和夏克史密斯提示学习策略是选择、综合、应用学习技巧的一套操作过程。德里认为学习策略是学生为实现学习目标而编制的复杂的学习步骤。其二，学习策略分类研究。虽然以上学者的观点之间存在差异，但都将认知策略和元认知策略纳入了学习策略的分类系统。魏思坦认为学习策略包括认知信息加工策略、积极学习策略、辅助性策略、元认知策略。丹博将学习策略分为认知策略与元认知策略。麦克卡提出学习策略包括认知策略、元认知策略和资源管理策略。

4. 学习风格的研究

对学习风格的研究主要集中在对学习风格的划分上。目前主要的学习风格类型如下：其一，二分法。主要代表人物是美国心理学家赫尔曼·威特金。此种分类，将学习风格分为场依存型和场独立型。其二,四分法。主要代表人物是柯波。他根据学习过程周期和学生的不同类型,将学习风格分成四种:聚合型、发散型、同化型和调节型。其三,五分法。主要的代表人物是美国的奥克斯福特,她将学习风格划分为五类:与感官偏爱相关的有听觉型、视觉型、触觉型、操作型学习风格;与人格特质联系的有外向型和内向型学习风格;与信息加工方式相关的有直觉性和序列型学习风格;与信息接收方式密切联系的有封闭型和开放型学习风格;与思维方式相关的有分析型和整体型学习风格。

随着学习理论研究的深入,学习研究的领域不断拓展,逐步过渡到成人学习研究领域。有典型的工作场所学习理论,研究者主要有贝雷特和曼斯菲尔德。贝雷特对不同领域的工作人员进行了研究,认为工作中的学习是人生发展的重要组成部分,同时曼斯菲尔德提出了工作场所的非正式学习。

(二)国内关于学习的研究

1. 学习本质的研究

(1)对学习本质的论述主要集中在心理学领域,主要的观点如下:学习是指学生因经验而引起的行为、能力和心理倾向的比较持久的变化,这些变化不是因成熟、疾病或药物引起的,而且也不一定表现为外显的行为。① 学习是人的自我实现,是个人自主发起的活动。在学习过程中"学生如何学习"是最有意义的,一堂课结束的标志不是学生掌握了"需要知道的东西",而是学会了怎样掌握"需要知道的东西"。②

(2)教育学将学习分为广义的学习和狭义的学习。广义的学习指动物和人类在生活过程中获得行为经验的过程。狭义的学习指学生学习,这种学习是指在教师的领导下,学生有计划、有

---

① 施良方. 学习论[M]. 北京:人民教育出版社,2001:5.
② 王有智. 学习心理学[M]. 北京:中国社会科学出版社,2010:109.

目的、有组织、有系统地进行学习。主要包括三个方面：一是知识和技能的获取和形成；二是智力和能力的成长和培养；三是道德认识、道德情感的培养与提高。① 教育学认为，学习是凭借经验产生的、按照教育目标要求的比较持久的能力或倾向的变化。② 从以上定义可以得出，教育学中论述学习的基本特点主要表现在以下两点：第一，注重了环境的作用，看到后天环境对学生的影响；第二，重视通过学习使学习能力、心理倾向和行为方式发生改变，尤其重视智力的发展，重视客观结果的实现。

2. 学习价值的研究

外在价值导向的学习，《论语》中的"学而优则仕"与"仕而优则学"③ 强调学习动机的外在附加性；有人认为学习是为了获得外在的知识，主要的代表人物有岳学军、王为全等。内在价值追求的代表性人物是明代孙奇逢，他认为读书是为了明道理、做好人。在《孝友堂家训》中，孙奇逢说：古人读书，取科第犹第二事，全为明道理、做好人。有人认为学习的目的主要在于实现人的心灵的转换、精神的完满、人格的完善和身心全面发展，实现人"自在自为"的完美存在，在于促成人与社会、人与自然、人与自我的和谐共生，主要代表人物有金吾伦。

3. 学习实践的研究

（1）学习实践的理论研究。随着国外学习理论的丰富和发展，在借鉴的基础上，国内学界在对传统教学思想扬弃的过程中，结合本国的教育情况，进行了一系列的研究。1999年，我

---

① 燕国材. 智力与学习 [M]. 北京：教育科学出版社，1982：145 - 146.

② 邵瑞珍. 教育心理学（修订本）[M]. 上海：上海教育出版社，1997：29.

③ 《论语·子张》。

国正式启动基础教育课程改革，改变以接受学习为中心的单一的学习方式的教学模式。此次改革的宗旨就是实现教师教学方式和学生学习方式的变革，强调形成性和经验性的目标。此次改革强调引导学生积极主动地参与、亲身经历过程、独立思考、合作探究，发展学生搜索和整理信息的能力、获得知识的能力、分析并解决问题的能力以及交流合作的能力。从实践角度出发，提出学习方式变革的研究有研究性学习、探究式学习、反思性学习等。

其一，研究性学习的研究。第一阶段是理论借鉴期，从20世纪80年代开始。第二阶段是理念融入期，从20世纪90年代开始。1997年中央提出《关于当前积极推进中小学实施素质教育的若干意见》，2000年教育部颁布了《全日制普通高级中学课程计划（试验修订稿）》，综合实践活动课程被纳入国家规定的必修课程，研究性学习因此成为其中必不可少的一部分。第三阶段是研究性学习的实践探索期。2001年教育部颁布了《普通高中研究性学习实施指南（试行）》和《基础教育课程改革纲要（试行）》。在政府的高度重视和大力支持下，研究性著作和案例集如雨后春笋般涌现出来，代表性的人物和著作有霍益萍的《研究性学习》，叶平的《研究性学习教师指导书》。代表性的研究案例集有《普通高中研究性学习案例》。其中主要的观点有钟启泉从整体的价值观出发，对研究性学习的理论、研究性学习课程的开发、研究性学习的设计进行了探讨。林桐绰、徐学福、严久等人认为研究性学习可以提高学生的合作的意识和能力，是现代人所应具备的基本素质。此后，一些研究者开始对研究性学习进行反思，认为研究性学习定位不准，研究性学习的目标理解不透彻，实施研究性学习的准备工作不足。

其二，探究式学习的研究。任长松从建构主义的视角对探究式学习进行了研究，集中研究探究式学习重视学生知识自主建构的原因，以及探究式学习如何促进学生知识的自主建构等问题。

其三,反思性学习的研究。对反思性学习的期刊论文和硕士论文也很多,主要有桑志军的《反思性学习实践者的内涵、特征及培养》,楼黎社和张晓晶的《把握认知心理促进反思性学习》,田圣会和李茂科的《试析反思性学习的操作性定义》,郑菊萍的《反思性学习简论》等。

(2)学习方式改革的试验研究。从基础教育课程改革推进以来,各地都积极地推进了课程教学改革,有些地区和学校在学习实践改革中取得了突出的成绩。1998年,上海一些学校率先在活动课和校本课程中开始了深入探索研究性课程,成果卓著。譬如华东师范大学一中进行的"跨学科活动辅导",华东师范大学二中进行的"小课题研究",七宝中学进行的"开放性主题活动课程"等,这些学习活动都属于研究性课程。① 另外,山东杜郎口中学进行课堂教学模式的改革是一种典型的自主学习方式。杜郎口中学"三三六"自主学习模式主要有三大特点,即主体式、大容量、快节奏;自主学习分为三大板块,即预习、展示、反馈;课堂展示分为六个环节:预习交流、明确目标、分工学习、展现提升、穿插巩固、达标测评。这种课堂教学改革突出了学校对学生生命存在和生存发展的整体关照,学生表现得精神饱满、自信专注。② 当然还有一些私立学校也在进行课程教学改革。

4. 学习策略的研究

学习策略的研究主要集中在学习策略的内涵研究和学习策略的分类研究。

---

① 王海澜. 打开学生自我建构之门——关于研究性学习的研究 [D]. 上海:华东师范大学博士学位论文,2002:33.

② 许爱红,刘延梅,刘吉林. 农村中学课堂教学模式的重大变革——解读杜郎口中学"三三六"自主学习模式 [J]. 当代教育科学,2005(11):18-26.

对学习策略内涵进行深入研究的代表人物有田良臣、刘电芝、黄旭、高文、史耀芳、陈琦、刘儒德、蒯超英、张大均等。虽然他们的观点可能存在细微的差别,但核心内容都认为学习策略是学生主观能动性的表现。① 学习策略是学生对学习任务的认识、对学习方法的使用和对学习过程的监控②,学习策略是学生用以提高学习效率的一般性整体谋划。③

对学习策略进行分类研究的主要有王光明、白学军,他们将学习策略分为认知策略(复述策略、精细加工策略、组织策略)、元认知策略(计划策略、监视策略、调节策略)、资源管理策略(时间策略、学习环境管理、努力管理、他人支持)。④ 谷生华、辛涛等将学习策略划分为元认知策略、认知策略、动机策略和社会策略。周国韬等将学习策略分为计划性策略、努力策略和认知策略三类。刘志华和郭占基将学习策略分为组织策略、搜集信息、复述与记忆、寻求社会帮助、复习、评估与诊断、目标与计划、记录自我监控和环境建构等九种。张履祥、钱含芬把学习策略划分为五种:课堂学习策略、巩固记忆策略、解题思维策略、创造学习策略和总结考试策略。

二、智慧的相关研究

(一)国外关于智慧的研究

1. 智慧本质的研究

国外对智慧本质的研究主要集中在哲学领域,哲学领域又突

---

① 田良臣,刘电芝. 试论学习策略教学过程中的主体体验[J]. 西南师范大学学报,2002(4):35-38.
② 蒯超英. 学习策略[M]. 武汉:湖北教育出版社,1999:29.
③ 张大均. 教与学的策略[M]. 北京:人民教育出版社,2003:18.
④ 王光明,白学军. 高效学习策略[M]. 天津:天津教育出版社,2009:20.

出反映在两个方面：第一，智慧是一种知识或能力。苏格拉底用sophia 和 phronesis 两个词语表示智慧，智慧是人在追求和领悟真理的过程中产生的，只有"神"才拥有智慧，人在智慧的境界之外，人不能拥有智慧，只能"爱智慧"，不断向智慧靠拢。苏格拉底认为"德性就是智慧"，智慧不像知识那样可以通过教育获得，而是要在身体力行中去体会。① 柏拉图将智慧与知识进行了明确区分，将智慧分为三种：追求真理的哲学家智慧（sophia）、政治家和立法者智慧（phronesis）、科学研究者理解科学事物所展现的智慧（episteme）。亚里士多德认为知识是有等级的，所以智慧也就有高低等级之分。《尼各马可伦理学》中将智慧分为实践智慧、理论智慧、技艺智慧。理论智慧是理论知识和理论上的"努斯"统一而成，最终与神相通。实践智慧是实践的"逻各斯"和实践的"努斯"统一而成，它是实践理性形成的理智德行，是人生把握整体的善，又思量怎样形成具体的善，既提供实践中有一定普遍性的尺度，又善于具体问题具体分析。② 智慧是人类思维发展的最高水平，是连接过去和未来的广阔的意识系统。第二，智慧是一种价值平衡。斯滕伯格定义智慧是为实现共同的良好体验的应用。主要涉及实现自己与他人及机构短期和长期的利益平衡。智慧是在两个极端之间的平衡，即在拥有过度自信的已有答案和全面怀疑过度谨慎对待任何事物两种极端之间的平衡。智慧需要考虑短期和长期后果、考虑自己和他人、考虑整个社会、考虑使用价值观来指导决策。智慧是指生活判断的恰当形式，不包括思想的内容而是指具体如何思考，是在困难的情况下，经验知识、认知、情感与行动相结合的综合反

---

① 转引自俞宣孟. 本体论研究 [M]. 上海：上海人民出版社，2005：6.
② 徐长福. 走向实践智慧：探寻实践哲学的新进路 [M]. 北京：社会科学文献出版社，2008：205.

映，有利于美好生活或共同利益奋斗目标的实现。斯坦·莱斯特认为智慧还包括采取完备的方法解决问题。

2. 心理学对智慧的研究

心理学对智慧的研究集中表现在对智慧的基本涵义进行分析。其中代表性人物和观点有：阿林认为智慧是思维和判断的基本认识过程，与发现问题和解决问题的能力紧密相关。比伦和费尔希认为，智慧是人在应对生活中的任何问题和行为中，产生的情感、意志和各种能力的整合，是深情与超脱、有为和无为、肯定与否定三种对立关系之间的平衡。基奇纳和布伦纳认为智慧是一种理智能力，表现为觉察到知识的局限性及其对模糊问题的解决与判断所造成的影响。克雷默认为智慧是辩证相对思维模式、情绪和思索的有机整合。劳维-维夫认为智慧是思维的客观逻辑形式与主观形式两者间的平衡"对话"。米查姆认为智慧是对知识的不可靠性有所察觉，是所知与所疑间达到的平衡。奥沃尔和珀尔马特认为智慧是认知机能与人格的高级发展，是平衡或整合的认知与情感。帕斯科莱昂内认为智慧是对人格所有方面的辩证整合，包括情感、意愿（动机）、认知、人生经验。[1] 同时，有研究者对智慧的成分也进行了相关研究，研究智慧成分的方法主要有两种，一种是因素分析法，另一种是文献分析法。尽管研究者对智慧的成分各持一端，但一致认为智慧包含认知成分：人在一定的智力水平上拥有足够的实用知识，在有效结合的基础上，创造性地解决问题；同时，智慧也包含情感因素，在不损害他人利益的基础上，还能增进各自的福祉。

3. 智慧在教育学领域的运用

智慧运用到教育领域的研究，主要集中在反思性教学领

---

[1] 张卫东. 智慧的多元—平衡—整合论 [J]. 华东师范大学学报, 2002 (4): 61-66.

域。最早将实践智慧运用到教育领域的是美国教育家格林。舍恩的反思性教学研究，重视证据和推理的合理性。施瓦布的"课程审议"强调时间共同体的审议在课程开发和设计中的作用。芬斯特马赫反对舍恩的主张，认为舍恩的反思性实践研究，是一种非此即彼的二元对立思维方式。舒尔曼提出了教学推理循环模式，由理解、转化、教学、评价和反思构成的循环模式。卡尔·弗雷德坚持主张教学本身是道德性实践。范梅南的教学智慧认为教学活动需要一种"非反思"的教育智慧和教育机制。亨德森与凯森认为在民主社会中的教育决策中，教师课程智慧作为构建"美好的民主教学生活"的决策方式。斯蒂芬·唐斯认为明智的课程包括问题解决、系统思维、人际、学习、价值。

（二）国内关于智慧的研究

在国内，对智慧的研究主要集中在对智慧的哲学探讨和智慧的心理学研究两个方面。

1. 哲学领域关于智慧本质的探讨

在中国古代文化中，智慧的本质主要表现为整合、中道、权衡。整合的观点主有阴阳平衡、五行生克、天人合一。孔子认为："质胜文则野，文胜质则史。文质彬彬，然后君子。"① 此观点充分说明文质适度对成为君子的重要性。描述中道的观点有"宽而栗，柔而立，愿而恭，乱而敬，扰而毅，直而温，简而廉，刚而塞，强而义"②。《中庸》中论及"中也者，天下之大本也；和也者，下之达道也。致中和，天地位焉，万物育焉"③。描述

---

① 《论语·雍也》。
② 《尚书·虞书·皋陶谟》。
③ 《中庸》。

权衡的观点有"权，然后知轻重；度，然后知长短。"① 在古代哲学领域，重视认识世界万物的理论智慧，以寻找具有普遍意义的宇宙秩序和人类秩序。②

近代中国出现了比较多的智慧观点：智慧是能力与实践情景的交互整合。智慧表现在活动过程中，是推动活动进展的主观对客观所做的分析、判断、评价和发明创造。③ 有研究者认为智慧是主体运用智力与知识，经由练习而习得的一种新颖、高效、巧妙、准确、合乎伦理道德规范的解决复杂问题（疑难问题）的能力。同时，根据复杂问题的不同性质，进而将智慧分为德慧与物慧等两大类别，并详细探讨了二者的区别与联系。智慧是主体生命活力的象征，是主体在某种特定的社会心理文化背景下，通过自身已有的知识和经验，在感性、知性、理性、直觉等多个层面，通过教育和人生历练从而形成面对社会、自然和人生的一种综合能力系统。④ 智慧是人所具备的产生新思想的思维能力。⑤ 智慧是良好的品质与聪明才智，是良知与良行的统一体。⑥ 智慧这个概念可以归属于"实践性能力"的范畴，但它不是某种具体的能力，而是人的综合性的、高水准的并达成自如自由境界的综合能力。⑦

---

① 《孟子·梁惠王上》。

② 赵艳红. 教学智慧：教师权衡的艺术［D］. 重庆：西南大学博士学位论文，2013：5.

③ 程广文，宋乃庆. 论教学智慧［J］. 教育研究，2006（9）：30-36.

④ 田慧生. 时代呼唤教育智慧及智慧型教师［J］. 教育研究，2005（2）：50-57.

⑤ 余华东. 论智慧［M］. 北京：中国社会科学出版社，2005：44.

⑥ 陈浩彬. 智慧德才兼备理论的实证研究［D］. 南京：南京师范大学博士学位论文，2013：22.

⑦ 杜萍，田慧生. 论教学智慧的内涵、特征与生成要素［J］. 教育研究，2007（6）：26-30.

2. 心理学对智慧的探索

心理学对智慧的探索有以下几个方面：①对国外先进心理学理论进行引进。如引进柏林智慧模式，并开始了"社会发展过程中城市老年人心理适应的柏林智慧范式"研究和"智慧的多元—平衡—整合论"研究，正式介绍了智慧理论中的伯林智慧范式。②从心理学的角度对智慧进行了本质探讨，认为智慧是个体在其智力与知识的基础上，由经验，通过练习而习得的一种德才兼备的综合心理素质。有研究者开展了中德大学生智慧隐含理论的跨文化研究、中西文化智慧认知差异的内隐测量研究，从而验证了智慧的德才兼备理论。在此基础上将智慧分为"德慧"和"物慧"。随着理论研究的进一步深入，逐渐丰富了智慧分类，将智慧分为"真智慧"与"类智慧"。③一些研究者充分采用外国的研究思路、研究方法或研究范式对智慧展开了一系列研究，有些研究者在评价国外智慧的基础上，在中国化的智慧心理学理论基础上，进行了一些实证研究，主要研究人物有王凤炎、郑红、陈浩彬、王立皓、黄雨田等。另还有人从因素分析的角度，探讨了智慧的成分，主要研究人物有王立皓、侯祎、王凤炎、郑红等。

3. 智慧在教育学领域的拓展

在教育学领域使用智慧进行研究的主要有教学智慧、教育智慧、教师智慧、教师实践智慧、教学机智。关于这些主题的文章和专著都出现了不少。有人对教学智慧进行了描述性定义，如赵建军、叶澜等。也有研究者对教育智慧进行本质性定义，如王鉴、吴德芳、闫艳、程广文、杜萍、席红梅等。有人研究教学智慧生成的个人因素和环境因素，如邓友超等。

三、学习智慧的相关研究

尽管学习与智慧具有相当的复杂性，研究学习智慧，需要历经艰难险阻，但也不乏研究者涉足。下面我们从国内外两方面对其进行整理。

(一) 国外关于学习智慧的研究

通过文献的梳理,笔者发现国外对学习智慧的研究还处在发展初期,因此,对学习智慧的认识和理解还有待进一步深入。国外关于学习智慧的内涵的理解,主要集中在如下三个方面。

1. 学习促进智慧发展

怀特海强调学生不应该被知识所奴役,而应该通过知识获得自由,学校教育应该从传授死知识和无活力的教育教学活动框架中解放出来,教育的全部目的就是使人具有活跃的智慧。[①] 1998 年斯滕伯格提出了智慧平衡理论[②],从智慧的观点出发,他在中学开展了一系列"为智慧而教"的教学实验。斯滕伯格还认为,智慧是教育的目标,教育应该培养学生智慧性地思考问题和解决问题,学生需要培养自己的社会责任,促进社会的发展。他认为智慧是可以通过技术、课程等学习方式获得的。有学者认为,地理迁移有助于获得智慧,国际迁移可能导致个人智慧的意识官能得到增长,跨文化的经验有利于智慧的增长。[③] 从重要的和有意义的生活经验中学习培育智慧,现实生活中包括三个核心部分:认知的整合、在行动中实施方案、积极地影响自己和他人。以上学者的研究传递出一个共同的讯息,即学习智慧是学习的途径和方法,它可以帮助学生获得更多的智慧。

[①] 〔英〕怀特海. 教育的目的 [M]. 徐汝舟,译. 北京:生活·读书·新知三联书店,2002:56.

[②] 斯滕伯格的智慧平衡理论认为:智慧是指在积极正面的价值引导下,运用智力、创造力和知识,平衡个体与他人、个人与集体、长期与短期的利益而达到最佳的共同利益。

[③] Dragos Simandan. Learning Wisdom Through Geographical Dislocations [J]. *The Professional Geographer*, 2013 (3):390–395.

2. 学习智慧即学习的智慧

有部分学者强调学习过程中学生所表现的学习能力、学习方法和学习策略,认为学习智慧是一种利用评估系统帮助学习者高效学习,通过综合的学习策略去创建一种强化学习的文化。学习智慧是知道为什么学习、怎样学习以及如何实践学习内容,并能做好充足的准备,愿意并且努力去做。克拉克斯顿认为,学习智慧是处置,而不是技能,因为明智的学习行为和学习动作不会自动发生,除非有人安排,学习必须做好充分的准备,学生必须有充分的学习能力,并且愿意去从事学习实践活动。他们认为,学习智慧就是一种学习实践活动,而这种实践活动中包含学习者主观的学习努力,学生制定出学习计划,通过运用已有的学习能力,主动地去进行学习实践。

3. 智慧学习

随着技术的发展,在教育技术领域兴起了智慧学习,主要强调学习技术在学习中的有效使用。

(1) 智慧学习的性质研究。智慧学习是学习者自我导向的、以人为本的学习方式。① 智慧学习是随时随地使用便携式和无线手持设备,学习者能够在一个拥有强处理器、丰富内存、较大屏幕和开放式操作系统的平台上安装和操作各种应用程序。智慧学习通过利用开放教育资源、智能信息技术和国际标准,让学习者能得到一种较为灵活的学习。智慧学习是一种以人为本的学习者自我指导的学习方式,通过数字信息与学习活动的充分无缝整合,使学生方便访问到学习信息资源,同时在信息技术的支持下,方便学生与教师进行有效的交互沟通,设计自我指导的学习

---

① Lee, M. S., Son, Y. E.. A Study on the Adoption of SNS for Smart Learning in the "Creative Sctivity" [J]. International Journal of Eduation and Learning, 2012 (3): 1–18.

环境，有利于个性化的学习。

（2）智慧学习的意义。在信息技术突飞猛进的时代背景下，传统的学习方式发生根本性的转变，智慧学习能通过对技术的使用丰富和加速学习过程。

（3）智慧学习环境的研究。智慧学习环境是建立在对信息通信技术应用的基础上，以学生为中心，能适应不同学生学习风格和学习能力，为学生终身发展服务的一种学习环境。对智慧学习环境的构成要素进行研究的有奥利弗和汉尼芬提出的四因素说；乔纳森提出的六因素说；柯林斯提出认知学徒说。智慧学习强调技术带来了学习方式等一系列的变化，技术使得学习环境发生了变化，学生通过学习技术的使用，实现个性化的学习。

（二）国内关于学习智慧的研究

国内关于学习智慧的研究还不多见，相关的学术论文和学术专著也较少。

国内对于智慧学习的研究，目前主要停留在对国外智慧学习理论的引进与介绍上。对智慧学习的研究，主要的人物和代表性的观点有：祝智庭将智慧学习定义为学生自觉地、巧妙地运用适当的学习技术，学生建构学习意义、实现在合作中共赢的良好局面。[①] 贺斌表示智慧学习是以学生为中心的、学生自我导向的、学生拥有完整学习体验的一种新型的学习范式。智慧学习是一种以学生为中心的学习活动，突出了学习的需求性和客观性，学习需求无处不在，学习无时无刻不在发生。[②]

有人对智慧学习环境进行了研究，认为智慧学习环境是数字

[①] 祝智庭，贺斌. 智慧教育：教育信息化的新境界 [J]. 电化教育研究，2012（12）：5－13.

[②] 杨现民. 信息时代智慧教育的内涵与特征 [J]. 中国电化教育，2014（1）：29－34.

化学习环境的高端形式。智慧学习环境在于帮助学生愉快地投入学习,并能有效学习。① 智慧学习环境的特点包括智慧学习环境实现了物理环境与虚拟环境的融合,智慧学习环境能为学生个性化发展提供支持和服务,智慧学习环境能支持各种学习,如正式学习和非正式学习。对智慧学习环境的构成要素进行研究的学者和观点主要有:陈琦提出了学习生态说,钟志贤提出了七因素说,黄荣怀提出了五因素说,其后黄荣怀还发展了五因素说,提出了智慧学习环境包括六个组成要素。②

研究的过程是一个站在巨人肩膀上不断前进的过程,关于学习、智慧以及学习智慧的研究成果,都为本研究奠定了丰富的理论研究基础,从已有的研究领域中挖掘未开发的领域作为本研究立论的基础。

已有研究成果和有待进一步深入研究的问题主要表现在以下几个方面:

国内外学者关于学习的研究主要集中在从心理学、教育学等领域,在这些领域对学习进行本质探讨。通过不断反思和追问,笔者发现学者虽然对学习本质进行了深入研究,但他们的解释有片面性。这些理论相对比较具体和富有操作性,但学习的适应领域相当有限,需要寻找一个更普遍的学习概念来对学习进行引领。近现代对学习研究的时代背景是工业化大生产,研究者的研究视界主要来源于主客二元对立的思维模式,过分强调学习的工具性和实用性,而忽视学生道德品质的养成。过分强调学生通过

---

① 黄荣怀,杨俊锋,胡永斌. 从数字学习环境到智慧学习环境——学习环境的变革与趋势 [J]. 开放教育研究,2012(1):75-84.
② 黄荣怀智慧学习环境五因素是指数字化学习资源、虚拟学习社区、学习管理系统、统计者心理和学习者心理。智慧学习环境六因素包括资源、工具、学习社群、教学社群、学习方式、教学方式。

学习被客观世界所证实,而忽视学生主观世界对客观世界的赋予和意义。这样,学生在学习过程中的价值和意义被忽视。以上这些困惑,迫使我们反思学习的本质,深入挖掘学习的本质。马克思说:"人的思维是否具有客观的真理性,这不是一个理论的问题,而是一个实践的问题。"① 此后,有些学者开始关注学习的实践,对学习进行了一些分析,也进行了一些相关的试验,比如杜威的"做中学"学习理论和实践。另外,研究性学习、探究式学习、合作性学习等都难免使学生陷入被动学习的境地。

智慧的探索和追求是人类社会进步的主题,人们渴望智慧,开始对智慧进行形而上的思辨研究,努力探求智慧是什么,并对智慧进行了分类研究,典型的代表人物有亚里士多德。但仔细回顾西方哲学发展史,我们发现智慧的发展主要以理论智慧研究为核心,而实践智慧却遭到了冷落,而后又经历了技艺智慧盛行的局面,如今人们逐渐认识到实践智慧的重要性,于是有人也逐渐将研究视角转向实践智慧。近年来,以智慧、教师、教学、教育等关键词为核心的文章和著作可以用汗牛充栋来形容。但是,这些理论研究成果往往被束之高阁,得不到具体落实。主要是因为研究者站在教师或领导者的角度,而不是站在学生角度去思考问题。基于以上考虑,笔者将目光投向学生,研究重心从教师和领导者转向学生,将主题聚集到学生的智慧,聚集到学生在学习活动中如何智慧性地处理学习关系和学习问题。

正因为学习概念相对复杂,智慧概念非常丰富,所以目前对学习智慧的研究还处在起步阶段,研究的相关论文和著作相对较少,对学习智慧的理解还停留在理论探索和具体的实践操作中,

---

① 中共中央马克思恩格斯列宁斯大林著作编译局. 马克思恩格斯选集(第1卷)[M]. 北京:人民出版社,2012:137.

内容主要涉及通过学习如何达致智慧,学习智慧为一种学习策略或一种学习方法,重视技术对学习带来挑战性的智慧学习。因此,对学习智慧进行哲学探讨是时代发展的必然要求。本书探究学习智慧的本质,建构学习智慧的基本理论,阐释学习智慧的基本特征、学习智慧的分类和功能、学习智慧的表征、学习智慧的形成过程及机理等。

第二章　学习智慧的理论基础

　　学习智慧研究的理论基础主要有①亚里士多德的德性观为学习智慧的品质发展奠定了良好的发展方向，是学生建立内部学习准则（学习价值和学习行为）的参照标准。笔者从这个理论出发，确定了学习智慧的研究方向，把学习智慧确定为学生在学习实践的活动过程中，通过不断平衡过度的和不及的学习价值和学习行为来形成良好的学习品质。②康德的理性思想确定了学生在实践学习智慧中的主体地位。学生出于自身发展的学习义务，成为自我的立法者，使学习义务与学习行为始终保持一致，不断去践行学习智慧品质，使学生成为一个负责任的自由的人。③在康德理性思想的基础上，皮亚杰的建构主义的学习理论认为，学习是学习者在与外界互动的过程中，通过自身不断建构而形成主体意义的过程。这就明确了学习智慧的形成过程是学习主体与外界互动，形成个体学习信念，再由学习信念转化为学习品质的实践过程。学习智慧的形成需要主体和客体相互作用。④加德纳的多元智力理论确定了学习智慧不仅具有遗传的因素，更深刻地说明学习智慧可以通过教育的方式进行培养。

第一节 亚里士多德的德性观

对德性伦理学的研究在东西方都有着悠久的传统，从古希腊开始，西方伦理学的核心内核就是德性伦理学。但凡研究当代伦理学的研究者，在提出自己的伦理学观点之前都是从古代伦理学传统中汲取有益的养分，其中他们最为推崇的当属亚里士多德的德性伦理价值观。德性成为希腊伦理学的核心概念，它一直影响着西方伦理体系的建构和发展，是使一切事物成为该事物的本性，包括该事物的特征、品格、特长和功能等。亚里士多德认为，德性存在于所有生命及其现实活动中。比如，马的德性是善于奔跑，眼睛的德性在于视力敏捷等。亚里士多德究竟如何论述德性，以及此观点对如今学习智慧的养成具有何种借鉴意义是值得深思的。

一、亚里士多德德性观的要点分析

亚里士多德是伦理学思想的集大成者。在他之前，毕达哥拉斯的《金言》就提出：一切事情，中庸是最好的，并认为德性是数目之间的比例关系。随后，两位哲学大师都讨论过中道问题：苏格拉底认为美德即知识，柏拉图提出了四德性说。① 亚里士多德的《尼各马可伦理学》是讨论人的德性的代表作，而中道观点是他德性伦理的核心。亚里士多德提出德性观有其深层次的原因：亚里士多德是城邦中等阶层公民的代言人，他经历了城邦解体的过程，目睹了城邦政治生活中过度与不及的极贫和极

---

① 柏拉图的四德性是指聪明、勇敢、克己和正直。

富、墨守成规和轻率改革、平民政体和寡头政体等的冲突，从而提出了德性观。

(一) 德性中道观要旨：在过度和不及中选择适度

亚里士多德的德性观可以简要地概括如下：恰到好处、不走极端。他认为人的德性包括道德德性和理智德性。道德德性主要通过后天习惯的养成获得，而理智德性主要通过教导生成，人的德性是二者的融合。亚里士多德认为，德性与恶（过度与不及）是相互对立的。人的意志始终面临三种精神状态：过度、不及和中间。过度和不及是恶的特点，德性在两种恶（过度与不及）的中间，适度是德性的特点。① 在感情与实践中，恶要么达不到正确，要么超过正确。德性则是应找到并且选取的那个正确。所以，从其本质或概念来说，德性是适度；从最高善的角度来说，它是一个极端。②"人的德性就是一种使人成为善良，并获得其优秀成果的品质。"③ 亚里士多德系统分析了如下的恶和德性：麻木和愠怒的中道德性是温和，怯懦和鲁莽的中道德性是勇敢，惊恐和无耻的中道德性是羞耻，冷漠和放纵的中道德性是节制，失与得的中道德性是公正，吝啬和挥霍的中道德性是慷慨，自贬和自夸的中道德性是诚实，恨与奉承的中道德性是友爱，柔弱和操劳的中道德性是坚强，谦卑和虚荣的中道德性是大度，小气与铺张的中道德性是大方，单纯和狡猾的中道德性是明智，等等。

(二) 德性中道观的相对性

过度和不及是两种恶，中道德性就在二者之间。中间的适度

---

① 〔古希腊〕亚里士多德. 尼各马可伦理学 [M]. 廖申白, 译注. 北京：商务印书馆, 2003：47.

② 〔古希腊〕亚里士多德. 尼各马可伦理学 [M]. 廖申白, 译注. 北京：商务印书馆, 2003：48.

③ 苗力田编. 亚里士多德选集·伦理学卷 [M]. 北京：中国人民大学出版社, 1999：38.

是一种相对意义上的状态，不是保持一成不变的中点，而是一种因人、因时、因地而异的状态。在现实生活中，绝对的中道是不存在的。人们往往在过度与不及中徘徊，在绝对中道上下波动，保持相对中道，并努力向绝对中道靠拢。亚里士多德的中道观不同于折中主义，不是善恶、美丑、是非之间适度的平均主义、调和主义和妥协主义。

（三）中道德性适应的范围

亚里士多德认为，并非每项实践与感情都有适度的状态。某些行为与情感，其名称就带有明显的恶的品质，例如幸灾乐祸、卑劣无耻、嫉妒、趾高气扬，以及在行为方面的通奸、抢劫、剽窃、蓄意谋杀等。它们之所以受人谴责，是因为这些品质就是恶的，不是因为人们对事物过度或不及的情感和行为选择而造成的。

（四）德性的形成

亚里士多德认为德性的养成既不是出于自然，也不是反乎自然。首先，自然让我们拥有先天的接受德性的能力，德性行为的养成和发展需要后天不断地实践和锻炼，通过习惯的养成促进德性的不断发展和完善。其次，先天能力是自然赋予我们的，表现在我们的活动过程。亚里士多德通过举例分析了德性和先天能力的区别：我们的感官先天就具有感受能力，不需要反复看和反复听而获得视觉和听觉。我们先有了感官的感受才有了感觉，而不是先有了感觉然后才有感官的感觉。与此相反，德性与先天能力的表现是大相径庭的：我们通过运用德性而后才获得德性。亚里士多德在此列举了技艺的获得过程，对于那些需要通过学习才能做的事情，我们通过要完成事物的规格或要求去做，通过不断努力实践，然后才学会技艺。

二、亚里士多德德性观对学习智慧的启示

亚里士多德的德性观与中国古代孔子的观点有异曲同工之妙。孔子强调中庸,中庸是人们在实践中必须遵守的重要道德准则。中道和中庸可以使人避免过度与不及,从而达到一种道德境界。"喜怒哀乐之未发,谓之中;发而皆中节,谓之和。"① 强调人的情感要适度,不偏不倚,无所乖戾。王守仁也明确指出:"今教童子",必须"调理其性情"。亚里士多德的德性观为我们提供了以下几个方面的思考。

其一,理解亚里士多德的德性观使学习智慧的研究显得势在必行。在新的时代背景下,学习智慧不但需要德性观的引领,而且显得格外迫切。

亚里士多德的德性观是一种对品格和品质的判断标准,是以"我应该成为什么样人"为命题,而不是以"我应当如何做"为命题。这种德性观实则是善良意志在履行责任过程中所体现的一种内部力量,德性本身不是义务,但德性可以命令人履行义务。德性观的目的不在于确定和完成某个具体的目标,而是能够对偏离义务的情感和行为做出必要的制止。中道德性的意思是不走极端,是一种理性的思想,是一种最高的善。在处理事物的过程中,需要符合中道德性的要求,但在现实中践行中道德性却是一件困难的事。随着社会历史的变迁,在商业文明和市场经济的影响下,在失去了维系传统社会德性的背景下,亚里士多德的德性观遭到遗弃,直接导致西方传统的社会道德的衰退。哈佛大学一项研究指出,约80%的青年表示,父母更关注他们的成绩,而不在意他们是否关心别人。因此,重视人的德性养成是当代教育的重要话题,养成学习品质和提高学习能力是学习化社会对学生

---

① 《中庸》。

发展的必然要求。在学生的学习智慧中，学生需要明确恶的品质内涵、影响因素及其严重后果，同时要感受中道的德性品质与结果。学生需要在知"恶"和知"善"的基础上，通过自我意愿，不断践行善，最终形成良好的学习品质，成为一个有德性的人。学习智慧强调学生在处理学习各种关系中避免恶的产生，在平衡恶的价值与行为基础上，选择符合德性的学习价值和学习行为。

其二，学习智慧形成的归旨，不仅注重价值的养成，而且注重效率的提高。

社会发展的组织化程度越来越高，各种准则和规范也越来越多，多种道德规范会相互碰撞甚至会彼此冲突。若不能进行适度平衡和妥善处理，必然导致我们在面临道德冲突时不知所措。木桶理论告诉我们要把短板提高，以增加木桶的盛水量。通过对木桶理论进行深度分析，不难发现这种观点背后有着强大的功利主义价值观的支撑。功利主义思想萌芽于16、17世纪，主要代表人物是培根和霍布斯。18世纪，功利主义思想在哈里森·孟德威尔和亚当·斯密处得到了发展。法国启蒙思想家克洛德·阿德里安·爱尔维修从理论上对利益原则进行了探讨。18世纪末19世纪初，功利主义思想体系形成并得到系统且严格的论证，主要代表人物有杰里米·边沁和约翰·斯图尔特·密尔。功利主义借助行为的目的和效果来度量行为的价值，因此也被称为"目的论"和"效果论"。功利主义思想得到了资本主义的吹捧，该理论为市场主体在市场经济中追求利益提供了理论支撑。但是，功利主义难免会带来一系列的道德失范问题。学生在学习智慧的形成过程中，按照木桶理论的原理，将决定知识量多少的短板进行提升，就带有明显的功利主义色彩。此种情况下，学生就会忽视对长板的提升和延长。同样，学习智慧让我们的研究视角转向木桶中的长板，因为木桶的长板决定木桶别具一格的特征，木桶的长板犹如学生在学习过程中需要形成的学习价值和意义。过分

重视提高人的短板,而忽视延长人的长板,会导致学生过分重视人的效用而忽视人的价值提升。通过亚里士多德的德性观,我们必须思考师生关系的相处之道、师生关系的理想状态等,这些都是学习智慧必须思索的重要问题。

其三,学习智慧的获得,不仅需要感性的参与,而且需要理性的引导,是感性点化理性,理性指导感性,二者相互协调统一的过程。

亚里士多德认为,人的灵魂具有三种状态:感情、能力与品质,合理地在学习中运用此三者才能形成学习智慧。学习智慧是一种平衡(选择),它不是快乐和痛苦相伴相生的情感,也不是获得快乐和痛苦情感的能力。品质是判断人好坏的标准,因为感情和能力不能判断人善良与否,品质才是判断的标准。人在对事物进行选择时,会有多种选择倾向,应该避免出现两种极端倾向:一种是理性控制感性,一种是感性控制理性。亚里士多德强调的德性是适度的,既不是简单的感性组合,也不是简单的理性组合,而是感性点化理性,理性指导感性。亚里士多德认为,一切事物的德性就是使事物尽量保持与德性相关的良好状态,并且使其具有优势功能。人的德性品质是一种适度的选择,学习智慧是学习价值和学习行为的一种适度的良好的品质,这种品质不是过度和不及的学习选择,而是一种适度的学习选择,是一种值得称赞的学习行为和品质。

第二节 康德的理性思想

在西方哲学中有一个重要的概念:理性。哲学家从不同的视角对理性进行了深入的探讨。赫拉克利特认为理性是一团按照

"逻各斯"而燃烧的永恒的活火。柏拉图认为理性是用来解释世界存在的依据。康德则把理性置于至高无上的地位，认为理性是无条件和超越经验的绝对概念；理性既是生命的内在本质，也是生命自我实现的理想状态。

一、康德理性思想的要点分析

在康德之前，经验论和唯理论进行了持久论战。经验论从感觉经验来解释和认识知识，因为知识来源于感觉经验，所以经验论把知识等同于感觉经验。经验论的代表人物和观点是洛克的"白板"理论。唯理论把知识归纳成"神"的作用或抽象的必然性，唯理论的代表人物和观点有笛卡尔和莱布尼茨的"天赋观念"、斯宾诺莎的"真观念"。康德提出主体性思想之后才逐渐平复了二者长期以来的争论。康德试图解决知识和对象的一致性问题，清醒地觉悟到人的自我主体意识，认为人是自然界和社会领域的主体。"人类自身像这样的被尊重就是时代的最好的标志，它证明压迫者和人间上帝们头上的灵光消失了。"[①] 人是一种理性存在，"每个有理性的东西都必须服从这样的规律，无论是谁在任何时候都不应把自己和他人仅仅当作工具，而应该永远看作自身就是目的。"[②] 康德提出人具有理性，所以人能为自然立法，能为自身立法。因此，是否拥有理性是人和动物的本质区别。康德认为人在道德上可以不受万物和自己肉体物欲的摆布而按照自己的自由意志来思想和行动，从而超越事物的现象获得事物的本体；超越感性自然的必然，达到理性的自由。

---

① 〔德〕黑格尔. 黑格尔通信百封［M］. 苗力田，译. 上海：上海人民出版社，1981：43.
② 〔德〕康德. 道德形而上学原理［M］. 苗力田，译. 上海：上海人民出版社，1986：86.

(一)人为自然立法

康德在《未来形而上学导论》中指出:自然界的最高法则一定在人心中,人必须对自己所选择的行为负责。人之所以成为人,主要在于人能为自然立法。人作为认识主体是独立自主的,是自由的。康德的认识论不是以"自然"为中心,而是以"人"为中心,是以主体为主导的主客体的统一。他认为人类是自然界的最高立法者,人类心中必须拥有为自然立法的最高立法权。人类不是通过经验在自然界里寻找普遍法则,而是在感性和理智的经验可能的条件中去寻找自然界的普遍合乎法则性。法则不是理智从自然中得来的,而是理智给自然界规定的。① 一切知识都来自人的先天认识能力的加工,突出了人对自然的主体性。主体通过先天具有的感性直观能力、知性思维能力和理性综合能力对事物进行理解,这种先天的认识形式包括感性、知性和理性。主体被赋予一套能动性结构,包括感性阶段接纳对象的直观形式——时间和空间,知性阶段综合和统一感性材料的思维形式——因果性、可能性和现实性等纯粹概念。知识不是来自直观的感觉经验,也不是来自抽象的理性观念,而是以先天的感知、思维和领悟能力去梳理后天的感觉经验,形成先天的综合判断,使偶然的凌乱的感觉经验演化为具有普遍性、必然性的科学知识。人们只有依据既定的规律所形成的判断原理来指导未来前进道路,迫使自然应对理性所决定的各种问题做出答案。反之,如果不是依照预先策划的安排而做出的偶然的观察,是不可能产生任何必然的规律的。②

---

① 〔德〕康德. 任何一种能够作为科学出现的未来形而上学导论[M]. 庞景仁,译. 北京:商务印书馆,1978:92-93.
② 〔德〕康德. 纯粹理性批判[M]. 韦卓民,译. 武汉:华中师范大学出版社,1991:6.

(二) 人为自身立法

康德在《道德形而上学》中认为，人成为人最终在于人使人成为人，人在自己的道德实践领域具有自由意志，这一点关系着人为自己立法，而使自身具有"人格"的特征。人为自己的道德立法出于"好的意志"，道德是内部规约的，而非外部施加的，是自律自为的内在目的，非他律他为的外在手段。人的理性存在则不受任何感性自然的影响，只听从自己的理性意志。

康德的人为自身立法就是人超越感性自然而走向理性自我，就是人要按照理性的要求在实践中超越自然。他视人为目的，把人的自律和自由意志看作人的最高本质。康德的"人为自身立法"突出了人在实践领域的主观能动性和主体性。人在自己的道德实践活动中可以充分发挥主观能动性，为自身确立行为法则，因此人成为自身行为的立法者。人只有作为意志主体、道德主体才能达到真正的最高自由，才能真正实现人的尊严。[①] 人为自身立法是指在实践领域人要按照理性的要求在道德实践中超越现象自然。道德的立法者不是上帝或异己的统治力量，而是人类自己。人服从道德法则，不是为了上帝，而是为了自己。实践理性高于认识理性，人只有在道德实践中才能实现人的自由意志，人的自由使人超越了现象界而进入本体界，但这种自由不是任意的，而是意志自律为自己颁布道德律，并迫使它以绝对命令加以执行。

(三) 康德理性思维的基本框架

康德理性思维是一种批判的思维，康德理性主体性的思维方式主要是一种自我批判的思维方式。通过自反性理性本身的批判和审查，来衡量主体与外界发生关系的能力，主体能够把握世界

---

① 〔德〕康德. 道德形而上学探本 [M]. 唐钺重，译. 北京：商务印书馆，1957：53.

的范围、水平和层次。通过主体来解释人与世界关系的多重复杂且丰富多彩的关系。表现在两方面：①通过理性主体的自我批判确定他全部哲学思想批判的出发点。理性是近代资产阶级政治革命的神圣旗帜，也是其哲学革命的核心范畴。理性是康德用于反对神性和其他一切不合理的思想和观念、价值体系的旗帜，理性对近代社会的进步有积极的推动作用。康德理性批判的核心在于对理性自身的无情批判，批判的对象从关注物自体转向关注人类主体自身。这种批判模式是哲学史上的重大变革，由对象中心转向主体自我中心，促使主体思维方式确立。②通过理性主体的能动性来揭示认识的可能性。康德认为，从感性经验上升到普遍必然性的知识，必须经历三层次和三种不同的形式，从而构成认识过程的三阶段：第一阶段是感性直观能力和认识的感性阶段；第二阶段是执行思维能力和认识的知性阶段；第三阶段是理性综合能力和认识的理性阶段。

二、康德理性思想对学习智慧的启示

黑格尔认为康德的主体性思想的一般意义在于其指出了两个范畴：一个是普遍性的范畴，另一个是必然性的范畴。这些范畴在知觉中是难以找到的，这两个范畴来源于知觉之外的另一个源泉，即主体。主体是一个自我意识中的自我，主体性原则是康德哲学的主要原则。因此，他的哲学也被称为批判的哲学。罗素也郑重其事地评价了康德，认为康德异于休谟之处在于康德用概念来解释经验，而休谟是用经验来解释概念。康德的这场认识论主体意义的变革堪称哲学认识论领域的"哥白尼式革命"。康德的理性思想对学习智慧的启示表现在以下几个方面：

第一，康德的理性思想奠定了学习改革的一个方向，帮助学生意识到自我在学习中的主体性地位。

笔者将学习分为学习经验、学习科学和学习智慧，重点探究学习智慧,实现了由视学生为工具到视学生为目的的研究视角转向;实现了由学生客体性到学生主体性的转变;实现了由单一归纳、演绎到综合思辨的转变;实现了由经验论、唯理论到实践论的转变。在学习过程中,需要唤醒学生的德性,还学生自由,让学生在感受规范的基础上自觉主动地学习。在道德领域,康德提出了"人为自身立法"的命题,人在实践道德的动力不是来自外部,而是来自行为者自身。学生之所以能自觉践行学习规范,主要是因为学生自己对学习规范的理解和践行。学生知道如何与周遭事物保持一种"应该是什么"的理想状态,知道如何处理与周遭事物之间"如何去做"的行为方式。"应该是什么"强调价值,"如何去做"强调具体行为。学习智慧就是努力实现学习中的应然状态,把握行动策略和行为方式,学生需要对学习中过度和不及的学习价值和学习行为进行平衡和选择。

第二,康德的理性思想让我们重新审视如何对学生进行品质养成教育。

学习智慧是一种激发学生良好品质的实践活动。学生通过形成内部的美好学习信念,践行学习信念,磨炼学习品质。学习智慧品质是否可以通过教育而获得,是否可以通过自学而获得,良好的品德是否可以由教育而来,这一系列问题都是人类争论的话题。在古希腊,教育组织尚处在萌芽状态。普罗塔哥拉、苏格拉底、亚里士多德虽然观点存在分歧,但他们一致认为,美德形成并不在于教师"教"的过程之中。① 这些哲学家们对道德是否可以通过自学获得没有专门的论述。到了近现代,学校成为基本的教育活动场所,班级成为学生基本的活动空间,"课""时"成为学生受教的活动单元。如果对学生只"教"不"育",那么学

---

① 〔德〕赫尔巴特. 普通教育学·教育学讲授纲要 [M]. 李其龙, 译. 北京: 人民教育出版社, 1989: 12.

生就不能获得必要的文化教养,不能拥有理性的判断力,不能形成美德。赫尔巴特将教学和教育联系起来,不承认无教育的教学,也不承认无教学的教育。他认为教学包含了教育,沟通了教学和教育的关系。[①] 赫尔巴特承认教学中含有教育,教育可通过教学的形式获得。因此,通过教育,人们可以有效获得大量的道德规范和行为准则。教育对学生道德形成的作用是有限的,但教育对学生学习品质养成的作用是不容置疑的。教育是学习规范认识的前提和基础,通过教育,学生获得一定的社会要求和人类的精神文化。学校通过对人类文化进行筛选,将最能体现人类精神的文化编入教材,供学生学习。学校教育是通往人类文明的重要途径:学校提供良好的学习环境,能促进道德规范的内化。学校可通过学校文化、班级文化的建设来浸染学生的道德。学生通过自觉或不自觉的行为感知道德规范,从而形成道德意识。尽管如此,学校只能诱发学生产生学习价值的动力,而不能替代学生去践行道德和养成道德品质。学生需要不断提高自身的价值判断水平、价值和行为选择能力,从而实现学习品质的养成。

第三,学习智慧的理性基础建立在工具理性和价值理性融合下的实践理性基础上,它是学生在明白"应该是什么"的基础上,知道"如何做"的一种品质实践和品质获得。

工具理性(功效理性、效率理性)认识到工具的有用性,追求事物的最大功效。工具理性带来了前所未有的科技进步。随着工具的改良和劳动生产效率的逐渐提高,人们的生活水平得到了提高。这满足了人们提高物质生活水平的需要,但是过度强调工具理性,就会导致人对价值的忽视,人因此容易被物化。正如海德格尔所言:现代技术的本质是框架。今天,人在任何地方都不

---

① 见陈桂生. 普通教育学纲要[M]. 上海:华东师范大学出版社,2009:13.

能跟他自己（他的本质）相遇。人不能跟他自己的本质相遇，却绝对地追随着框架，将框架理解为一种召唤。① 人就如此被框定在既定的框架之中，从而被异化。价值理性（实质理性）注重行动是否实现社会的价值，如公平、正义、忠诚、荣誉等。离开工具理性空谈价值理性，价值理性就失去了实现的途径和方法，最后只能成为"水中月、镜中花"。

良好学习品质的实现，需要学生明确自身在学习过程中需要达到的理想状态，从而选择符合这种理想状态的学习价值和学习行为。因此，学生需要将价值理性和工具理性进行良好的融合，在明确"应该是什么"的情况下，明白"如何做"，从而达到知行合一的境界，不断养成良好品质，实现人为自身发展服务的目的。

第四，康德的理性思想观点让我们重新审视学生主体在学习中的责任。

在新课程改革之前，有些学校不厌其烦地对学生进行各种道德品德教育，教师苦口婆心地对学生进行道德教育，试图通过道德教育改变学生的道德行为，但事实却证明：单纯通过道德教育，学生明了道德行为理论，却不会付诸道德行为实践。这究竟是为什么？在传统课堂教学中，学生主要通过教师的"教授"来接受道德规范。从备课到上课，教师一手操办，将自己预设的规范要求强加给学生。由于教师不是从学生的角度设计教学目标和内容，所以教师设计的教学目标、教学内容、教学方法不一定符合学生的发展需要。教师对学生的道德行为养成不承担责任，学生也失去承担责任的主体意识。因此，学生虽然"知其然"，却"不知其所以然"，道德实践失去落实的可能性。传统的"教

---

① 〔德〕海德格尔. 人，诗意地安居：海德格尔语要［M］. 郜元宝，译. 上海：上海远东出版社，2004：135.

师讲、学生听,教师授、学生接"的教育方式是一种外在力量,不利于发展学生的主体责任意识。在道德责任面前,学生遵守学习规范的动力来自外部的压力,学生永远处于被动地位。康德认为这种将学生视为被动的、无责任的工具的观念是不可思议的。学生如果不成为自我的学习负责人,就只能体会到被压迫的感觉。这种无我的学习规范和要求外在于学生,不能成为学生主动行动的动力,这种教育会导致学生越来越失去学习的主动权,这与康德的"人为自我立法"背道而驰。学生在实现学习品质的过程中是一种完全的自我责任,学生是自由意志的主体,是学生学习的负责人,是学生学习活动法则和规范的负责人。无论在学习规范的自主感悟上,还是在学习信念的形成,以及学习价值和学习行为的平衡上,学生都能按照自我要求立法,通过不断实践,养成学习智慧。以上这些凸显了学生在学习过程中的主体性和能动性,蕴含着康德的"人为自然立法"和"人为自身立法"的观点。康德的"人为自然立法"和"人为自身立法"规定了学生在实现学习智慧过程中的一种主体责任,学生以自身发展为目的,设定自身的学习价值和学习行为、品质目标,自觉地实践,成为学习智慧品质养成的责任主体。

第三节 皮亚杰的建构主义学习理论

20世纪90年代,建构主义在关于学习是什么、学习的原因以及人如何学习等基本问题提出了一系列的观点。建构主义是一种新的系统的学习理论。新西兰学者诺拉认为最早的建构主义者当属苏格拉底和柏拉图,苏格拉底的理论被称为"知识产婆术",具有启发式的教学思想。最初描述建构主义的人是意大利著名哲学家维柯，他在1710年发表论文《论意大利人的古代智慧》，阐明"真理即创造"，擦出建构主义的火花。德国哲学家康德在驳斥经验论和唯理论的基础上，提出了"人为自然立法"，强调主体对世界的理解，主体的重要性得以凸显。康德思想的主要价值在于它揭示了人在建构和创造世界的时候，同时也创造自身。杜威的教育思想也蕴含了建构的观点，他认为学习是主体与环境相互作用的过程，具有不确定性。建构主义在以上两种哲学理论的基础上逐渐形成和发展，很快得到普遍关注。皮亚杰的建构主义学习理论相对较为完善，受到了教育心理学界的普遍认同。

一、皮亚杰建构主义学习理论的要点分析

皮亚杰的建构主义的学习理论主要包括学习观、知识观、学生观和教师观。

（一）学习观

皮亚杰认为学习是学生通过原有的知识和经验，主动加工处理新信息，形成意义学习的过程。学习不是简单的信息加工和积累，而是重组已有认知结构或变更认知结构的过程。学生的学习已经突破了原有知识"灌输—接受"的简单方式，而是学生主动根据已有的知识经验背景，对外界信息自觉地进行选择、加工、处理的过程。这样，学生的心理表征也发生了一系列的变化。皮亚杰认为学习的内部机制就是学生内部控制的过程，是学生新旧知识经验彼此冲突、相互作用的过程，是学生与学习环境互动的过程。学习通过同化和顺应两种认知结构转化，实现"平衡—不平衡—平衡"的循环往复的变化发展。当学生能用现有图式去同化新信息时，学习处于一种相对平衡的认知状态；当图式不能同化新信息时，平衡就遭到冲击，需要通过修改或创造新图式（顺应）去寻找新的平衡。学习是结构改变的途径，是个体

主动建构知识的过程,而不是简单的知识输入、存储和提取过程。皮亚杰的建构主义的学习观与维果茨基的建构主义的学习观存在差别。维果茨基强调学习中人与人之间的相互交流、沟通和协商,他认为认知结构是个人在社会交互作用下不断形成的,学生之间所组成的共同体可以改变学生的知识、信念,通过同伴之间的交流,同伴之间的关系也可以获得改善。在完成某种复杂的任务时,学生各自承担不同的职责,通过主体间的协商来实现学习。协商包括"自我协商"("内部协商")与"相互协商"("社会协商")两种。学生就是通过主体之间的外部协商和主体内部协商两种途径,不断将外部主体间的东西内化为自己所特有的东西。

(二)知识观

皮亚杰认为,知识以活动的形式存在,而不是以客观的静态形式存在。皮亚杰从行为主义学习理论出发,否认知识获得就是"刺激—反应"的过程,否认学习是主体对客体的临摹。知识是主体积极主动建构的,反映个人的经验,存在于个体的头脑中,对个人具有意义。皮亚杰的知识观与维果茨基的知识观存在些许差异。维果茨基认为知识是在人类社会范围中,通过主体间相互作用形成的;知识是人类借助符号系统对客观现实做出的解释、假设和假说,并不是问题的最终答案和标准答案;知识是学生通过特定的社会文化背景,通过人际间的协作活动,利用学习资料,建构学习意义;知识在主观部分方面是不能相容的,只有在客观部分和某些主观共识的地方才具有相通性和兼容性。我们认为,皮亚杰和维果茨基在知识观上的区别主要在于对个体获得知识的侧重点存在偏差,皮亚杰重视个体自身对知识建构的重要性,而维果茨基重视群体交互作用对知识建构的重要性。

皮亚杰认为人类拥有建构知识的天性,通过已有的经验去解释并做出推论，对现有的经验进行反复的推断和反思。他认为学生的学习不是知识简单地从一个地方传递到另一个地方，它具有差异性、个别性、情境性、发展性、演变性和动态性的特点。个体学习的主要目的在于建构属于自己的个体意义，而非为了获得正确答案而重复他人的意义，学生围绕关键概念而形成的网络结构，包括事实、概念、策略、概括化的知识。与此同时，皮亚杰还对知识进行了分类研究，将知识分为社会知识（又称习俗知识）、物理知识和逻辑—数理知识。社会知识是由特定的历史文化决定的，具有随意性的特点[①]，社会知识的获得主要通过社会传递；物理知识涵盖事物客观存在的知识，主要依靠主体与客体的相互作用；逻辑-数理知识也只是事物间相互关系的知识，此类知识的获得同样需要主体与客体的相互作用。

（三）学生观和教师观

建构主义认为，学生不是外部环境的被动接受者和被动灌输者，而是主动的信息加工者和意义建构者。学生是独立的个体，有自己的知识经验，对事情有自己的看法，正如世界上没有两片完全相同的树叶一样，人的知识经验具有差异性。知识的建构是个别的、差异的。学生原有的知识经验是建构的基础，这强调学生的学习潜能和已有经验世界的丰富性和差异性。

建构主义的教师观认为教师不再是知识的传授者与灌输者，而是意义建构的帮助者和促进者。教师不是知识和权威的象征，也不是知识的呈现者。教师的作用不在于教给学生多少具体的知识，而在于理解学生的学习现象，倾听学生的看法，指引学生建构学习意义；教师的作用在于组织学生交流和讨论，提出适当的问题，引导学生深入问题、发现规律，纠正学生错误和片面的认识；教师的作用在于创造适合学习的内容和学生发展的环境，提

---

① 方观容. 方观容文集［M］. 南京：江苏教育出版社，2006：50.

供新旧知识链接的契合点,帮助学生建构所学知识的意义;教师的作用主要表现在激发学生的学习兴趣,让学生在外部诱因的基础上将内在的学习需要转化为良好的学习动机。

二、皮亚杰建构主义学习观对学习智慧的启示

首先,建构主义学习理论认为学习知识的建构主要来自主体与客体的相互作用,学生的学习品质养成,不仅需要内求,而且需要外铄。

关于人的品质的养成存在两种对立的观点:一种是内求说,强调人与生俱来存有德性,只要潜心追求就可以获得它们。在古代,孟子就论述过"仁义礼智,非由外铄我也,我固有之也,弗思耳矣"①,而后还有很多著名的心理学家、教育学家都持此观点,尤其是宋明理学坚持彻底的内求说:天理就在心中,品德的形成,全靠对本心的体认,品质养成的过程就是一个不断内求的过程。另一种是外铄说,持此观点的人认为人的品质并非内心天生固有,只要外界条件成熟,就能形成良好的内心品质。如"善假于物"充分说明外铄能使人无穷受益,对人品质的形成具有重要作用。

其次,学习品质的养成究竟是内求,还是外铄?建构主义认为环境在人的品德形成中具有举足轻重的作用,但却不能忽视人的先天因素这个前提性条件的作用,人的品质需要通过先天和后天的相互作用而形成。一方面,无论是学习信念的形成还是学习品质的最终实现,都离不开学生主体意识的觉醒。学生是人,具有人基本的社会属性。学习因素处于一定的社会情境中,故学习富有社会属性。学习是人的一种特殊的实践活动,承载着改造社会、实现人自我成长的使命。在学习智慧的

---

① 《孟子·告子上》。

形成过程中,学生通过感知外部世界,与周遭的人与物互动,形成一些基本的认识和观点,而这些观点随着主体意识的不断觉醒和反思,建构一种主体意义,从而形成学习信念和学习品质;另一方面,学生信念和学习品质的形成离不开主体与周遭环境的互动,离不开外部支持系统的帮助。人在与周围环境发生互动的过程中,在与社会文化的相互作用中,将外部规范内化,不断进行自我调节,形成自我学习规范和准则。根据建构主义的学习思想,学习智慧的养成需要学生个体意识的觉醒,同时需要创设促进学习智慧生成的各种有利的学习环境,帮助学生实现良好的学习品质。皮亚杰的建构主义观念强调个人意义的建构离不开环境的支持,认为积极的学习环境有利于学生进行意义建构。在学习规范内化学习信念的过程中,良好的社会心理、良好的班风和良好的班级制度都有利于学生形成正确的学习信念。在学习信念转化为个体学习品质的过程中,良好的学习环境可以帮助学生做出合适的行为选择。

再次,根据皮亚杰的学习理论,学习智慧不是一劳永逸的终结性的发展,而是循序渐进不断提升的过程。

学习智慧应该有独自的发展过程,凡是正常的人,智力都是从低级向高级发展的。皮亚杰在发生认识论中充分论述了儿童智力发展的四种水平。[①] 人的智力,从一开始的较为低级的智力发展到高级的智力,必须经历特殊训练。对教师来说,充分认识到智力发展的可塑性,可促使教师采用良好的教学方法和教学策略。同理,学习作为一种实践活动,是一种从低水平向高水平发展的过程。

---

① 儿童智力发展的四种水平:感知运动阶段、前运算阶段、具体运算阶段和形式运算阶段。

第四节 加德纳的多元智力理论

一、多元智力理论的要点分析

对智力的理解是"仁者见仁,智者见智"。其中颇有代表性的智力理论有智力二因素论、群因素论和智力结构论等。美国心理学家霍华德·加德纳提出了多元智力理论,这是一种全新的认识人、认识智力的理论。《韦氏词典》将智力定义为学习、理解、应付陌生困难环境的能力。智力是一种高级的抽象思维能力、对环境的适应能力、学习的能力,智力可以通过测验获得评估。高尔顿认为思维是可以测量和实验的。比内、西蒙和特曼等人提出了智力测验,比内和西蒙还编制出了世界上第一个智力测量表。斯皮尔曼和瑟斯顿也纷纷设计了智力测量的工具。他们依据智力测量的分数,将人的智力分为不同的水平,却忽略了智力测验的局限性,比如忽视被测试者的认知和情感对测试结果的影响。基于以上智力测验的缺陷,加德纳以批判性的思维,于1983年在《智力的结构》一书中明确提出智力的概念,认为智力是在特定的社会文化环境的价值标准下,个体用以解决自己遇到的真正难题或生产及创造有效产品所需要的能力。①

加德纳将智力的范围从普通正常儿童过渡到对天才儿童、大脑损伤者、专家以及各种文化背景的人的研究。他否认通过测验得出的智力分数可以充分反应人的智力。他的智力观主要表现在以下几个方面:第一,他将人的智力分为三类,"与物有关的智

---

① 转引自霍力岩. 多元智力理论及其对我们的启示 [J]. 教育研究,2000 (9): 71-76.

力""与物游离的智力""与人有关的智力"。并在此基础上提出了七种智力：言语—语言智力①、逻辑—数理智力②、视觉—空间智力③、身体—运动智力④、音乐—节奏智力⑤、人际交往智力⑥、自我内省智力⑦。第二，每个人的智力具有独特性。加德纳认为一般智力不能说明人所具有的专长，有些人在某个方面或某个领域表现得别具一格。每个人都拥有七种不同的智力，因为智力在人身上的组合方式不同，故表现出智力的差异性。由于每个人的智力组合不一致，因此无法通过统一的测验获得分数，更不能对人的智力进行高低评估。每种智力在个体的智力结构中都处于重要的位置，各有特色并以各自的独特性表现出来。从此，在评价人的智力时，只能说某人在某个方面表现

---

① 言语—语言智力指的是人对语言的掌握和灵活运用的能力，表现为个人能顺利而有效地利用语言描述事件、表达思想并与他人进行交流，其核心是运用语言进行交流的能力。

② 逻辑—数理智力指的是人对逻辑结构关系的理解、推理、思维表达能力，主要表现为个人对事物间各种关系如类比、对比、因果和逻辑等关系的敏感以及通过数理进行运算和逻辑推理等，其核心是运用逻辑推理来发现问题和解决问题的能力。

③ 视觉—空间智力指的是人对色彩、形状、空间位置等要素的准确感受和表达的能力，表现为个人对线条、形状、结构、色彩和空间关系的敏感以及通过图形将它们表现出来的能力。

④ 身体—运动智力指的是人的身体协调、平衡能力和运动的力量、速度、灵活性等，表现为用身体表达思想、情感的能力和动手的能力。

⑤ 音乐—节奏智力指的是个人感受、辨别、记忆、表达音乐的能力，表现为个人对节奏、音调、音色和旋律的敏感以及通过作曲、演奏、歌唱等形式来表达自己的思想或情感。

⑥ 人际交往智力指的是人对他人的表情、说话、手势动作的敏感程度以及个人觉察、体验他人的情绪、情感并做出适当反应的能力。

⑦ 自我内省智力指的是人认识、洞察和反省自身的能力，表现为个人能较好地意识和评价自己的动机、情绪和个性等，并且有意识地运用这些信息去调适自己生活的能力。

得更具有优势。第三,需要突破传统的智力观①,强调人解决实际问题的能力,重视人的创造能力,并将创造能力的发展视为人智力发展的核心内容。第四,智力的发展与环境和教育密不可分,智力的发展受多方面因素的影响,主要的影响因素有自然环境和社会环境。

二、多元智力理论对学习智慧的启示

第一,在多元智力理论的启示下,可以建立学习智慧的前提假设,即学生是身心健康的富有个别差异性的个体。

学习最终是实现自身美好发展的实践活动。为了实现自身美好发展,学生必须是身心健康的、充满个体独特性的学习个体。传统智力是指学生的语言表达和数学逻辑思维能力。智力测验通过智商(IQ)分数的高低来说明人是否聪明,主要用来说明学生敏捷地解答问题的能力,在这种智商观的影响下,学生被武断地贴上了"聪明"或"愚蠢"的标签,这些标签背后隐藏着对人差异性和独特性的忽视。多元智力观对这种观点进行批判,认为学生都具有发展的潜能,具有发展的差异性。学生的差异性主要源于学生智力的优势区域的不同。正因为学生具有差异性,在学生形成学习智慧的过程中,就不能用统一的标准去衡量,不能求全责备;而要以开放的、包容的、发展的眼光看待学生,不能以"一刀切"的方式去对待所有学生。通过以上智力理论的分析,我们把学生具有优势智力、学生具有独特性和差异性作为学习智慧研究的前提假设。

第二,多元智力理论启示我们用差异性的眼光去认识学生、理解学生、发现学生,正确对待学生在学习智慧形成过程中的差异性。

---

① 传统的智力主要是指言语—语言智力和逻辑—数理智力。

智力的多元性必然促使我们反思学生学习智慧形成过程是否具有同一性的问题，学生学习智慧的表现形式最后是否存在差别的问题。智力是智慧发展的基础，智力的差异性必然导致智慧的差异性。一方面，多元智力提出每个学生都拥有各自的优势智力和弱势智力。每个学生是独立的个体，都充满着无限的发展潜力，都有各自的优势智力，智力的差异必然导致学生建构意义的差异性。"有一千个读者就有一千个哈姆雷特"，每个人建构和感知事物的侧重点是不同的。正因为学生认知感悟学习规范的侧重点不同，学生理解学习规范的侧重点不同，建构的意义也存在差异。另一方面，由于学生的智力优势领域不同，学生面临对立冲突的价值和行为会采取不同的方法：有的学生可能更偏重价值理性；有的学生更偏重工具理性。无论如何，学生最后选择的学习价值和学习行为都围绕绝对中道的学习价值和学习行为上下波动，并努力向学习规范品质靠拢。故而学习智慧在学习价值和学习行为平衡能力上也存在差异。

第三，多元智力理论启示我们从学生的差异性和独特性视角去评价学生的学习智慧。

从多元智力理论的视角出发，学生学习智慧的种类存在差异性。评价学生的学习智慧应该避免用传统智商测试的方式进行。在传统智力活动范围，衡量学生的最佳手段就是纸笔考试，分数是评价学生的唯一标准。一方面，这种统一以逻辑—数理智力和言语—语言智力为衡量标准的考试，对那些天才儿童、智力缺陷儿童等都隐含着不公平；另一方面，学业知识评价都是出题者单方面的意愿性活动，不一定符合学生发展的需要。这种测验所得到的成绩单，不足以测量学生非言语和数理智力以外的智力和动手操作能力等。根据加德纳的理论，不能以学生取得单一、片面的智力分数来衡量学生的学习智慧，而应该站在学生的角度，去洞察学生背后的价值倾向和行为选择

动机。目前,美国流行着多种批判传统智力的评价方式,如:真实评价试图用接近"真实生活"的方式来评价学生的学习水平;表现评价根据学生在生活和学习中的真实表现,通过对学生作业所表现出的问题对学生进行专业评价。与此同时,还存在"档案袋"评价等多种评价方式。这些评价方式对传统评价方式提出了质疑,实现了学生学习评价方式的转变。为了促进学生学习智慧的发展,教师不能用"一刀切"的方式"裁剪"所有的学生,而应该以动态发展的方式去认识学生,这样才能促进学生的发展。

第四,多元智力理论在学习中的运用,可以促进学生产生良好的学习智慧品质。

加德纳的多元智力理论强调学习智力的多元性,可以充分避免学生为了获得高分而不惜贬低、伤害同学等恶性竞争现象的出现。在学习过程中,每个学生都拥有充分发展自己优势智力的机会。学生相互包容和尊重,更能积极地进行自我接纳。正是这种智力的差异性,人与人之间更容易出现相互协作、沟通和接纳。在提供促成学习智慧养成的策略时,应充分考虑个人的独特性,提供个性化的课程,以帮助学生实现优势智力的发展,促成学习智慧品质的实现。

第五,通过多元智力理论的启示,可以认识到学习智慧的发展离不开环境教育。

学习智慧的发展不仅需要学生自觉地、主动地追求,同时也离不开外部环境的教育和引导。智慧是否可以教育这一问题一直困扰着研究者,有人认为智慧是遗传决定的,有人认为智慧是后天环境教育决定的。加德纳认为,在人的一生中,智力的发展在一定程度上受到遗传基因的限制,但是,这种由遗传所起的作用是相当有限的。研究结果表明,只要充分接触有关某一智力领域的媒介或材料,任何一个大脑不曾受损的人都能在该智力领域得到长足的发展。智力虽然有其遗传性因素,但是如果没有任何外在条件的引领,潜在的智力能力也不会得到发展。著名的"狼孩"和"猪孩"心理学实验表明:错过了学习发展的"关键期",人的发展就会受到严重的阻碍。所以,学习智慧的养成不仅需要先天认知因素的参与,还需要后天教育环境的支持。

第三章　学生的学习智慧

纵观人类发展的历史，学习是推动人类进步的根本动力。起初，人类通过身体力行获得对世界的经验，随着经验的不断积累，人类通过总结和推理获得知识，然后通过对知识的运用和思考形成智慧。人与周围环境彼此互动的过程，是一个由低级到高级的发展过程。人从最初被动适应环境到主动适应环境，再从主动适应环境到创造性地使用和改造环境。这个过程是人类意识不断觉醒、人类主体性不断发展的过程。鉴于此，人类的学习也是由低级的经验性学习到高级的科学性学习，再到智慧性学习的过程。此章笔者从探讨学习和智慧的本质出发，逐渐揭示出学习智慧的本质，从而分析学习智慧的特征、学习智慧的分类和学习智慧的功能。

第一节　学　习

随着信息化时代的到来，人类时刻都在自觉或不自觉地进行着学习活动。知识的快速增长，促使我们对学习进行深层次思考。学习是一种经验性的活动，还是一种形而上的思辨性的活动？是一种改造自身的活动，还是一种改造世界的活动？我们不能只对学习进行粗浅的自我认识，或者对学习进行了科学的定义，抑或对学习进行了哲学层面的深思熟虑，就停止对学习的深入理解。作为人类的一种生存方式，我们必须把握学习的规律，在此基础上,创造性地利用规律,让学习为我们自身发展服务。

一、学习的本质

通过前文对学习的文献综述,我们了解到学习是人类生活中极其复杂的一种活动。不同学科和不同派系对学习的理解存在分歧。目前教育学领域主要从广义和狭义两个角度对学习进行分类。广义的学习是指动物和人的经验获得及行为变化的过程[①],包括人类学习和动物学习;狭义的学习是指人类的学习,指人在整个生命过程中,在获得个体的经验之外,同时掌握人类日积月累的社会历史经验或文化科学知识。狭义的学习专指人类学习,还有人认为狭义的学习只涉及学生的学习。学生的学习是指通过教师有计划、有目的、有组织地指导,使学生获得科学文化知识和技能,从而促进身心全面和谐发展。[②] 教育心理学家从学习过程的心理功能角度将学习分为八类,从低到高依次如下:信号学习、刺激—反应学习、连锁学习、言语联合、辨别学习、概念学习、规则学习、问题解决。另外,有教育心理学家根据学习内容和结果,将学习分为四类:知识学习、动作技能学习、心智技能学习、社会生活规范学习。

笔者认为学习是实现人自身发展的实践活动,是人凭借先天的条件,通过后天的努力,利用周围环境的支持系统,不断发展和完善自己的实践活动,包括外显的和内隐的,心理的和身体的,认知的和情感的学习。为了阐释学习的本质,笔者先从学习的"属"概念——实践出发,了解学习的实践属性。然后从学习定义的"种差"角度探讨学习实践区别于其他实践的属性。

---

① 冯忠良. 学习心理学 [M]. 北京:教育科学出版社,1981:1.
② 韦洪涛,艾振刚. 学习心理学 [M]. 南京:江苏人民出版社,2004:4.

学习定义的"属"概念和"种差"属性，决定了人类学习与动物学习的本质区别。

(一) 实践

从古到今，对实践的探讨经久不衰，其主要特征表现为实践的内涵越来越丰富和具体。"实践"这个词最早源于古希腊。希腊人把人类活动分为行动、生产与创造。行动实际上是人的自我完善，是道德实践，而生产与创造是指行为者的客观活动。创造同时还含有艺术创造的意思。最初使用实践一词的哲学家是古希腊的苏格拉底。而后，亚里士多德提出"人间的至善在于实践"①，认为实践就是人类生活的重要组成部分，包括人类的有理性的行为、行动以及事务。实践就是幸福，重要的在于他们的行为，所以人应该"以有为（实践）为最优良的生活"②。实践意指人类理性生活的全部实现，是人类特有的生存与发展活动，人通过实践与外部发生联系。实践不仅是一种外在的生存性实践，还是一种内在的发展性实践。康德认为实践是人类世界存在的普遍现象，不是人类世界的个别现象，实践可以用来表征人类存在的本质的概念。黑格尔从劳动的意义来理解实践，他把劳动看作人的本质，看作人的自我确证。黑格尔的劳动是指人类抽象的精神的劳动，他所讲的实践实质上是理念活动的一个环节，而不是真正的感性意义上的实践活动。③

马克思主义认为，实践是人的现实的、感性的活动，或者说是感性的人的活动。实践是人可以通过经验观察到的，在一定条

---

① 〔古希腊〕亚里士多德. 政治学 [M]. 吴寿彭，译. 北京：商务印书馆，1965：350.
② 〔古希腊〕亚里士多德. 政治学 [M]. 吴寿彭，译. 北京：商务印书馆，1965：351.
③ 张伟胜. 实践理性论 [M]. 杭州：浙江大学出版社，2005：2.

件下进行的人们现实生活的过程，它具有客观物质性。马克思关于实践的论述，主要体现在《关于费尔巴哈的提纲》中。马克思说："从前的一切唯物主义——包括费尔巴哈的唯物主义——的主要缺点是：对对象、现实、感性，只是从客体的或者直观的形式去理解，而不是把它们当作人的感性活动，当作实践去理解，不是从主体方面去理解。"① 同时，马克思还提出："人的思维是否具有客观的真理性，这并不是一个理论的问题，而是一个实践的问题。"② 这充分说明马克思的实践活动是合规律性与合目的性的统一。所谓合规律性是指人们充分认识到了自然规律或社会历史规律，使自己的行动自觉遵循和符合客观规律的要求，自觉按照规律办事，它体现了人的主体性和自觉能动性；合目的性是指人由于认识和把握了事物发展的规律性，在实践中能够达到自己的目的，把理想变成现实。③

随着时间的推移，实践的概念不断丰富和发展，近现代关于实践的观点主要有：①实践是人们为了满足人类社会生存与发展需要而进行的探索和改造客观世界的物质活动。这种活动是处理人与自然、人与社会、人与自身关系的最现实的方式，是在一定社会关系中实现的人和物、主体和客体相统一的能动的活动过程。④ ②实践是沟通人与外在世界的中介，是人生存于世界所凭借的手段。人认识世界、改造世界的过程，就是一个将客观世界"内化"为主观认识，并生成各种思想、理论、精神，然后再将

---

① 中共中央马克思恩格斯列宁斯大林著作编译局. 马克思恩格斯选集（第1卷）[M]. 北京：人民出版社，2012：137.

② 中共中央马克思恩格斯列宁斯大林著作编译局. 马克思恩格斯选集（第1卷）[M]. 北京：人民出版社，2012：137-138.

③ 郭晓娜. 理解性学习论[D]. 上海：华东师范大学博士学位论文，2010：69.

④ 张伟胜. 实践理性论[M]. 杭州：浙江大学出版社，2005：2.

主观认识"外化"或"对象化"为客观事物,进而实现和发展思想、理论、精神的过程。在反复的实践过程中,人的外在世界日益变成人内化的世界,人也日益走向自我完善。① ③实践是在人的理性指导下的感性活动,一切实践都是人的实践,一切实践都是为了人。实践的过程就是一个通过改造外在世界以达到改造内在世界的"成人"的过程。实践是人改造客观世界的物质活动,具有现实性的特点。④实践以人为主体,以客观事物为对象,并把人的目的、能力等本质力量对象化为客观实在,创造出一个属人的对象世界,具有主体性的特点。实践是人的存在方式,是人类生命的特殊运动形式,人在改造自然的实践活动中推动自身的生存和发展,而动物是为了维持自己的生存而被动地适应自然。⑤实践是人类的特殊生命形式,把人类从动物界提升出来。实践使人成为一种自我创造的主体性存在,实现了人之为人的一切特征。人类的实践活动包括物质生产活动、社会关系实践和精神文化创造实践。物质生产活动是处理人和自然之间关系的活动;社会关系实践是处理人与人的社会关系的实践,即人类的社会交往以及组织、管理和变革社会关系的活动;精神文化创造实践,包括科学实验、艺术和教育活动。

经研究发现,实践主要包括两个层面的内涵:第一层面是指实践是改造客观物质世界,是主体与客体的相互作用、互为主客体的一种活动。第二层面是指实践是人与自身的改造与被改造的关系。人在改造客观世界的时候,也同时改造主观世界。

(二) 学习是一种实践活动

学习的实践内涵可以从以下几个方面去理解。

1. 学习产生于生产实践活动

由于生存和生产实践活动的需要,学习成为必然,人类通过

---

① 张伟胜. 实践理性论 [M]. 杭州:浙江大学出版社,2005:4.

学习获得经验，从而改造自然，实现更好的发展。对于个人来说，最初的成长必须通过日常生活的磨炼，并通过长辈获得经验，从而获得从事生产生活所需要的技能。因生产生活的需要，个人均会自觉或不自觉地进行学习。

2. 学习的字符表征和释义也透露出学习的实践属性

随着人类进入文字记录阶段，学习也用符号表征出来，中英文学习的表征都透漏出学习的实践属性。"學"，甲骨文 ✦ = ✕（算筹）+ ∩（房屋），有的甲骨文 ✦ 在 ✕（算筹）两边加 ✦（爪，手），突出学生左手和右手虔诚地学。金文 ✦ 在 ∩（房屋）下面加 ✦（子），表明学习的场所和学习的主体。篆文 ✦ 承续金文字形。隶书 ✦ 将篆文的 ✦ 写成 ✦。学，强调未成年人在固定的场所获得计算的知识。"习"，甲骨文 ✦ = ✦（羽，翅膀）+ ✦（口，像鸟窝），造字本义：幼鸟在鸟巢上振动翅膀演练飞行。有的甲骨文 ✦ 在鸟巢 ✦ 中加点写成"日"状 ✦。金文 ✦ 承续甲骨文 ✦ 字形。篆文字形 ✦ 误将金文的鸟巢状"日" ✦ 写成"白" ✦。俗体楷书"习"省去正体楷书的一个"习"和"白"。"习"强调不断练习。古人称理论知识的训练为"学"，生活实践体验为"习"。因此，从字符表征的特点来看，学习组合起来就包括理论知识的系统训练和技能技巧的练习。《现代汉语规范用法大词典》将学习释义成通过阅读、听讲、研究、实践来获得知识和技能。① 在英语中，学习为动词，是指通过研究、实践或被教育获得知识或技能。② learning 为名词，学问、学识、知识。learning 被普遍译为学习，例如行为主义学习理论（Behavioral learning

---

① 周行健，余惠邦，杨兴发. 现代汉语规范用法大词典［Z］. 北京：学苑出版社，1997：1293.

② 霍恩比. 牛津高阶英汉双解词典（第4版）［Z］. 李北达，译. 北京：商务印书馆、牛津大学出版社（中国）有限公司，1997：845.

theory)、建构主义学习（Constructivist learning theory）、转化学习（Transformative learning），本书用 learning 指称学习是恰如其分的。12 世纪法国的《学习论》是一部较早的系统的学习论与读书论。认为学习是一种修炼，认为学习是有某种重大缺陷的存在者通过修行达到感悟与救赎境界的实践。英语的 learning 从 12 世纪到 17 世纪有"教"与"学"双重含义，也有学问和知识的含义。从中英文的学习字符表征中可得出，学习包含知识和技能获得两个方面，具有实践客观性特点。英文的字符表征还暗含学习对人类精神的塑造。

3. 学习拥有实践的基本特征

一方面，学生与学习内容、学生环境、教师、其他同龄人相互作用，这是一个主体客体化或客体主体化的过程，这是实践的第一层含义。另一方面，学生实现自我的不断塑造，实现人格和精神的不断修缮，从而促进自我发展，追求自我实现。学生的学习实践除了拥有实践的一般属性外，同时还具有其独特性。

二、学生学习的基本特征

研究者对学习进行了广义和狭义分类，认为人类学习区别于动物学习，主要表现在三个方面：第一，社会性。从纵向上分析，人类学习是一种具有间接性的文化传承的继承和发展过程；从横向上分析，是同辈人彼此交往获得社会经验的过程。第二，语言为中介。语言使人具有学习社会历史经验的可能性，通过语言，人与人可以尽情地交流。第三，主动积极性。动物主要是适应环境，而人类主要是改造环境，人类的学习不仅是为了满足自然的需要，更重要的是满足社会生活的需要。在此基础上，研究者还探讨了学生学习的特征：其一，学生学习的主要目的是掌握间接经验；其二，学生在教师有目的、有计划、有组织的指导下进行系统的学习；其三，学生的学习主动性和被动性并存；其四，学生是学习的主体。① 以上观点从心理学角度考察了学习的基本特征，有其合理的一面。在哲学领域，从实践的角度去考察学习，学习具有哪些特征？学生学习又具备哪些特征呢？

（一）学生学习的独特性

为了理解学生学习的特征，我们需要了解本书所涉及的学生范围和学生的基本属性。

1. 学生是指学龄期在校学习的人（主要指小学、初中、高中在校学习的人）

学生的"属"概念是人，具有人的所有属性。人是作为个体的存在和作为群体类存在的存在者。从个体角度来分析，人追求美好的生活和善良的行为；从群体角度来认识，人是社会中的人，作为生命的主体，是"生成的"而不是"给定的"，是"多样的"而不是"同一的"，是"异质的"而不是"均质的"，是"开放的"而不是"封闭的"，是"变化的"而不是"僵化的"。② 学生作为向学的生命过程，主要可以从以下几个方面去理解：第一，学生是一个名词，学生是一种静态的身份，学就是学习，生就是人，学生是学校里读书的人。学校成为学生学习的场所，读书则是学生的功能说明。学生之为学生，总是活动在对某种更高事物的希望、欲求和期待之中。第二，学生更是一个动词，一种趋向，即成为向学之生，爱学之生，乐学之生。③ 学生处于学习、生长的过程之中，是一个动态生成的过程。学生拥有人类与生俱来的基本情感，如喜、怒、哀、乐、惧等。基于这些

---

① 韦洪涛，艾振刚. 学习心理学［M］. 南京：江苏人民出版社，2004：4.

② 石中英. 重塑教育知识中"人的形象"［J］. 教育研究，2002（6）：12-18.

③ 刘铁芳. 什么是好的教育——学校教育的哲学阐释［M］. 北京：高等教育出版社，2014：54-55.

情感,学生与周围的人、事、自然发生各种各样的关系。

2. 学生的独特性主要通过学生与动物、学生与成人的对比表现出来

具体表现为:第一,学生是拥有理性的人,因此学生的学习区别于动物的学习。人是具有欲望的高级动物,人拥有理性,并用理性调整和控制着欲望,理性将人和动物进行了区分;人是理性和感性的共同体,会综合地使用感性和理性,能主动调节和控制自己的学习行为。第二,学生是发展着的个体,是未成年人,具有强烈的可塑性和无限发展的可能性;学生的发展具有不确定性,需要成人的保护和照顾,甚至需要成人在必要时刻做出引导。华生在1930年提出了一段著名的"一打婴儿"的名言:"给我一打健康的婴儿,把它们带到我独特的世界中,我可保证,在其中随机选择一个,训练成我所选定的任何类型的人物——医生、律师、艺术家、商人或者乞丐、窃贼,不用考虑他的天赋、倾向、能力、祖先的职业与种族。"[1] 虽然华生这段话常被用来论证环境决定论,但却充分说明人拥有很强的可塑性和无限发展的可能性。学生是身心处在发展中且具有强烈吸收性心理的人。正如蒙台梭利在《有吸收力的心理》一书序言中所述,新生幼儿的肌体极其脆弱,又缺乏所有的一般心理能力,以至于人们几乎视其为"零",但是,他们拥有巨大的潜在能力使其在不到六年的时间能力就能够超过其他类别的物种。[2] 学生是发展中的个体,其思维能力和结构都处在发展中,学生通过学习,会自由地建构、实现和发展自己。因此,发展学生自身的各种未知潜能是

---

[1] 〔美〕约翰·布鲁德斯·华生. 行为主义 [M]. 李维,译. 杭州:浙江教育出版社,1998:95.

[2] 〔意〕蒙台梭利. 有吸收力的心理 [M]. 江雪,译. 天津:天津人民出版社,2003:自序.

所有学生的首要任务。第三,学生的发展具有其阶段性、连续性、差异性等特点。学生的发展性主要表现为:①学生的身体各器官和功能逐渐趋向成熟;②学生的心理发生相应的变化,动作、语言、思维都逐渐从不成熟走向成熟,从不完善走向完善,从不分化走向分化;③学生的个性心理发生相应的变化,包括学生的能力、气质、性格等;④学生的道德规范水平可以获得不断提高。第四,学生的学习是异于成人的学习。成人即使参与学习,但主要的责任不是学习,而是工作。学生则不同,学生的主要任务是学习,以学习为职业;学生是学习的主体,是学习的责任人,教师和其他人只是学习的引导者。学生需要付出大量的时间和精力才能有所收获,尤其是学生的精神和人格塑造,其他人不能越俎代庖。

以上都充分说明:学生是具有自身内在价值的社会性的主体性存在。学生不是未长成的大人。蒙台梭利批判将学生视为未长成的大人,学校教育的目的是促使学生长大成人,她认为将学生视为未长大的成人,将会忽视学生的价值追求和意义。杜威也认为学龄期的生活有内在的价值和意义,学生应该在学习过程中获得意义,为未来的幸福生活打下良好的基础,所以,学习是促进学生自我内在价值生长的活动。

3. 学生学习独特性的具体表现

第一,学生的学习目的是实现自我发展。学生在学习过程中必须处理与人和事物的关系,通过与它们进行互动实现自我完善和发展。自我完善包括不断提高自身的感悟能力、情意自制能力、平衡(选择)能力。以此三者的发展促进学生学习品质发展为最终目标。第二,学生的学习实践活动有特殊的指向性。首先,学生交往的社会环境具有相对稳定性。学校是学生离开家庭后第一个接触的社会环境,里面的物质环境带有大量的教育气息,所有的花草树木、建筑物、仪器设备都是人为设置的,这些都会对学生产生潜移默化的影响。其次,学生在校接触的人是相对固定的,主要的接触对象是教师和其他学生。

(二)学生学习具有层级水平差异

1. 学习的实践要素分析

纵观学习要素的研究,较有代表的有三因素说、四因素说、六因素说,其中最普遍的是四因素说。① 笔者认为,在学习过程中,学生、学习内容、学习环境、学习他人构成了学习实践的核心要素,四者相互关联,具体表现为以学生为核心,学生与其他各要素相互制约的关系(如图3-1)。

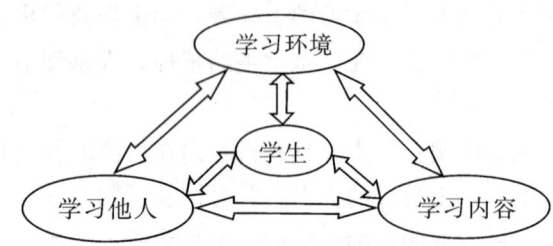

图3-1 学习实践要素关系图

从图3-1可以看出,学习的每一个要素都与其他要素发生联系,彼此相互影响、相互制约、相辅相成。同时,学习要素彼此互为主体,彼此具有自反性和相对性。学生在学习过程中需要处理好四种主要的关系即学生与自身的关系、学生与他人的关系、学生与环境的关系、学生与学习内容的关系。四种关系彼此多线条、多维度,全方位制约着学生的学习。在这四种关系中,学习要素互为因变量和自变量,各变量相互牵制,形成了学生在学习中的真实状况与学习轨迹,其中任何一个变量的改变都会波及另一端的变量,这些学习变量之间既有合力又有张力,若变量之间不能有效制衡,那么无论偏向变量中的任何一方,都会导致

---

① 四因素即学习内容、学习方法、学习过程和学习结果。

学习价值和学习行为倾向的失衡,将会出现无法弥补的破坏性结果,甚至导致人的片面或畸形发展;合力与张力的平衡才能促进学生健康发展。

2. 学习实践水平分析

根据图3-1,在学习过程中,学生与学习其他三要素都相互发生关系,存在四种主要的关系:学生与学习内容的关系、学生与学习他人的关系、学生与学习环境的关系、学生与自身的关系。学习作为一种实践活动,在处理四对关系的时候,存在着三种水平,从低到高分别是学习经验、学习科学、学习智慧,它们共同诠释着学习实践的本质(如图3-2)。

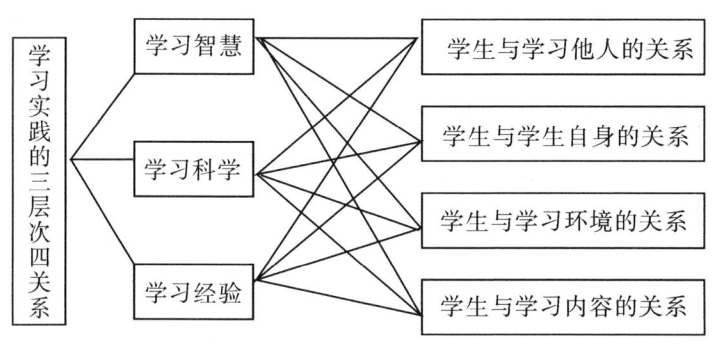

图3-2 学习实践三层次四关系示意图

图3-2已经清晰地把学习实践的不同水平与要素关系一目了然地描述出来了,不管在学习实践活动的哪种层级,都需要处理学习过程中的四种关系。而每一种水平的学习实践在处理四种关系时都会表现出不同的特点。通过对比,能突出显示学习智慧的优势,下面将对三种水平在处理四种关系中表现出的差异性进行对比论述。

3. 学习实践层级水平差异性

(1)学习经验水平。经验主要是指借助感官对事物进行直观的认识,这种认识所获得的知识体系就是所谓的常识。孔子认为:"不观高崖,何以知颠坠之患? 不临深泉,何以知没溺之患? 不观巨海,何以知风波之患?"① 亚里士多德也认为对于那些必须会做的事情来说,在能做之前,我们必须通过做来学习它。这些观点充分表露出经验对人认识世界的重要意义。人最初通过感官理解世界,卢梭认为"我们最初的哲学老师是我们的脚、我们的手和我们的眼睛"②,他提出了自然主义经验学习理论,并认为经验具有被动性和受纳性的特点。

学习经验是指学生根据自身感官和亲身经验操作具体的学习对象,形成对学习对象粗浅的认识,它是学生在自己的表象和思维中构筑的关于学习世界的整体图景,是获得社会认知的过程。杜威是学习经验的代表性人物,他提出的"做中学"理论不仅在当时反响热烈,而且对现代的"教"和"学"改革都具有深远的影响。"做中学"理论的提出和实践,对培养低水平、低技术的生产工人具有实用性的价值。学生通过操作,可以获得"如何做"的知识,能激发和满足学生的天然求知欲,培养做事的能力。虽然"做中学"理论存在以上这些优点,但也有不可避免的缺点,学生通过大量时间去做,却忽视理论的建构,不能形成系统的理论知识。学习经验还存在以下一些局限性:第一,在学习经验层,世界是有限可知的。①生命的度量性决定学生学习经验的有限性。人生长不过百年,在有限的时间里,学生不能将人类历史重新经历一次,因此,学生的学习经验是有限的。②认识的深度和广度的有限性决定学生学习经验的有限性。学生囿于生活经验和阅历,对事物规律的把握也是有限的。③事物属性显现的时间性决定学生学习经验的有限性。学生的认识也不是一蹴而

---

① 王国轩,王秀梅. 孔子家语[M]. 北京:中华书局,2011:282.
② 〔法〕卢梭. 爱弥儿(上卷)[M]. 李平沤,译. 北京:商务印书馆,2007:149.

就的,需要经历一个由浅入深循序渐进的过程,这就决定了学生很难完整地把握复杂事物的全部发展过程,这也说明学习经验是有限的。第二,学习经验具有直接经验性。直接经验性主要是指学生依据自身的感官,直接地作用于学习对象,从而获得世界的认知。在心理学中,行为主义"刺激—反应"原理就充分说明这个特性,著名的论断当属洛克的"白板说"①。学生可以获得直接经验性的学习知识和经验,而通过因果关系、类比推理和抽象概括所获得的知识就不能被认知,甚至对其持怀疑的态度。第三,学习经验具有具体性。具体性是指学习所获是具体的事实,是了解事物外在特征,而非抽象的本质。由于学习经验不涉及学习规律的认识,学习经验未被组织化和系统化,学习内容显得琐碎和冗沉,学生也不能获得完整的知识和系统的认知方法。

总之,在学习经验层,学生缺乏能动性,学习犹如一面镜子,对外界进行简单的复制,体现出对客观事物被动的反应,只能对客观世界进行直观的具体的反应,因此学习经验具有非批判性的特点,学生不能对学习中的现象提出质疑。在学习经验层,学习主体与学习对象是一种主客二元对立的关系。学习主体认识学习对象,是一种认识与被认识的关系;学习主体操作学习对象,是一种操作与被操作的关系。

(2)学习科学水平。科学是以系统化的概念体系去描述和解释经验世界。这种描述和解释世界的系统化的概念体系促使人类以理性的思维和方法去探索自然、社会和精神的奥秘。这种概念体系已不是既定的、直观的经验事实,而是用以解释经验事实的关于"本质""共性""规律""必然"的认识,是一种源于

---

① 17世纪英国经验论哲学家 J. 洛克批判了"天赋观念说",认为人出生时心灵犹如白纸或白板,对任何事物均无印象;人的一切观念和知识都是外界事物在白板上留下的痕迹。

经验又超越经验的,被人们发现、积累并公认的普遍真理或普遍定理的一种必然性的知识。科学具有求真性,即科学把求真作为自身的特性,把对客观世界的认识作为自己的一项重要任务。求真性不仅表现为对外部世界的认知,也表现为相信人类的认识成果具有客观性。科学是人类的一种活动,卡西尔认为科学是人的智力发展中的最后一步,并且可以被看成是人类文化最高最独特的成就。[①] 用科学得出的理论,是人以智力解释世界的新形式,它为人的智力活动提供了新的强有力的符号体系,它把人的智力活动成果凝聚为秩序井然的符号系统。科学的力量在于能为人间创造奇迹,其成果在三次科技浪潮中淋漓尽致地表现出来。科学思想确立了人类掌握世界的支撑点,确立了不可动摇的理论支柱。科学以其系统化的知识体系和逻辑化的思维方式规范人们的所思所想和所作所为。实证精神和分析态度是理论价值观念的基础,科学不仅着眼于获得经验普遍性知识,还着眼于对经验普遍性的理性思考;科学不但着眼于定性的推断,而且着重于定量的分析。系统性和分析性是科学价值观念的显著特征。

学习科学是学生通过思维活动,运用抽象的概念和定义对学习现象进行抽象、概括、推理,通过逻辑推理的方式获得正确的学习知识和学习规律。作为知识体系和思维方式的学习,学习科学规范着学习所思和所想,规范着人们的价值评价和价值选择,为思维描述、理解和解释世界提供强有力的逻辑。在千变万化的学习现象中,学习科学为学习理论的发展提供了强有力的支柱。学习科学将人类的学习现象归属到一个秩序井然的符号系统中,概念和概念之间连贯有序,并能较系统地解释学习现象。

学习科学能揭示人类学习的复杂机制,以建立关于人是如何

[①] 〔德〕恩斯特·卡西尔. 人论 [M]. 甘阳,译. 北京:西苑出版社,2003:215.

学习的系统知识体系。行为主义心理学开始对学习进行关注,提出学习就是建立新的行为链接的过程。建构主义认识论取向的学习研究模型,则重视知识形成过程的机理,主张创造适于个体差异的学习条件。20世纪90年代,"学习科学研究开发委员会"和"学习研究与教育实践委员会"首次探讨了学习的六个领域的研究。① 在此基础上,探讨了教学方法和学习环境的五个领域的研究。② 目前,有人认为学习科学研究有三种取向:一是整合认知心理学、教学设计、计算机信息技术、智能系统等领域的学习科学;二是整合认知神经科学、神经科学、认知科学、医学与教育等领域的学习科学;三是整合机器学习、工程技术、人工智能等领域的学习科学。教育学领域,学习通常被界定为一种"认识过程"或一种"特殊的认识过程"。学习过程"主要是学生掌握人类长期积累起来的科学文化知识的过程",学生掌握科学文化知识去"认识世界"或者说"能动地认识世界"。③

学习科学超越了经验的现象世界,使人们了解到学习对人的意义。学习科学探讨了学习的真实性,揭示了规律的一般特点。学习科学具有间接性、抽象性、理论性等特点。第一,间接性。表现为学习手段的间接性,是指学生并非直接作用于学习客体,而是通过阅读等手段间接感知学习对象。第二,抽象性。表现为学生所获得的知识是抽象的,而不是具体的。概念、定理等都是对事物规律的普遍认识和归纳总结。第三,理论性。表现为学生对学习内

---

① 六大领域是指先行知识在学习中的作用,早期经验对脑的发展的影响以及学习的可能性,作为能动的过程的学习,伴随理解的学习,适应现熟练者,需要长期练习的学习。

② 教学方法和学习环境的五个领域是指社会文化语脉的重要性,广泛应用迁移与学习的条件,学科学习的独特性,旨在支援学习的评价,新的信息技术。

③ 王道俊,王汉澜. 教育学[M]. 北京:人民教育出版社,1989:197.

容和学习对象进行学理上的探究。探究是什么、为什么、怎么样。

（3）学习智慧水平。学习智慧是学生学习的实践理性在具体情境中的应用，是学生合理认识学习中各种要素的关系，并进行平衡，合理选择学习价值和学习行为，最终形成良好的学习品质。学习智慧是学习实践活动的高级形式，是对学习经验和学习科学的超越，学习智慧层的学习实践活动是主客体内在统一性的具体表现。它包含着学习主体对学习各要素全面综合的认识，以及在这种认识的基础上优化处理各种关系的行为能力。学习智慧具有独立自主性、生成创造性、内隐规范性、个别差异性等特点（本章第三节将详细论述）。其一，独立自主性强调学生在学习过程中，不人云亦云，不依赖别人，能在学习过程中按照自己的意志行动，而不受他人和环境的支配。其二，生成创造性强调学生在学习过程中能对学习内容进行扬弃，能挑战权威，能对学习内容提出质疑和反思，能对学习内容进行理解，能建构意义；生成创造性还表现为学生的学习智慧不是与生俱来的，而是在学生的学习过程中不断锻炼而形成的。其三，内隐规范性强调学生在学习智慧的形成过程中，按照学习智慧品质的要求，通过自觉履行来实现学生的学习智慧品质。在整个学习过程中，学生是自由的，同时也是学习行为的负责人。其四，个别差异性强调学生具有学习抉择能力，能做出富有个别性的学习判断和选择。

通过学习经验、学习科学和学习智慧的内涵分析，三者的差异性可见一斑，主要区别见表3-1和表3-2中所列的多个方面。

表3-1　学习经验、学习科学、学习智慧的学习追求差异表

	学习经验	学习科学	学习智慧
学习目的	掌握现象	获得知识	求真、善、美
学习方法	直接感知	逻辑推理	综合思辨
学习内容	经验内容	抽象知识	为什么学、学什么、如何学

从表 3-1 可以看出，三者在学习目的、学习方法、学习内容三个方面表现出明显的异质追求。

第一，学习目的的差异性。学习经验肯定了感觉经验的可靠性，学习科学认为认识来源于理性思维，学习经验和学习科学追求被证实、被认可，强调了认识必须符合对象，在此基础上，学习成为获得现象和知识的手段，学生通过建构和形成学习经验以及知识来证明对客观事物的理解。相反，学习智慧是在适度的基础上实现学习目的"真""善""美"的统一。所谓学习智慧之"真"，是指学习目的不仅强调对外在知识的获得，更强调学生作为主体对学习现象和知识的理解，强调主体自身的感悟，学生通过赋予外在知识意义，实现内在意义的建构和理解。学习智慧之"善"是指在获得意义建构的同时，学生更注重学习德性品质的养成。学生是富有个性的、独立的、自由的个体，所以学生的德性品质是自己确立的。它不外在于学生，对学生具有强制性和规约性，促使学生自始至终去执行，并与内心没有冲突。学习目的不仅包括事实性的追求，而且还包括主观价值的实现，实现主体的"善"。学习智慧之"美"，是指在学习目的的实现过程中，学生始终感觉到愉悦和幸福。学习智慧赋予学生自由，通过自身立法，在适度的基础上实现学习"真""善""美"的高度统一。

第二，学习方法的差异性。学习经验强调学生通过直接感知的方式去获取知识。杜威的"做中学"理论充分说明感觉经验的重要性。学习科学认为只有通过推理、判断等逻辑思维方法才能获得科学知识。学习经验和学习科学虽然采用的方法不同，但都是去证实主观的知识在客观的学习现象和学习结果中是否存在，强调合规律性。学习智慧则强调学习方法不但要合规范性，而且要合目的性，达到合规范和合目的的完美统一。学生在遵守规范的基础上，通过综合思辨，独立自主地对学习中过度和不及

的学习价值和学习行为进行平衡,从而获得良好的学习品质。

第三,学习内容的差异性。学习经验强调通过感官或具体操作获得人类经验;学习科学强调抽象的、系统的知识理性;学习智慧强调为什么学、学什么、如何学。为什么学强调学生对学习价值的把握,学什么强调学生对学习内容的理解,如何学强调学生学习行为的运用。学习智慧是实践智慧在学习中的应用,学生在明确学习规范的基础上,在理解"应该是什么"的情况下,知道"如何做",即采取何种手段去实践。

表3-2 学习经验、学习科学、学习智慧在学习关系中处理方式差异表

	学生与学习内容	学生与学习环境	学生与学生自身	学生与学习他人
学习经验	随意接受学习内容	适应环境	无意识的学生	完全他律:被要求或被命令
学习科学	主动或被动接受学习内容	适应或利用环境	有意识的学生	他律或自律:被要求或主动
学习智慧	积极主动建构学习内容	创造有利的学习环境	情意自制的学生	认同、共识、交流

表3-2显示学生在三种层级水平中处理学习关系的方式上存在着差异。

第一,在处理与学习内容的关系时,在学习经验和学习科学层,学生处于被接受学习内容的状态,学习的目的是证实学习现象和事实;学习智慧则强调学生主动建构学习内容,创造学习环境。第二,在处理与学习环境的关系时,学习经验和学习科学强调学生适应环境;学习智慧强调对学习环境的创造,使学习环境为学习服务,通过建构和改造学习环境促进学生学习。第三,在处理与自身的关系时,学习经验是学生无意识的参与;学习科学虽然注重学生有意识的参与,但往往浅尝辄止;学习智慧则强调学生的意志自律,强调学生出于义务,通过一贯的行为不断地自我超越,从而实现自身的美好状态。第四,学习经验在处理学生

与他人的关系时，重视功利主义价值的实现，学生是实现学习目的的工具，强调学生被他人完全控制或部分控制；学习智慧则强调学生之间相互交流，彼此认同。通过以上几个方面的比较，学习智慧的优势不断彰显。

以上各方面的差异充分显示：学习经验和学习科学很少关注学生学习品质的养成，他们追逐学习的外在目的，对学习知识和学习成绩较为重视，但很少关注学生内在价值和品格的养成；学习经验和学习科学对学习中各种关系也有一定程度的了解，但大部分是停留在经验论或唯理论的认识论层面，对学习关系进行片面、局部的认识；相反，学习智慧则能透过学习现象，把握学习的本质规律，在认识论的基础上，从实践论的角度探讨如何实现学生的学习品质，因此，学习智慧更能体现学生的本质和学习的本质。

4. 学习实践层级水平的趋同性

以上论述了学习经验、学习科学、学习智慧在处理四种关系时表现出了巨大的差异性，但三者又能在异质中趋同，彼此相互联系、相互作用、相辅相成，共同诠释学习的本质。学习智慧最能展示学习本质的内核，是学习实践活动追求的理想状态，它将在学习实践活动中平衡对立冲突的学习价值和学习行为，从中做出适度的选择，从而实现良好的学习品质和拥有进一步的学习能力。正如自然存在的每一种较高级的结构层次在起源上实际都与较低级的结构层次联系在一起一样，高级层次源于低级层次，但它的特点却取决于自己特殊的决定类型。因此，学习智慧虽然区别于学习经验和学习科学，但三者又彼此联系、相互作用、相辅相成。首先，三者在不同层次上诠释了学习本质。其次，三者表现为明显的递进关系。学习科学是在批判反思学习经验的基础上形成的；学习智慧是对学习经验和学习科学进行反思批判而形成的，是对学习经验和学习科学的超越，是对学习经验和学习科学的批判性反思。再次，三者在方法和内容上相互包含，学习经验中有学习科学和学习智慧的成分，学习科学中也不乏学习经验和学习智慧的内容，学习智慧中需要学习经验和学习科学的内容并对它们进行灵活的运用。经比较，学习智慧能充分体现学生的本质和学习本质，是学习实践活动追求的理想状态。

第二节 智 慧

智慧是一个既古老又时尚的词汇。说它古老，是因为自人类社会开始，人们就开始对智慧进行探索；说它时尚，是因为人们探索智慧的脚步从未停息，追求智慧的勇气和毅力有增无减。

一、智慧的本质

对智慧本质的理解，可以从不同视角去考察。

（一）文字学与词源学中的智慧

"智"的甲骨文 = 干（干，木制武器）+ 口（口，谈论）+ 矢（矢，弓箭），造字本义：谈论作战谋略。金文承续甲骨文字形。有的金文加曰（"曰"，说），加强"谈论"的主题。篆文误将干（"干"）写成亏（"亏"）。隶书智省去篆文的亏（"亏"）。"慧"拆分为"彗"和"心"，"彗"既是声旁也是形旁，表示手持扫帚扫地。"慧"，篆文 = 彗（彗，清扫）+ 心（心，欲念），造字本义：拂去俗尘，清心净虑，洞察真相，明心见性。隶书慧将篆文的心（"心"）写成心。古人称精通行军作战为"智"，称清心净虑、洞察真相为"慧"。"智"与"慧"形成智慧的两侧："智"是智慧的外侧，强调处理事物的筹划和智谋;"慧"则是智慧的内侧,强调通过内心的明净,通晓万事万物的真理,从而形成相应的道德立场和德性修养。智慧就是见微知著,能预测事物的发展方向。智慧是迅速、灵活、正确地理解事物和解决问题的能力。① 在英语中,有几个单词指称智慧:wisdom,意为(在做决定或判断时表现出的)经验、知识、正确的判断、明智、常识;intelligence,意为智力、聪颖、情报;wit,意为机智、才智、富有机智的人、打趣话、玩笑话;brightness,意为亮度、明亮、光泽度、灯火通明;sapience,意为贤明、睿智。以上这些翻译尽管各不相同,但都含有学识广泛、智力高的含义。目前经常用 intelligence 和 wisdom 指称智慧。intelligence 与 wisdom 的主要区别有三点:其一,intelligence 倾向于个体与生俱来的聪颖度,有灵性和悟性之义,且有超文化性;wisdom 倾向于通过后天的知识经验获得聪慧度,有知识和学问之义,具有一定的文化相对性和后天习得性。其二,intelligence 主要涉及事物之真,在价值上偏向中立色彩,无善恶之分;wisdom 是真与善的合义,是一个褒义词。其三,intelligence 与个体的成就和生活满意度的正相关性不高。wisdom 与个体的成就或生活满意度存在明显的正相关。通过比较智慧的各种英译含义,笔者认为用 wisdom 更符合本节的宗旨,wisdom 在此用作名词。

(二) 诸家对智慧的理解

在中国的传统文化中,对智慧的探讨源远流长,其中以儒家、墨家、道家、佛家的智慧观较有影响力,具有跨时空的指导性意义。

1. 儒家的智慧观

儒家是一种以德为主,兼顾智德的智慧观。子曰:"中庸之

---

① 中国社会科学院语言研究所. 新华字典[Z]. 北京:商务印书馆,2011:652.

为德也,其至矣乎!"① 儒家智慧观在某种程度上是一种伦理或道德智慧,价值取向上重视人伦和社会关系。

儒家智慧观总体表现在认识上知"道"、伦理上好"道"、审美上乐"道",三者并进,能乐以闻道,乐以达道。儒家强调以反求诸己的方式来处理人与自身的关系;强调以诚信、与人为善的方式来处理人际关系;强调以"中庸"的方式来处理人与事物关系。其具体表现如下:第一,儒家处理人与自身的关系强调"反求诸己",知人与自知。儒家认为庄严自正,修养自身为根本,修身在正其心,心正则处中道。第二,儒家在处理人与他人关系时强调与人为善,在"修己安人"的基础上,注重群体有序,仁爱、和谐、诚信、中庸等精神追求。第三,儒家在处理人与事物关系时强调不偏不倚,无过不及。强调对事物的态度应该实事求是,"知之为知之,不知为不知,是知也"②。孔子主张君子应"畏天命"③,解决人与自然界的矛盾应顺天命。孟子则强调人与天的相通性,"尽其心者,知其性也;知其性,则知天矣"④。当个体与自然相互融合、情与理相互统一、天地万物均能各得其所,以达到天、地、人三者的和谐,"诚者,天之道也"⑤。

2. 墨家的智慧观

墨家的智慧观为"心知为智",即个体能根据已知去推测未知,就能使已知的知识越来越明确和深刻,墨家认为知识和逻辑思维对智慧的发展是至关重要的。

墨家的智慧主要表现在处理自我与他人及自我与事物的关系

---

① 《论语·雍也》。
② 《论语·为政》。
③ 《论语·季氏》。
④ 《孟子·尽心上》。
⑤ 《孟子·离娄上》。

之中。首先,处理自我与他人的关系表现为"兼爱"。墨家认为人与人的关系应兼爱交利、义利统一、对等互报、上行下效、普遍相爱。"若使天下兼相爱,爱人若爱其身,犹有不孝者乎?视父兄与君若其身,恶施不孝?犹有不慈者乎?视子弟与臣若其身,恶施不慈?故不孝不慈亡有。犹有盗贼乎?故视人之室若其室,谁窃?视人身若其身,谁贼?故盗贼亡有。犹有大夫之相乱家,诸侯之相攻国者乎?视人家若其家,谁乱?视人国若其国,谁攻?"①这些充分表达了墨子推己及人的与人相处之道,从而实现家庭成员之间、家庭之间、国家内部一种美好、和谐的状态。其次,在处理人与事物的关系中,相对于其他各家的观点,墨家最重视科学技术。为使所学应用于科技,墨家提出巧传求故、利人为巧,其中非攻节用的思想包含着积极的可持续发展、维护生命多样性的生态观。

3. 道家的智慧观

道家的智慧主要表现在以下几个方面。其一,道家在处理人与环境的关系时强调道法自然。道家的"无为""逍遥"乃是一种为人处世之道,个人应当追求永恒的逍遥与解脱。道家认为人与万物、与天地自然不是对立的关系。老子讲道法自然,提倡"无为",即善于利用对象的发展动因,因势利导,老子的"无为"并不是绝对的不为。道家通过思辨的方式,明确提出有限与无限的辩证关系。事物本身的内部不是单一的、静止的,而是相对复杂的和变化的。幸福不在于拥有丰厚的外界物质,也不在于社会地位、荣誉名声,而在于身心内部的和谐,并能自始至终在现实生活中坚持身心的和谐,使心灵逐渐清净。庄子以"无用之用"②达

---

① 《墨子·兼爱上》。
② 《庄子·人间世篇》:"山木,自寇也;膏火,自煎也。桂可食,故伐之;漆可用,故割之。人皆知有用之用,而莫知无用之用也。"

到精神的超脱,做到人与天地的统一。其二,道家认为处理人与他人的关系应兼顾自我价值和他人价值。道家否定全然不顾他人感受、只顾一己私利、不择手段、师心自用的丑恶行为。道家在重视自我合理价值的基础上,也强调重视他人价值。道家关照自我与他人共在一体的社会价值。其三,道家在处理人与自身的关系时强调率性、求真。在道家看来,作为人的本源状态的人性,没有先定的本质。人性是敞开的、自主绽放的,而不是被塑造和雕刻的。人生的价值在于安放本真的、质朴的原始状态。道家希望个体能率性("情欲")、求真("法天贵真"),持平淡和超然的心态,回归于天地之间,重新获得心灵的健康和自由。道家的智慧就是通过唤醒人性,保持和复归最初的状态,看淡名利,正视自己。"罪莫大于可欲,祸莫大于不知足,咎莫大于欲得。"①道家重视个体生活的自由和个体的身心健康,关注人的内在心理感觉和受用。"自然"和"无为"暗示人性的自由伸展与人格的充分发展。道家主张在人性不受任何外部力量的压迫或约束的基础上,形成一个全面的、健康的、生机盎然的个体。

4. 佛家的智慧观

"智"即智慧,真如的意思。智慧是指个体历经一系列的宗教修行,能够破除"我"和"法",摆脱由"识"演绎出来的投射的世界而进入圆满自觉的状态。"般若"(智慧)就是对当下现象世界认识的否定,体认"实相""真如"。佛家的智慧总体表现在以下几个方面:其一,佛家在处理人与自身的关系时强调禁欲和反观自鉴。佛家认为世界都处在运动变化之中,"诸行无常,诸法无我",通过不断消除人类心灵的偏执,突破自我心灵的囚笼,忘却外在的嗜好和欲求,从而获得对生命本质的感悟。佛家认为,"我"是时刻变化的,没有稳定的相状。所谓的"真

---

① 《老子·俭欲》。

我"是虚幻的，每个人都应该如实地认识自我，反观自鉴。其二，佛家在处理人与环境的关系时强调摆脱外界事物的羁绊，并通过形而上学的方式去追求生命的本源和本性，主动寻求超脱的方法。"烦万物为泡，意如野马，居世若幻，奈何乐此。"① 人需要通过认识并了解"道"，通过悟道和修正去摆脱生死，从而达到超凡入圣的境界，以低调地处理人与环境的关系。其三，佛家在处理人与人的关系时强调自我修行。处事难，处人更难，处事待人都要做得圆满如法，这些就是修行。佛家强调人与人之间的幸福来自无限的容忍与相互尊重。

虽然儒家、墨家、道家、佛家在处理人与自身、人与他人、人与事物的关系上存在差异，但是各家都有对人与世界的关系的认识，并提出具体措施来处理人与世界的关系。这种认识和处理人与周遭事物关系的能力就是智慧。

（三）智慧是一种明智决策的能力

明智决策的能力即平衡（选择）能力，是指人能在对立冲突的价值和行为之间进行平衡（选择）的能力。《现代汉语规范用法大词典》把智慧解释为辨析判断、发明创造的能力。② 《辞海》将智慧解释成对事物能认识、辨析、判断；犹言才智，智谋；梵文（般若），译为智慧。③ 目前对智慧的理解有如下代表性的观点：智慧就是有关某些原理与原因的知识。④ 智慧偏重于智力的发展，是个体运用智力与知识，经由练习而获得的一种新

---

① 《法句经·世俗品》。
② 周行健，余惠邦，杨兴发. 现代汉语规范用法大词典 [Z]. 北京：学苑出版社，1997：1452.
③ 《辞海》编辑委员会. 辞海 [Z]. 上海：上海辞书出版社，1979：3209.
④ 〔古希腊〕亚里士多德. 形而上学 [M]. 吴寿彭，译. 北京：商务印书馆，2011：3.

颖、高效、巧妙、准确地解决复杂问题或疑难问题的能力。智慧是能力与实践情境的双向整合，表现为人在活动过程中使用并能推动活动进展的，主观对客观所做出的分析判断和发明创造。① 智慧是对于根本事物、现实存在事物的了解能力。② 智慧是人对事物灵活调节、管理、监控和反思，表现为机变、灵活、巧妙地处理事物的能力和方式，既包括知识的运用，也包括情感态度的调动；既包括认知策略的选择，也包括元认知策略的配合；既包括生理上适应世界，也包括主观调解事物的能力。

　　虽然学者们对智慧这一概念存在差异性的理解，但在智慧是一种能力这一认识上却达成了共识。笔者认为智慧是在认识和把握世界规律的基础上，在自由意志的支配下，平衡（选择）合适的价值和行为来处理人与周遭事物关系的能力。它是工具理性和价值理性在具体情境下的良好综合，是工具理性和价值理性的平衡状态。平衡是智慧在具体情境中的体现，古今文化早已蕴含平衡的思想。《周易》的"阴阳平衡"、老子的"道"、孔子的"中庸"、亚里士多德的"黄金中道"、黑格尔的正反合理论③、马克思的"度"等都是平衡的不同表述。平衡是一个开放的理论，将会随着时代的发展而发展，在汲取古今人类智慧精华的同时，不断地被修正、补充和完善。对平衡的理解不应局限于如哲学、自然科学等领域的差异性分析，而在于通过平衡促进整体利益有序增长，即有利于人与自然协调发展，有利于国家安定、世

---

　　① 程广文，宋乃庆. 论教学智慧［J］. 教育研究，2006（9）：30－36.
　　② ［印度］克里希那穆提. 一生的学习［M］. 张南星，译. 北京：群言出版社，2004：9.
　　③ 黑格尔的辩证法是由正题、反题与合题组成的。所谓"正题""反题""合题"，其实是绝对精神在不同阶段的表现形式。正题必然地派生出它的对立面——反题，并且和反题构成"对立"，最终二者都被扬弃而达到"统一"的合题。

界和平,有利于人的全面发展。

平衡是学习智慧的核心。《现代汉语规范用法大词典》对平衡做了详细的解释,认为平衡可以用作形容词或动词,是指(使)对立或相关的各方在数量、质量或结构等方面相等、相抵或相配。平衡不同于平均,平均是指把总数分成若干份,使每一份相等。平均侧重于每一份相等无多少之分,而平衡侧重于使彼此相抵或相配。① 在日常生活和实践中,平衡概念的使用和平衡现象俯拾皆是,对平衡的认识和掌握是一个自觉或不自觉的过程。

在学科领域,平衡被视为一种相对静止的量变过程,这种认识具有丰富的内容和一定的真理性,平衡在某种程度上确实与静止密切相关,但平衡的意思不止于静止,因为静止是相对于运动而言的一种特殊的状态,将平衡视为简单的静止的量变过程并不能充分说明平衡的内涵。平衡是一个哲学的概念,它不是运动的反义词,也不是静止的近义词,它是一个哲学概念,它的反义词是不平衡和失调。平衡是矛盾对立面之间的一种协调,是事物在彼此相互作用过程中一种适应的状态、关系。因此,平衡是事物运动的一种内部调控机制,是事物矛盾各方面质与量的协调、适应和有序,是事物运动的一种稳态,也是事物运动发展的内在调节机制。② 平衡具有协调、适应和有序的含义。平衡的思想最早可追溯到赫拉克利特,他在《著作残篇》中强调事物既整全又不整全,既协调又不协调,既和谐又不和谐。他认为,在对立的自然界中,从对立的东西中产生和谐,而不是从相同的东西中产

---

① 周行健,余惠邦,杨兴发. 现代汉语规范用法大词典[Z]. 北京:学苑出版社,2001:837.

② 王之璋. 稳态·平衡·协调——平衡的内涵与形式新探[J]. 哲学研究,1988(1):24-30.

生和谐，这种和谐是从事物对立面产生的一种平衡结果。德谟克利特认为事物的平衡关系和适当的比例对所有事物都是有好处的。亚里士多德的"中道"观类似于中国古代的"中庸"观，强调在过度和不及中选择适中的美德，因为美德是一种适中。"中"意味着事物生存和发展最佳的、适当的、合理的结构，是人的言行举止最妥帖的状态。中庸和中道都讲究中正适度，不偏不倚，恰到好处，强调把握事物之间的度，避免过度和不及。在过度和不及的对立冲突中，彼此相互联系，相互补充，如短期利益与长期利益、个人价值与他人价值的相互协调。平衡就是一种达到极致美好的协调。

平衡能实现人与自然的和谐相处，平衡是爱智慧的具体表现，是人类驰骋于宇宙的一种策略。在纷繁复杂的关系中，各种价值交错在一起，使创造自己、改变自己、发展自己的道路变得扑朔迷离。正是基于这种非确定性，正确处理人与自然、人与社会的关系就需要用一种平衡的观点去取舍，从而保持人与自然、人与社会的和谐相处。例如，如何处理现代工业化发展带来的环境污染问题和能源耗竭问题，如何正视一味追求经济发展而引起的环境破坏，如何将经济发展与保护环境紧密结合，从而推动人与自然的可持续发展。同样，平衡能促进人与人的和谐相处。人的需要是存在差异的，有限资源和各种无限的欲求之间的矛盾冲突不可调和，欲求与欲求之间的矛盾层出不穷，只有通过平衡才能实现一种人际间的和谐。平衡能实现自身的身心和谐。人具有动物性，因此人具有感性的冲动；人也具有理性，因此人能根据事物发展情况进行思考，做出明智选择。人需要结合感性和理性，达到"文质彬彬"①的境界。根据平衡的主体差异可分为自发性和自主性平衡。自发性平衡是以客观事物为主体的平衡，而

---

① 子曰："质胜文则野，文胜质则史。文质彬彬，然后君子。"

自主性平衡是以人为主体的平衡。根据平衡的形式，可以将平衡分为矛盾性、适应性和因果性平衡。所谓矛盾性平衡是指矛盾双方通过彼此对立而形成均衡态势。

综上所述，笔者认为平衡是人在处理各种矛盾关系时，能尽量避免过度和不及的价值和行为倾向，持一种中正适度、不偏不倚的态度，从而实现人与事物、人与人、人与环境的和谐。

（四）智力、知识与智慧的异同

通过以上分析，得出智慧是平衡（选择）价值和行为的能力，为了进一步理解智慧的概念，深入把握智慧特点，笔者对智慧的两个相近概念知识、智力进行了比较分析。

1. 智慧与智力的异同

在常识领域，人们未能将智慧与智力进行严格的区分，往往将二者等同起来。进入科学研究领域，为了研究的需要，就要对二者进行对比分析。只有这样，才能使智慧的内涵变得更加清晰。

第一，关于智力的理解。正所谓"横看成岭侧成峰，远近高低各不同"。《论语·雍也》中就有关于智力的相关论："中人以上，可以语上也；中人以下，不可以语上也。"这是孔子对智力的一种思辨性认识，将智力严格地划分为上、中、下三种类型。心理学领域中存在浩瀚的智力概念，其中《韦氏词典》将智力定义为学习、理解和应付陌生困难环境的能力。燕国材认为智力是保证人们有效进行人事活动的稳定心理特点的有机结合。他认为智力是观察力、注意力、记忆力、思维力、想象力的有机统一体。此五种能力因素错综复杂地存在于智力的结构关系之中，其中的任何一种能力都不能取代智力，但每一个因素的发展水平都会影响到整体的智力水平，而且还会影响到其他四种能力的发展水平。①

---

① 燕国材. 智力与学习［M］. 北京：教育科学出版社，1981：3.

以上这些都充分说明智力与人的遗传基因密切相关。与此同时，也不能忽视社会环境对智力的影响。如"狼孩"和"猪孩"的案例充分说明智力正常的人若未能经历足够的后天环境刺激，其智力是得不到发展的。斯皮尔曼最早提出了智力二因素说①，美国心理学家瑟斯顿提出了群因素理论②，斯滕伯格提出了三元智力理论③。后来，美国生物生态学教授塞西提出了生物—生态学智力理论。④ 美国心理学家吉尔福特就从内容、操作和成果三个方面考虑，把智力分成120种。加德纳在《智力结构》一书中提出了多元智力理论（又称多元智能理论），不相信智力测验能准确测出人的智力，认为智力测验忽视人在测验中的情感和态度。他将智力分为三大族群。⑤ 通过以上分析，笔者认为智力是以遗传为基础的，通过人与周遭世界互动，经练习而逐渐形成和发展的解

---

① 智力二因素说是英国心理学家斯皮尔曼的智力结构理论。他认为智力由一般因素和特殊因素构成。一般因素是完成任何活动都必备的共同因素，特殊因素是完成某种活动必备的特有因素。

② 认为智力概括为七个主要的方面：语词理解能力、语言流畅程度、技术能力、空间知觉、记忆能力、知觉速度和推理能力。

③ 三元智力理论包括背景子理论、经验子理论、成分子理论。

④ 塞西提出的生物—生态学智力模型是对当今智力理论的全新诠释，该智力观认为智力是一个多资源的系统——个体身上存在多种认知潜能，它们控制着个体的信息加工能力。信息加工的认知过程一方面受制于个体的生物基础，另一方面又受到个体知识性质的限制。他将智力比作认知复杂性的函数——认知复杂性的程度越高，则智力水平就越高。生物—生态学观还具有内在发展的观点和相互作用的观点。它重视生物潜能，又强调生物因素的后天实现。它强调基因的表现型并不是唯一地由基因或环境决定的，而是基因与环境相互作用的结果。

⑤ 三大族群：其一，与物有关的智力，包括视觉—空间智力、身体—运动智力、逻辑—数理智力；其二，与物游离的智力，包括言语—语言智力、音乐—节奏智力；其三，与人有关的智力，包括自我内省智力和人际交往智力。

决问题的知识和能力，包括观察力、记忆力、想象力和思维力。

第二，智力与智慧的联系与区别。其一，智力与智慧是息息相关的，智力是智慧的必要条件。有研究表明，智力与智慧之间的相关性为0.94。[①] 智慧包括智力，但远不止于智力。高智力的人，不一定有高水平的智慧。高智商若不能接受正确的价值引导，就可能产生不良的学习行为，做出违背社会规范的事情。斯滕伯格在《为什么聪明的人会如此愚蠢》一文中，列举了很多实例。智慧的德才兼备理论认为，智慧必须包含足够的聪明才智，才能使个体在面对复杂问题时，能够正确认知和理解它们，从而采取合乎道德规范的手段或方式，灵活、巧妙地解决问题。智慧包含三个方面的聪明才智：良好的思维方式、足够的实用知识、正常乃至高水平的智力。[②] 智力是智慧的重要组成部分，智慧是对智力的超越。其二，智力与智慧的区别主要表现在以下几个方面：①智力与先天遗传因素关系密切，智力强调先天的能力，指向个体与生俱来的聪颖度，如认知能力、记忆力、想象力等，具有超文化性；而智慧主要依靠后天养成，强调文化和环境对人的影响，通过后天训练形成。表现为能准确理解和解决问题的能力、洞察力、统整力和执行力等。②智力具有个体性，主要指个人的聪明度；智慧则强调人对知识和智力的运用，智慧表现为人的一种德性，与人的同情心等亲社会行为密切相关。③智力重视解决问题、获得结果，强调工具理性，与个人的幸福感关系不大；而智慧表现为知道如何平衡，如何在各种不确定性的关系中进行正确取舍，最终拥有个体良好的价值和行为品质，从而实

---

① 〔美〕罗伯特·J.斯滕博格. 智慧 智力 创造力［M］. 王利群，译. 北京：北京理工大学出版社，2007：180.

② 陈浩彬. 智慧德才兼备理论的实证研究［D］. 南京：南京师范大学博士学位论文，2013：23.

现主体的美好生活。④智力水平的高低，可以通过相应的测试来获得，如比奈—西蒙智力量、韦氏智力量表；智慧关涉人的品质，无法进行测评。⑤智力强调对外部现象的把握，主要表现为主观对客观事物的反应能力，是主观见之于客观的能动性，智力强调主观对客观事物的符合程度；智慧在符合性的基础上，强调对事物本质的个体理解，对人、对事物的洞察，强调如何处理人与人、人与自己、人与环境的关系。智慧是在深刻地理解现象和事件背后的结构、假定、意义的基础上，能够对事物的关联性和不确定性进行平衡，强调主观对客观事物的一种自觉。

2. 智慧与知识的异同

第一，关于知识的理解。根据人们的习惯性思维，知识等同于科学知识，似乎不存在非科学的知识，只有科学家或知识分子才可以拥有和创造知识，知识被认为是一种重要的智力资源。《辞海》给"知识"的定义主要有两种：①人类认识的成果或结晶，包括经验知识和理论知识。②相知、相识，指熟识的人。从释义①可以看出，知识被认为是人类认识的结晶，是已被证实的、有价值的经验。知识是一种经验，但并不是任何经验都可以冠以知识的美誉。只有那些源于人类认识又高于人类认识的经验，通过验证才能被认为是知识，知识是被选择和被运用的经验。释义②往往用于非常特殊的情况，所以人们基本不再这样使用了。目前，对知识存在三种不同的理解：其一，经验主义知识观。它认为获得知识最可靠的途径是观察和实验，持此观点的人有培根。其二，思辨的知识观。它认为知识是清晰可靠的，是人类区别于动物的标志。休谟和莱布尼茨对感觉经验的知识持怀疑态度，在批判经验主义知识的基础上，莱布尼茨认为数学、逻辑、形而上学等知识建立在天赋观念和理智直观的基础上。康德认为，思维和内容是彼此相互依存的，二者紧密联合才能形成合理的知识。杜威和詹姆斯认为知识是行动的工具，从而形成了工具主义知识论。詹姆斯认为"知识是有用的，因为它是真的"，或者说"知识是真的，因为它是有用的"①。其三，后现代主义知识观。它产生了诸如解构、分解、差异、置换等否定性的话语，知识已从静止的状态转化为运动的状态，这不是理性沉思的结果，而是社会权利关系运作的结果。

第二，知识与智慧的联系与区别。

知识和智慧是相互联系的两个概念。首先，智慧使知识得以更好的形成和运用，学生的智慧发展可以促进其深入掌握知识的进程、广度和深度。其次，通过知识的运用，人类智慧得以彰显，一切知识都可以明白表述。通过知识可以确信人类是有智慧的生命。再次，知识是智慧的基础，知识是智慧的内容，知识是智慧的凭借。若没有知识，智慧的发展就是无源之水，无本之木。俄国教育家乌申斯基认为，智慧不是别的，而是有组织、有系统的知识。乌申斯基明确道出了知识和智慧的关系。大量调查显示，一个人的知识越丰富，观察事物就会越敏锐、越深刻。列宁也曾说，我们需要用基本的知识来发展和增加学习者的思考力。以上这些都充分说明知识是智慧的基础和前提条件，若没有知识的积淀，智慧只能是"水中月，镜中花"。个人如果没有知识，就不可能拥有智慧产生的基础。有人甚至将知识等同于智慧，巴特斯团队认为智慧是一种关于基本生活实际的专家知识（和行为）系统，包括五方面的知识。②

知识与智慧的区别主要表现在：第一，知识不等于智慧，获

---

① 〔美〕威廉·詹姆士. 实用主义 一些旧思想方法的新名称［M］. 陈羽纶，孙瑞禾，译. 北京：商务印书馆，1979：104.

② 五方面知识：有关基本生活实际事实性知识，有关基本生活实际策略性知识，有关生活情境和社会变化知识，有关考虑不确定性生活知识，有关考虑价值和生活目标相对性知识。

取知识并不等于获得智慧,知识是智慧产生、发展的一个先决条件,不是唯一或全部的条件,知识转化成智慧需要很多的中间环节和条件。第二,知识只是事物现象的存在形式,知识可以是陈述性的或程序性的,知识可以通过学习获得;智慧注重综合,强调对事物整体性的把握。智慧如同建筑高楼大厦,知识是语言和思想的建筑材料,只有将建筑材料以适当比例搭配,通过设计、施工才能铸就高楼大厦。第三,知识可以传授,如同"授之以鱼"的过程;但智慧却如同在"授之以鱼"的基础上兼顾"授之以渔"。智慧需要养成,需要自我努力去实践,智慧无法在书中寻获,无法通过背诵储存,智慧并非经由恐惧或压制而产生,而是对人与人之间发生的种种故事加以观察和了解。① 第四,知识可以用符号记录下来,供后人学习和继承,具有相对的稳定性;智慧却不能用符号记录下来,是一种默会知识。智慧与脑功能紧密相连,释放出无穷的力量,能培养人坚强的毅力和良好的品格。第五,拥有知识与拥有智慧的人表现出不同的特征。只有知识的人表现为知其然而不知其所以然;拥有智慧的人,不仅能知其然还能知其所以然,能把握事物的发展变化规律,举一反三。第六,知识是中性词,包含自然科学知识,也包含做人的知识,可以是高价值的知识,也可以是无价值的知识;智慧则是真与善的统一,具有强烈的认知色彩,又蕴含浓厚的伦理道德色彩,一个人在生活中的智慧主要表现为一种良好的德性。

二、智慧的基本特征

通过以上论述,可以得出智慧具有先天遗传和后天养成的特点,目的性和过程性统一的特点,一般性和特殊性统一的特点,

---

① 〔印度〕克里希那穆提. 一生的学习 [M]. 张南星,译. 北京:群言出版社,2004:72.

价值、情意、行动完满整合的特点。

（一）先天遗传和后天养成

从前文智慧的字符释义中可知智慧的内侧面"慧"的内涵："慧"隐藏于内心，具有先天遗传的成分，即所谓的"慧根"。智力是智慧的必要条件。智力具有遗传性，故智慧也与遗传紧密相关。智慧的发展在某种程度上依赖于人的认知发展。皮亚杰把人的认知发展分为四个阶段：感知运动阶段、前运算阶段、具体运算阶段、形式运算阶段。随着智力水平的发展，人的智慧也表现出相应程度的发展。虽然智慧的发展在某种程度上与遗传密不可分，但是智慧的发展更依赖于后天的养成，智慧是知识和能力在具体情境下的具体运用，最终以能力的形式表现出来。一个人从出生到咿呀学语，经历最初的家庭教育和后天的学历教育（幼儿园教育、小学教育、中学教育及高等教育），工作，成家立业，迈入中年和老年，每个时期都有不同的经历，通过与周遭世界的互动获得智慧。智慧如同其他有生命力的系统一样，也包含适应环境的过程。智慧同其他生物学上的认知结构一样，既不能通过先验论进行简单的说明，也不能通过反映论进行简单的论证。人的智慧需要通过先天的遗传和后天与环境互动而逐渐获得生长和发展。①

（二）目的性和过程性统一

智慧不仅强调活动的过程，而且强调活动的结果。人类之所以区别于动物，不在于制造和使用工具，而在于制造和使用工具的过程。人类拥有制造和使用的意识，这种意识是体现人类智慧的一个重要的方面。人类从事行为活动，不仅强调行为活动的过程，也强调行为活动的结果，是行为活动过程性和目的性的良好统一。人类强调在行为活动过程中创造和使用工具，最终达到行

---

① 施良方. 学习论 [M]. 北京：人民教育出版社，2001：169.

为活动目的。因此，智慧是目的性和过程性的完美结合。

（三）一般性和特殊性统一

智慧是一般性和特殊性的完美统一。智慧的一般性是指在人类种系发展的历史中，智慧是人和动物彼此区别的重要标志。人类拥有智慧，而动物不具有智慧。动物虽然也能制造和使用工具，但只是为了生存、为了适应环境而从事简单的工具生产，正如人饿了需要食物，困了需要睡眠一样，此种过程不能被称为智慧。人当然也具有这种低级的被动适应能力，但人类异于动物之处集中表现在人能根据主体的需要，对环境进行改造，让环境为我所用。人类的智慧还表现为通过各种途径，使各种经验得以保存，形成文化和社会心理；而动物不能保存经验，更不能让经验在种系之中继承与传播。

智慧的特殊性表现在以下两个方面：其一，主体间的差异性，即不同的个体面对同一问题、情境，处理问题的方式存在差异，智慧的表现形式和表现水平也都存在明显的差异。其二，主体内部差异性：一方面，同一个人，面对不同的事情，表现智慧的方式和水平存在差异；另一方面，同一情境，同一个人，在不同的时间段，表现的智慧存在差异。人的智慧不仅代表着一般性的社会存在，更表现出个别性的特殊存在，是一般性与特殊性的完美结合。

（四）价值、情意、行动的完满整合

智慧是一个价值判断的过程，智慧的形成需要主体对外界事物的价值进行判断。如判断是否符合个体发展的需要，判断是否符合社会发展的需要，判断何种价值既符合个体发展的需要，又符合社会发展的需要。在主体对价值进行判断之后，价值才能内化为自我的一种主体意志。智慧是一个情意自制的过程，在整个过程中，智慧表现为一种主体的自觉，是主体的一种内部需要，而不是外界给主体的一种压迫。在主体自我意识高度觉醒的情况

下，主体就会做出合适的行为选择。智慧是一种行为选择的过程：在人与环境互动的过程中，需要在感悟社会规范的基础上形成内部信念，在情意自制的推动下做出平衡（选择），形成良好的个人品质。所以，智慧的形成是价值、情意和行为一致的主体自觉的活动过程。主体要认识感悟世界万物，要理解人与世界万物的关系，通过对情感的理解与把握，在意志的努力下，才能做出合适的行为。学生不仅要知其然，而且要知其所以然；不仅要知道做什么、怎么做，还要知道为什么做；不仅要知道是什么、应该是什么，还要知道不是什么、不应该是什么。智慧就是对各种价值和行为进行判断、平衡、反思，从而实现个体良好品质的发展。

第三节 学生的学习智慧

在探讨学习和智慧的本质之后，为了深入理解学习智慧的本质，我们不得不深刻认识学习与智慧的关系，深度挖掘学习智慧的内核和学习智慧的特征，并在此基础上深入探究学习智慧的功能和分类。

一、学习与智慧的相互关系

学习可以支持智慧的形成和发展，智慧可以发展学习能力，提高学习效率。

（一）学习支持智慧的形成和发展

如前文所述，知识、智力与智慧既相互联系，又相互区别。知识和智力是智慧形成的前提条件，学习是知识和智力获得和提高的有效途径，因此，学习是获得智慧的有效途径之一。学生通过与自身、客观世界、社会世界相互作用而获得知识、情感、能

力,而这些都是智慧不可或缺的组成部分。首先,"知"是决策的前提。通过学习,学生可以获得对社会规范的认识。"识时务者为俊杰",能认清时代潮流的人是聪明能干的人,所以,通过学习,认识越多,就越能准确把握事物之间的关系,越能做出准确的判断,越做出明智的行为。其次,学习能使学生情感丰富,提高学生学习能力。培根在《论读书》中提出:(读)史使人明智,(读)诗使人灵秀,(读)数学使人周密,(读)科学使人深刻,(读)伦理学使人庄重,(读)逻辑修辞之学使人善辩。凡有所学,皆成性格。通过读书(学习),学生能提高思维能力,能周密地进行思维,从而变成一个丰富的、多层次的、有血有肉的个体。知识、能力等都是学生智力的重要组成部分。通过学习可以促进学生智力的发展,而智力发展是智慧发展的必要条件。如果智力没有得到充足的发展,就一定不会产生良好的智慧。正因为智力需要学习,而智力是智慧的必要条件,因此智慧的发展需要通过学习来促进。子曰:"我非生而知之者,好古,敏以求之者也。"① 像孔子这样的圣人都需要学习,芸芸众生又何尝不需要通过学习来提高自身的智慧呢?

(二) 智慧可以发展学习能力、提高学习效率

学习促进智慧发展,智慧促进学习发展,两者相互促进。首先,智慧的发展可以提高学习的效果。智慧可以促进学生转变学习观念,在转变学习观念的同时,学生可以调整自己的学习行为,从而提高学习效率。其次,智慧能促使学生调整学习计划,对学习进行统筹规划。智慧发展是学习发展的前提条件。再次,智慧推动智力的发展,从而提高学生的学习能力,促进高效学习。智力可分为流体智力和晶体智力,随着学龄期学生流体智力和晶体智力的不断增长,智慧也随之提高。智慧的提高反过来促

---

① 《论语·述而》。

进学生掌握更多的学习策略和学习方法,更准确地掌控、运用学习环境,更有效地处理与教师、同学的关系。因此,智慧可以提高学生处理问题的能力,学生能力越强,获得成功的机会越多,越能激发学生的学习兴趣;学习兴趣的提高能有效促进学生进行自我调节。因此,智慧可以使学生从不会学习变得会学习,从低效学习变为高效学习。

二、学习智慧的本质

学习智慧是智慧在学习活动中的综合运用。学习智慧并不是对"学习是什么"进行知识性探索,不是一套操作技能,也不是教育技艺。它植根于学习实践,学生知道"应如何"的学习价值以及"如何去做"的学习行为,通过平衡做出学习价值和学习行为的选择。在多元社会中,学习并不是按照工业生产的固定工艺流程,掌握一定的操作技能去操纵学习过程,从而生产出学习产品以适应社会的发展。学生应明智地选择学习内容与学习方式,平衡各种关系,形成良好的学习品质,从而促进自身发展。学习的目的不是获得固定的学习知识,而是通过学习,获得利人利己的学习价值和学习行为,为成长做准备。

学生的学习智慧(如图3-3)是指学生在复杂的学习情境下,在感悟学习规范的基础上,通过不断内化,形成学习信念,在情意自律的基础上,通过平衡过度和不及的学习价值和行为,形成良好的学习品质。

第一,学习智慧经历了三个发展阶段,它们分别是学习规范、学习信念和学习品质。学习规范是学习智慧形成的外在标准,是学习智慧形成的前提条件。学习信念是学习智慧形成的动力源泉,是学习规范通过学生不断内化而形成的一种主体意志自觉,从而实现学习规范外部自觉到学习信念内部自觉的转化。学习信念是学习品质形成的内部推动力,是学生按照内部严格的要求践行学习品质的前提。学习品质是学生根据学习规范的要求，在学习信念的支持下，通过不断平衡（选择）而形成个性化的学习价值和学习行为。

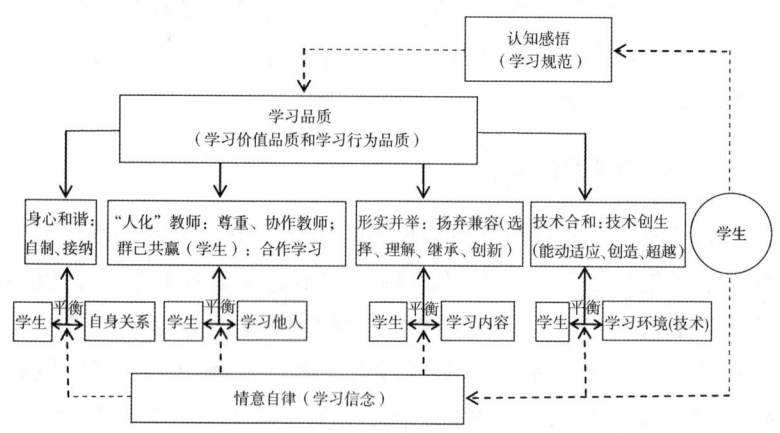

图3-3 学生的学习智慧

第二，学习智慧形成的三个阶段蕴含着学习智慧发展的两个重要过程。第一阶段，学习规范转化为学习信念的过程。学生需要对学习规范进行认知感悟，只有在认知的基础上，通过不断内化，才能形成稳定的学习信念。第二阶段，学习信念到学习品质的践行过程。在这个过程中，学生需要通过情意自制，在学习兴趣、学习动机、学习责任、学习意志、学习反思等的推动下，在过度和不及的学习价值和学习行为中进行平衡，从而实现良好的个体学习品质的培养。

第三，通过对学习智慧的分析得出，学习智慧具有独立自主性、生成创造性、内隐规范性、个别独特性。

第四，学生的学习智慧主要表现在学生平衡（选择）过度和不及的学习价值和学习行为，从而形成适当的学习品质（学习价值品质和学习行为品质）。这四对关系和五种学习品质分别是，学生处理与自身关系的身心和谐：自制、接纳的学习品质；学生处理与学习他人（教师）关系的"人化"教师：尊重、协作的学习品质；学生处理与学习他人（学生）关系的群己共赢：合作学习的学习品质；学生处理与学习内容关系的形实并举：扬弃兼容（选择、理解、继承、创新）的学习品质；学生处理与学习环境（技术）关系的技术合和：技术创生（能动适应、创造、超越）的学习品质。学生在平衡（选择）学习价值和学习行为时，应充分考虑个人利益与他人利益、长期利益与短期利益、感性与理性、个人价值与集体规范，并对它们进行协调。

第五，图3-3中的虚线部分指隐性的意识流部分，对学生学习智慧的选择具有强烈的导向作用。这种作用是潜在的，但它们都在影响学生学习价值和学习行为的选择，包括学习规范以及学生的学习信念两个方面。图中的实线部分指显性的控制流部分，是学生在四种关系和五对相互冲突的学习价值和学习行为中进行具体平衡（选择）的过程。

三、学习智慧的基本特征

学习智慧具有独立自主性、生成创造性、内隐规约性和个别差异性四个基本特征。

（一）独立自主性

从学习主体的角度来探讨学习智慧，学习智慧的主体是独立自主的。独立和依赖相对，独立性强调一种"我能学"的观点，不需要借助别人的力量，依靠自己的能力，立场坚定地解决问题。学生是独立的个体，拥有主动活动、自由活动和充分活动的权利。[①] 自主与他主相对。康德认为自主性是一种理性的自我主宰、自我制约，克服那些由爱好、欲望和一切非理性冲动而来的动机。理性是一种巨大的不可抗拒的力量，它排除外来的干扰，

---

① 虞永平. 学前教育学 [M]. 苏州：苏州大学出版社，2001：39.

清除利己的意图,保持自身所创制的道德规律的纯洁和严肃。在理性的操控下,人可以不顾艰险,无私无畏地承担自己的道德责任。① 独立自主性是指学生能够根据主体的意志,积极能动地凭借自身力量处理学习中的各种关系,形成自己的学习品质。独立自主强调学生在学习过程中的自主性和独立性。学生是理性的学习责任人,需要对学习过程和学习结果负责。独立自主性还表现在学生可以脱离或较少依赖教导而学习,借助原则、规范来认识学习现象,通过自己的理解和体验,在学习信念的支配下,独立自主地做出行为选择。

首先,独立自主性表现在学生能够主动地将外在的规范内化为学习信念。外在规范是外部的全部责任,是一种"他控"的必然要求。学生通过不断地自觉感知,不断地内化,最终将"他控"的外在必然要求转化为一种内在的学习自觉。在传统教学中,教师通过讲授的方式向学生传递知识,学生通过被动接受的方式去学习,明显地带有"他控"的色彩。学习智慧强调学生运用多种学习方式,在独立自主思维的基础上,与其他同伴一起交流经验。在这个过程中,学生独立地思考,自主地学习,获得学习规范的认知,形成稳定的学习信念。其次,独立自主性表现为学生在学习信念的支持下,主动地践行学习品质,从而获得良好的学习品质。学习品质的实践是一个主动的平衡(选择)过程,是学生将自由意志的主体责任要求不断转化为外部行动的过程;学生在内部需要的支持下,通过外部环境的支持和诱导,产生积极践行学习品质的动机,从而自主独立地进行学习实践。整个过程是学生出于学习义务,符合自由意志的一种自主的、独立的学习过程。

学习智慧的独立自主性表现为学生在理解学习规范的前提下

---

① 〔德〕康德. 道德形而上学原理[M]. 苗力田,译. 上海:上海人民出版社,1986:(序)4.

能独立思考,并独立参与自主的意义建构。独立自主性要避免学生产生两种过度的学习价值和学习行为倾向。在学习过程中,学生要注意处理好与他人的关系。因为学生不仅是个别的人,也是群体的人,具有社会性。学生在学习过程中需要与他人交往,若一味强调独处而忽视与他人的交流和合作,就容易出现个人主义的价值倾向,从而在学习过程中产生以自我为中心的学习行为。因此,学习智慧的独立自主性并不代表学生孤独、狂妄自大、偏执而不合群。独立自主性同时也要求学生避免过分依靠外部他人力量,失去自我独立性;独立自主地学习可以避免学生产生盲目从众的学习行为。学生智慧的独立自主性强调学生拥有独立自主的思维和见解,不人云亦云,不趋炎附势,正如孔子认为的"君子和而不同,小人同而不和"①。

独立自主性能帮助学生进行积极主动的自我认识、自我分析、自我评价、自我体验,从而使学生产生积极的学习态度。学生在"想学"的内部动机的驱动下,在建立"坚持学"的学习意志的基础上,将"我要学"和"我能学"有机地统一起来。学生的学习活动不是一种外在负担或一种外在压力,而是一种内在学习需求。学生越学越想学、越学越爱学,学习成为一种享受、一种愉快的体验、一种精神需要,学生从被动学习的状态中解脱出来,变得爱读书、爱学习。学生的独立自主是学生独立意识的外在表现,"人使自己的生命活动本身变成自己的意志和意识的对象。他的生命活动是有意识的。……有意识的生命活动把人和动物的生命活动直接区别开来"。独立自主的学习,是学生积极主动地提升自我的过程。

(二) 生成创造性

学习结果不是预设的,而是生成的和充满创造性的。"自然

---

① 《论语·子路》。

在自己的永恒转化中迅速地前进着,当我还在谈我所观察到的瞬刻时,它已经消逝不见了,一切也都起了变化;在我能够把握这瞬刻以前,一切又都成为另一个样子。一切东西并不总是像它们过去那样,也不总是像我现在把握的那样:它们是变成这样的。"① 自然的过程是瞬息万变、生生不息的,生成创造性是事物存在的一种常态,所以,人类的学习和成长具有生成和创造性。学习智慧品质形成的过程必定是生成创造的,学习智慧的生成创造性是学习发展的必然。

(1) 学习因素的复杂性必然导致学习智慧具有生成创造性。其一,学习中的学习个体是复杂的。学生来自不同的家庭,拥有各种各样的价值,不可能表现出单一的价值和单一的学习行为。学生是不断发展着的个体,具有无限发展的可能。人从出生到成年再到老年,都是人自己创造自己的历史。在创造性学习中,学生的生成性就是学生选择成为什么人的过程。如果按照统一的标准、选择统一的学习内容、用统一的方法来对所有的学生施教,就可能出现千人一面的局面。事实上,世界上没有相同的两片树叶,没有同样的两个人,所以,以同样的学习方法、学习方式和学习内容去面对需求各异、性格各异、家庭各异的学生,这种"一刀切"的教学行为,只能使学生变得没有个性,没有特点。其二,学习内容的丰富多样性决定了学习过程的复杂性。学习过程的复杂性导致学习过程不能预设,只能生成。

(2) 学习关系是复杂的,学习中纵横交错着各种学习关系:学生与他人,学生与自身,学生与环境,学生与学习内容。看似简单的四种组合,却存在着各种价值的角逐和各种利益的分配。学习活动是一种创造性的劳动,是一种基于人、适于人、促进人

---

① 〔德〕费希特. 论学者的使命 人的使命 [M]. 梁志学, 沈真, 译. 北京: 商务印书馆, 1984: 69.

的创造性活动。

以上学习因素和学习关系的复杂性,决定了学习过程的复杂性和不确定性,这就必然要求学生智慧地解决学习中的各种问题,智慧地处理学习中的各种关系。学习过程中充满了未知数,学习场景的变化和学习时间、学习地点的变化等必然导致学生学习是创造生成的。学习智慧注重把握学习过程中不确定因素和学生自身对学习过程的调节;学生必须重视学习策略的运用,打破原有的思维定式,对问题重新进行界定;学生必须自由地选择解决问题的方法,自由地选择学习内容、质疑并分析假设。学习智慧的创造性是学习智慧的重要特征,它能使学生学习智慧的生命之树常青,使学生从中感受到生命的本质、生命的尊严、生活的欢乐和人生的价值。

学生的学习智慧不是与生俱来的,需要学生与后天环境相互作用而不断生成。面对纷繁复杂的学习环境,面对学习中的不确定性因素,学生不能按照教师规定的要求和既定线索去学习,需要运用学生已有的知识和技能、情感和意志去解决学习中的一些问题。学生学习品质的形成过程是一个充满生成和创造的过程。不管是学习价值品质还是学习行为品质,都是学生在不断实践过程中生成和创造的。学习价值和学习行为品质主要是在学生处理学习的四种关系和五对过度和不及的学习价值和学习行为中,通过平衡(选择)不断形成的。从学生对待与学习内容的关系来解释,学生不唯书,善于质疑,敢于批判,勇于超越;从学生对待与教师的关系来分析,学生不唯师,不畏师,敢于对教师观点进行质疑;从学生对待与其他学生的关系来探讨,学生不唯我独尊,不摧眉折腰,实现生生合作学习;从学生对待与学习环境的关系来阐释,学生能动地适应环境,充分发挥环境的功能和作用,并对环境进行创造性使用;从学生对待与自我的关系来探究,学生需要不断进行否定和自我否定,做到身心和谐。整个学习智慧的形成过程,是学生不断进行自我组织,充分地自我开放的过程。学生不唯己、不守旧,善于突破思维定式的限制和已有知识的禁锢,不断否定、更新、同化和顺应新的观点和概念,不断实现自我的发展。

(三) 内隐规约性

内隐规约性是从学习的参照标准角度来探讨学习智慧。内隐与外显相对。内隐一般与名词连用,如内隐学习[①]、内隐自尊[②]等。内隐具有内省监控、无意识和难以觉察的意思。[③] 规约与无序和失范相对。内隐规约性是指学习智慧是一种发自学生内心的严格自律的学习活动。内隐规约性即学习智慧品质的实现需要凭借学生自身理性的自觉自律。学习品质的形成不是来自外在的正规行政命令的力量,而是来自一种主体自由意志的内在强制性。

内隐规约性表现在学习过程中,学生自觉自律地进行学习活动。自律性(Automaticity)这个词是由两个希腊语词自己(autos)和规则(nomcos)拼合而成,意思是法则由自己制定,而不是由他人制定。自律性与他律性构成了对立统一的范畴。这种行为准则不是显性外在知识的力量,而是潜藏于学生内心并对学生产生制约作用。这些准则以隐性知识(默会知识)存在于学生的脑海中,对学生起着非常重要的作用。当外在的学习规范内化为学习信念时,学生就能为自己立法,拥有高度的个人自律准则,具有很强的内部制约性。学习信念是一种特殊的精神,这种精神能充分唤醒学生的积极性,学生能动地作用于学习对象,积极地、主

---

① 内隐学习与外显学习相对具有自动、稳定和深层的特点。
② 内隐自尊指个体对与自我相关或不相关的事物进行评价时,通过内省无法识别出(或无法正确识别出)的一种自我态度效应。
③ 郭秀艳. 内隐学习和外显学习关系评述 [J]. 心理科学进展,2004 (2): 185 - 192.

动地实现良好的学习品质,这种学习信念使学生从被约束的学习状态走向学习自律和学习自由的学习状态。学生在学习信念的支配下,在充分理解和把握学生学习智慧之"道"的基础上,通过对学习中过度和不及的学习品质进行权衡,选择适度的学习价值和学习行为,从而形成良好的学习品质,这是一个内部完全自律的过程。学习信念是一种内部的定言命题,要求学生以自我全部的责任执行学习行为。因此,学习智慧具有强烈的规约性。出于内部的需要,学生拥有执行学习品质的强烈愿望,能在学习中充分地发挥主观能动性。当学习规范未能内化为学习信念时,它是一种外在的命令,学生即使接受,也处于一种被动和受强迫的状态。学习智慧内隐规约性的核心在于学生内部信念的建立,学生充分发挥学习理性,主观能动地去实践美好的学习品质。

(四)个别差异性

个别性相对于群体性,差异性相对于同一性和一致性。个别差异性是群体一致性的对立面,学生学习智慧的个别差异性显示:学生学习品质区别于其他人的学习品质。个别差异性是学生在不断学习的过程中,形成富有个性特征的、区别于其他学生的学习品质。

学生学习智慧的个别差异性源于学生的个体差异性。一切事物都有多种属性,我们并不能穷尽一种对象的所有属性,也不能用尺度来衡量这些属性。学生是正在发展着的个体,具有强大的发展潜能,其身心发展具有特殊的规律,具有个体差异性。正如世间没有两片相同的树叶一样,学生具有个别性和差异性,而这些差异性是学习智慧个别差异性的前提。学生的个别差异性主要体现在以下几个方面:第一,遗传基因的差异性是学习智慧差异性的物质基础。人拥有 23 对染色体,基因排列次序各异,染色体差异导致学生存在发展可能性差异,从而导致学习各方面的差异,每个学生都应该充分发展遗传基因中的优势潜能。第二,智

力的差异性是构成学习智慧差异性的充分条件。加德纳的多元智能理论认为,一般智力理论不能说明个体所具有的专长,因此他反对测算得出的智力水平,认为这种智力分数不能深度评价人的差异,从而提出了三类智力①,并在此基础上提出了九种智力。他的智力理论相对于传统的学习智力理论有了突破性进展,主要表现在以下几个方面:首先,他反对传统固定一元的智力,持多元变化的智力观;其次,他反对传统智力的可测量性,持智力不可测量、不可数字化、过程化的观点;再次,他反对传统智力的片面、孤立、去脉络化的观点,持脉络化和情境化的观点;最后,他反对传统智力将学生分类,坚持了解学生能力,相信学生可塑性的观点。加德纳的多元智力理论强调学习智力的多元性,从人的个别性和差异性的角度思考人的智力,学生智力的差异性必然导致学生智慧的个别差异性。第三,学生学习能力的个别差异性是学习智慧差异性的可能性形成条件。从出生那一刻起,学生就面临不同的家庭状况、不同的生长环境,这导致不同学生拥有不同的认知基础、情感准备、学习能力。这些差异性决定了学生在面对相同的学习内容和学习任务时,在学习速度、所需学习时间、所需学习帮助等方面存在巨大的差异。第四,学生的不同价值观是构成学习智慧个别差异性的决定力量。在面对各种冲突或利益时,在个人价值观的引导下,学生会做出不同的行为选择,比如差异性的努力程度、差异性的学习策略、差异性的学习方法。第五,学生对学习规范的理解差异性是学习智慧个别差异性的前提条件。学生对学习规范的理解水平存在高低之分。此外,学生拥有缄默知识的差异性也是造成学生学习智慧个别差异性的原因。

学生作为个别的、独特的、差异性的个体存在,在处理学习

---

① 加德纳提出了三类智力:"与物有关的智力""与物游离的智力""与人有关的智力"。

关系时，拥有个人独特差异性的认识、思维，能以独特的方式面对学习。经学校学习之后，学生拥有自己的价值观、自己的认识系统、自己的选择标准、自己的行为方式。这些个别差异性的学习品质，使学生能够向着自身美好生活迈进。

四、学习智慧的分类与功能

学生的学习智慧最终需要形成良好的学习品质，学生需要在过度和不及的相互冲突的学习价值和学习行为中进行平衡，从而得到符合德性规范的学习价值和学习行为品质（简称为五种学习品质）。五对相互冲突（过度和不及）的学习价值和学习行为与五种学习价值和学习行为品质将在第四章进行详细的论述。

（一）学习智慧分类

根据学生的学习智慧内涵，我们将学习智慧分为学习价值平衡智慧与学习行为平衡智慧。

1. 学习价值平衡智慧

在学生的学习过程中，学生需要形成符合规范要求的价值，这种价值是适度的，不是过度和不及的学习价值，而是符合德性发展要求的，学生通过感知、内化、践行而逐渐实现的良好学习价值品质。学生的学习价值品质不可能等于中道的德性标准，但却始终靠近德性，符合学习发展的逻各斯①。在结合学生发展和

---

① 希腊文用 λογος 来表示逻各斯，有语言、说明、比例、尺度等含义。最早使用这个词的是赫拉克利特，他认为逻各斯（the logos）是在一切变化和矛盾中唯一常住或保持不变的，是位于一切运动、变化和对立背后的规律，是一切事物中的理性。斯多阿学派对逻各斯的概念做了进一步的发挥，认为逻各斯是自然运动的合理的秩序与人的理性结合起来，整个宇宙是一个活的实体，其各部分之间以及部分与整体之间具有相互适应的某种合理的关系。像人的理性支配自己的活动一样，世界的逻各斯也支配着世间万物的关系，使之协调运动。

学习规律的基础上，选择符合德性的学习规范内化为自我学习信念，通过情意自律、平衡（选择）适度的学习价值而实现良好学习价值品质。平衡（选择）学习价值蕴含在学习四种关系的五种对立冲突的学习价值之中：①学生与学生自身关系：欲望之我和完美之我之间实现身心和谐的学习价值；②学生与学习他人（教师）关系：神化教师和魔化教师之间实现学生"人化"教师的学习价值；③学生与学习他人（学生）关系：个人主义和群体主义之间实现群己共赢的学习价值；④学生与学习内容关系：实质学习和形式学习之间实现形实并举的学习价值；⑤学生与学习环境（技术）关系：技术异化和技术膜拜之间实现学习技术合和学习价值。

2. 学习行为平衡智慧

与学习价值品质相呼应，学习智慧的另一种学习品质是学习行为品质，同样，实现这种学习品质需要学生在过度和不及相互冲突的学习行为中平衡，从而得到符合德性规范的学习行为。平衡的领域也包括学习中的四种关系五对过度和不及的学习行为：①学生与学生自身关系：肆意放纵和内敛苛求之间实现自制接纳的学习行为；②学生与学习他人（教师）关系：顺从和敌对教师之间实现学生尊重、协作教师的学习行为；③学生与学习他人（学生）关系：自我中心和盲目从众之间实现合作的学习行为；④学生与学习内容关系：知识获得和智力训练之间扬弃兼容的学习行为，即学生选择、理解、继承与创新学习内容；⑤学生与学习环境（技术）关系：排斥技术和追逐技术之间实现技术创生的学习行为，即学生能动适应、创造、超越学习技术的学习行为。

（二）学习智慧功能

学习智慧的功能，主要表现为学习智慧能充分体现学生和学习的本质，能提高学习效率，能促进学生与社会的良性发展。

1. 学习智慧能充分体现学生和学习的本质

首先，学习智慧能充分体现学生的本质。学习智慧承认学生在学习智慧品质形成过程中的学习主体地位。其一，学习智慧尊重学生的主体性，学生拥有学习的自由，拥有独立的意志，拥有进行或不进行某项学习活动的权利。其二，学习智慧强调学生主体的学习价值，强调主体对学习规范的感知，强调主体形成学习准则，强调主体践行学习品质。因此，学生的主体性能得到充分展现。其三，在整个学习过程中，学生独立自主地对学习方法、学习策略、学习目的、学习同伴进行选择。因此，学生始终遵循着自由意志，对自身的学习负责。学生通过选择学习价值和学习行为，展示着学生的属性。

其次，学习智慧能体现学习的本质。正如前文所述，学习属于学生主体实现自身美好生活的一种实践活动。实践活动具有两方面的特点：一方面通过主体实践改造着客观世界，另一方面通过实践改造着主观世界。学生通过与客观世界互动，通过不断地同化和顺应，实现客观世界的主观化；通过学生的意志自律，实现主观世界的客观化。其一，学生通过感悟、内化学习规范，实现客观世界主体化。学生通过自身价值的组合，形成主体对客观规范的理解，将外部学习规范内化为学习信念。其二，通过主观世界的客观化实现主观世界和客观世界的和谐。学生通过理性，自己为自己立法，严格要求自我遵循学习信念，通过意志自觉地进行学习品质的实践，实现了主体学习品质的发展和完善。

2. 学习智慧能帮助学生提高学习效率

学习智慧能兼顾目的性价值和工具性价值。根据目的性价值，人需要提高自己的品质，促进自身的发展。根据工具性价值，人需要掌握学习内容，获得学习知识，提高学习效率。在处理各种学习关系的过程中，学生不断平衡过度和不及的学习价值和学习行为，选择符合共同利益的学习价值和学习行为，学生更能遵道而不逾矩，更能保证学习的正当性和合法性。学习智慧是工具理性和价值理性完美结合下的实践理性在学习中的具体应用。

在学习过程中，拥有学习智慧的学生会产生更好的学习效果。其一，拥有学习智慧的学生能与小组成员进行合作学习，实现学生之间的交流和沟通，从而提高学习效率和学习成绩。基础教育课程改革以来，强调小组成员内部异质分工合作，组际相互竞争。个人的成功并不能代表小组的成功，只有小组成功才能说明个体成功，小组成员之间要相互帮助，在相互帮助的过程中，学生的学习成绩才能得到提高。其二，拥有学习智慧的学生能通过与教师协作，提高学习成绩。通过与教师协作，教师掌握学生的学习情况，可以和学生共同设计符合学生发展需要的学习目标和学习内容，从而促进学生的发展。其三，通过对自我进行客观的认识，合理地安排学习计划，形成差异性的学习风格。比如，学生若能充分认识和把握自身的生物钟，能充分利用自己生物钟的特点，合理安排学习，学习效果便会事半功倍。学生在充分了解自我学习能力的情况下，设置一些合理的学习目标和学习内容，寻求同伴和教师的帮助，从而提高学习效果。学生若能对自我进行合理的管理，那么就可以提高学习效果。如学生能主动设计一张周计划学习时间表和考核表，具体列出一周内每天、每小时需要进行的学习活动，且每周进行评估，完成任务时进行自我奖励，没有完成任务时进行自我责罚，长此以往，就会产生意想不到的良好学习效果。因此，通过发展学习智慧，学生就会合理地运用学习策略和学习方法，从而提高学习效率。其四，拥有学习智慧的学生，能合理地通过学习环境促进自身学习。比如找一个属于自己的特定位置，图书馆、宿舍或一间空闲的教室，让自己的思维能迅速进入学习状态。再如充分利用学习技术提高学习自律：学生可以使用给自己写邮件或在计算机上设定学习时间的方式，提醒自己按照计划进行学习。学生通过合理地使用学习技术，快速地获得和理解学习内容，从而提高学习效率。以上这些都充分说明，学生如果拥有学习智慧，就可以提高学习效率。

3. 学习智慧能促进学生和社会的发展

学习智慧强调合规律和合目的性，强调工具性价值，也强调目的性价值，重视个人价值的实现。学生在处理学生与学习他人、学生与自身、学生与学习环境、学生与学习内容等关系时，将外在的学习规范内化为学习信念，并严格遵照内部准则进行学习实践，从而实现良好的个人品质的发展。学习智慧在以下几个方面可以促进学生的自我发展。首先，学习智慧能帮助学生提高学习能力。如前文所述，学习智慧可以促进学生智力的发展，因此，学习智慧可以提高学生的认知能力。其次，学习智慧可以提高学生人际交往能力。学生在与同学、教师交往的过程中，充分获得和掌握了交往的原则和技巧。再次，学习智慧可以帮助学生提高处理事情的能力。学生不仅需要适应周遭的学习环境，创造有利于学习的环境，还可以在这个过程中提高学生处理事情的能力。最后，学习智慧能提高学生的人格品质。学生在与人的交往过程中，锻炼并发展自身的品质，从而促进自身的全面和谐发展。与此同时，人是组成社会的细胞，当人健康发展的时候，就可以促进社会健康发展。因此，学习智慧在促进学生个人发展的同时也促进了社会的发展。

第四章　学生学习智慧的表征

　　学习智慧的根本问题就是学习智慧是什么？笔者根据"属＋种差"的下定义方式确定了学习智慧的内涵，在此基础上，探讨学习智慧的外部表征方式和表征范围。学习智慧随着自身的不断实践逐渐养成，它主要表现在学生处理学习的四种关系中。根据亚里士多德美好德性的养成标准，学生需要在"执中求和"中入主"做"的领地，学生需要明确学习智慧中良好的学习品质是什么，并通过内化和自我立法形成学习信念，在过度和不及的学习价值和行为中进行明智决策［即平衡（选择）］，最终通过实践获得良好的学习品质。合理的学习价值和适宜的学习行为是学习品质的表现形式，学生根据外部规范，结合自身内部发展需求，对学习价值进行平衡，对学习行为进行判断和评价，根据具体情境做出合适的选择，使学习行为体现正当性、真诚性和真实性。① 学习智慧内部表现为一致性、协调性，而学习智慧的外在表征具有多样性。学习智慧展现出五种美好的外在表征：其一，学生处理与自身关系的学习智慧；其二，学生处理与学习他人（教师）关系的学习智慧；其三，学生处理与学习他人（学生）关系的学习智慧；其四，学生处理与学习内容关系的学习智慧；其五，学生处理与学习环境（技术）关系的学习智慧。

---

　　① 正当性是指行为符合社会规范要求；真诚性是指行为符合主观意愿的要求；真实性是指行为符合客观世界发展规律。

第一节 学生处理与自身关系的学习智慧

希腊神话中的狮身人面兽提出了一个有名的谜语：什么东西早晨用四条腿走路，中午用两条腿走路，傍晚用三条腿走路？俄狄浦斯找到了答案——"人"，于是他把怪兽从悬崖上抛了下去。① 这个谜语象征的解释为一种自在自为的意义"认识你自己"。"知人者智，自知者明"② 这句话充分说明人最大的困难就是认识自己，人贵有自知之明。学生究竟应如何正确地认识自己？

学生的生命存在表现为多种"可能性"，是一种"作为当下在世的可能性生存"。学生的现实生命处于不断发展变化的过程中，生命的短暂性决定了学生必须去询问生命的价值和意义。通过学习，学生必须实现个体生命的价值和意义。学生与自身关系的实质是肉体与灵魂的关系。学习主体在学习中会出现欲望之我与完美之我的价值冲突，也会在纵欲放任和内敛苛求的学习行为中徘徊。基于此二者，学生需要对学习价值和学习行为进行选择，从而实现身心和谐的学习价值和自制、接纳的学习行为（见表4-1）。

表4-1 学生处理与自身关系的学习智慧

价值平衡		行为平衡	
欲望之我	完美之我	纵欲放任	内敛苛求
身心和谐		自制、接纳	

---

① 〔德〕黑格尔. 美学（第二卷）[M]. 朱光潜，译. 北京：商务印书馆，2017：77.

② 《老子》。

一、身心和谐：欲望之我—完美之我的学习价值平衡

弗洛伊德将人格分为本我、自我和超我。本我遵循非理性原则，是一种人生而有之的生物学的原始性欲和冲动，是一种强烈的本能性追求与满足，如婴儿在饥饿、需要睡眠的时候就需要及时照顾，不会考虑抚养者的感受。在本我阶段，人有追求生和死的本能，遵循快乐原则，强调欲望的实现。自我是个体在现实的环境中由本我分化而产生，当个人的需求不能立即得到满足时，必要时刻做出对现实的妥协，学会延迟满足。自我遵循现实原则，介于本我与超我之间，是本我和外界环境的调节者，必要时对本我冲动进行限制。弗洛伊德认为，超我位于人格最高的管制部分。超我是人接受社会文化道德规范教育而不断发展形成的，超我受完美原则支配。本我、自我、超我三者是相互依存、相互冲突和相互协调的。只有本我和超我处于相对平衡的状态，人格才会相对和谐；若这种平衡遭受破坏，人格将会不健全，或出现人格缺陷。根据弗洛伊德的人格观点，学生在学习过程中，需要在欲望之我与完美之我的价值中进行平衡，从而获得一种适宜的学习价值。

（一）欲望之我

弗洛伊德认为人有趋利避害的生存本能，人和动物一样具有追求和满足欲望的特征。人的本能欲望是一种原始的冲动，具有先天性、开放性、生长性的特点。第一，本我欲望是与生俱来的本能冲动的总和，这些冲动相互并存也相互冲突。本我欲望是一种原始基础和原动力，具有最强大的能量和动力。"人生而有欲；欲而不得，则不能无求；求而无度量分界，则不能不争；争则乱，乱则穷"[1]，这句话充分说明人的欲望若得不到控制，就会

---

[1] 《荀子·礼论》。

带来破坏性的后果。第二，本我欲望实行快乐原则，没有是非观念，不考虑道德约束，因此本我欲望具有开放性的特点。当人的本我欲望统治人的道德价值观念时，人就不会顾及社会道德约束，就会放纵自我欲望。第三，本我欲望具有发展性。人的欲望与动物的欲望有所同也有所区别。其区别主要表现为动物的欲望得到满足后，就不会产生新的欲望，而人的欲望在满足之后，会产生更多的欲望。学生是发展中的人，若得不到合理的引导，就可能会让一些不良欲望得到扩张。促使学生产生不良欲望的原因错综复杂：其一，学生的自我意识没有完全建立起来，不能对自己进行理性的认识和把握。理性可以实现人的自我管理和自我控制，使自我按照规范的要求行动；但学生的理性思维正处在发展期，还不会合理控制自己的欲望和冲动。其二，不良的社会环境将对学生造成破坏性影响。"近朱者赤，近墨者黑"充分说明社会环境对人的影响是至关重要的。其三，有些家庭对学生持放任的教养方式，错误地认为"牛大自耕田""长大自成人"。这些家庭只关心学生体格的成长，而不关心学生心理的发展，更不会关心学生人格精神的塑造。家长在错误观念的引导下，不能及时纠正学生的不良思想和行为，反而使学生的不良欲望有了生长的土壤。

(二) 完美之我

弗洛伊德认为人格结构的最外一层是超我，超我是一种道德意志下的理想化的自我，是一种主体绝对的、美好的、无缺点的自我。完美之我主要表现为：设置过高的个人标准，努力实现期望；追求秩序，寻求完美和整洁；关注错误，将错误等同于失败。完美之我表现为任何事情都要按理想的工作标准苛求自己，必须做到至善至美，不给现实情境留有回旋的余地。学生在学习中表现出的完美之我是指学生坚持不符合自身实际水平的高标准，并以此来衡量学习的成败。学生用高标准、高目标严格地要求自己,并希望能产生完美无缺的学习行为。在学习中,具有完美之我价值倾向的学生不仅表现对自我的严格要求,同时也表现出对他人的求全责备。学生选择完美之我的价值倾向归因于以下几个方面:其一,家庭教养方式是影响学生产生完美价值倾向的直接原因。父母对学生极度挑剔和苛求,希望通过批评孩子的方式让孩子实现父母对完美孩子的期待;学生为了得到父母的关爱,就必须不断地努力实现家长过高的期盼。长此以往,学生为了避免批评和获得表扬,就形成了完美之我的价值评价系统。其二,学生的个性心理品质与完美之我的价值形成呈正相关。有研究表明,严谨性与自我及他人导向的完美主义呈正相关,开放性与自我导向的完美之我呈显著的正相关。[1] 孤独水平不同的学生在担心错误维度和完美主义总分上存在显著差异,拥有高度孤独意识的学生在担心错误的得分上显著高于低孤独意识学生和有一般孤独意识的学生,这就充分说明高度孤独意识的学生比其他学生更加在意错误,渴望比其他同学做得更好。[2]

案例4-1

宁小燕是一个品学兼优的学生。她开朗自信,爱好广泛,思想纯真,有责任心,热爱读书和思考。通过阅读她逐渐变得成熟,相比同龄人,她显得更加稳重,总有一种知音难觅的心理状态。在1987年,她写下了最后一篇日记,绝望的心让她感觉到无法再继续生存,她认为她该离去了……

---

[1] 赵燕,杨宏飞. 大学生大五人格和完美主义关系研究[J]. 浙江预防医学,2007(3):70-71.

[2] 许建,余鹏等. 大学生完美主义与孤独的相关研究[J]. 中国健康心理学杂志,2007(7):626-627.

她是一个好胜心强的人，想要做的事情就一定要办到。当她某天突然意识到自己性格中软弱的一面时，就突然变得迷惘，认为前途一片黑暗，路途中充满了沼泽。她认为没有任何力量可以拯救她。

宁小燕认为美好的理想与丑陋的现实之间的斗争是相当激烈的。高尚的品格与污秽的社会风气不可调和，善良的个性与朦胧的环境冲突明显。她认为自己已经到了人生的末端，她向往着死亡，不惧怕死亡，决定做"真、善、美"的捍卫者。于是，她冷静地写了两封遗书，一封写给父母和姐姐，另一封写给朋友。

在写给父母和姐姐的信中写道：在你们看到我的书信时，我已永远地离开了你们。我没有选择，我只能通过这种最无能和懦弱的方式使自己得到解脱。我这样百无聊赖地活着也是一种浪费，留下没有灵魂的躯体如同行尸走肉，这样太累、太辛苦、太疲惫。我感谢父母生养了我，让我拥有了做人的经历，但是，对我来说，实在是一种浪费。我向你们告别了，可能会带给你们无尽的悲伤，但对我而言却十分幸福，因此，请不要为我悲伤和遗憾。

另一封是写给朋友，信的内容是：我要带着我的梦离开这里，去探究自由王国。要说的话都没有意义了，我也眷恋我曾经爱过的一切，但是，我必须成就完美"人"的使命，离开这些爱的东西，我害怕孤零零地漂泊在那个纯洁的世界，陪伴着我的只有我的梦。虽然我会感觉到孤独，但是我自由了，我解脱了。我没有遗憾，虽然目前我仍有很多还未全部实现的愿望。

所思的和所想的都做了。宁小燕告别了我们……怀着对死亡的向往和追求，宁小燕安然地走了……

案例4-1中，宁小燕之所以选择死亡，主要源于她对完美之我价值的执着追求，想做的就一定要做，想得到的就一定要获取，而当这些都无法实现的时候，当她感觉到自己的软弱和无能为力的时候，感受到理想和现实的差距的时候，她就产生了一种曲高和寡、知音难觅的感觉，这使她绝望到了极点，在追求中失落，于是她选择了死亡，以成就完美"人"的使命。由于她过度地追求理想之我的价值实现，对周围世界求全责备导致她在理想与现实的差距中失落。这种对完美人生价值的追求，使宁小燕不能正确认识自我，不能正确认识人与周遭世界的关系，不能进行进行自我接纳，不能在理想价值与现实之间进行适当的平衡。正值花季的她为此付出了宝贵的生命，着实让人痛心不已。

（三）身心和谐

"和"是儒家思想的一个重要的哲学范畴，"和"是万物生长和发展之规律，"天地合气，万物自生，犹夫妇合气，子自生矣"①。儒家要求在"和"的基础上，实现数量比例上的一种最佳的结构关系，于是"中"赋予了"和"量的规定性。在"义"与"利"的思维框架中，儒家的身心和谐观坚持人的一种内外协调、上下有序的状态。儒家所持的和谐观涉及人与人、人与社会、人与自然、人与自身，是一种生命价值与人格价值的统一。在此基础上，儒家主张通过修身和教化来实现人的身心和谐。老子和庄子所持的身心和谐观与儒家的身心和谐观有异曲同工之妙，同样强调个体与外界的和谐、个体人际关系的和谐、个体自身肉体与灵魂的和谐。身心和谐是学生在德、智、体、美等方面充分、协调、自由和自主的发展。② 学生需要正确地对待自我，

---

① 《论衡·自然篇》。

② 殷世东. 研究性学习：一种促进人身心和谐发展的途径［J］. 课程·教材·教法，2009（11）：35-40；殷世东. 形成性评价与人的身心和谐发展［J］. 现代远距离教育，2011（2）：55-57.

必须做到"不降其志，不辱其身"①。身心和谐是指人身心达到一种健康的状态，这种健康状态是指身体、心理和社会适应的健全状态，而不只是没有疾病。从这个概念可以得出，健康的学生是身体和心理都处于一种美好的状态，学生具有良好的个性、良好的处事能力、良好的人际关系和道德行为准则，能对自我进行约束，明辨是非善恶。

第一，身心和谐表现为学生是学习的责任人，是学习行为的主体。学生是一个不断发展着的个体，是主动的、自由的人。在维果茨基的最近发展区理论中，学生是最近发展区目标的确定者，主动自觉地学习，不断实现自我超越，从而实现自我的理想状态，充分体现了学生作为学习主体的主动性、创造性等特点。学生通过节制欲望和追求内部规范，在"是其所不是"和"不是其所是"中实现自身的美好状态。一方面，作为主体的"我"关于客体的"我"的事实性意识，这种意识与"我是什么"相联系，以事实判断形式体现出来；另一方面，作为主体的"我"关于客体的"我"的价值性意识，这种意识与"我具有何种意义"相联系，以价值判断的形式体现出来。② 只有这两方面有机协调，才能实现身心和谐。身心和谐表现为：人不是在某一种规定性上再生产自己，而是生产出他的全面性；不是力求停留在某种已经变成的东西上，而是出在变化的绝对运动中。学生以自身发展为目的，不断地进行着自我的超越，通过自身"肯定—否定—肯定"这种螺旋式上升的方式发展自身，从而达到自身的一种美好的状态。

第二，身心和谐表现为学生内心自由和自律，是学生主体的

---

① 《论语·微子》。
② 陈新汉. 哲学视域中的认同意蕴新思考［J］. 湖南师范大学社会科学学报，2014（3）：5－12.

自由意志。面对外在必然要求的学习规范，学生感受到种种局限，当学习规范内化为学习信念时，学生能够在自由意志的支配下，确定自身的学习价值和学习行为，表现为一种意志自律。意志自律表现为自我立法，表现为根据自我意识把外在的学习规范内化为学习信念。学生在学习信念的支配下，主动自觉地遵守学习价值和学习行为倾向。康德认为真正的善是出自善良意志的，是建立在普遍原则之上的。普遍原则就是"对整个人类的责任心""正义公道""普遍义务""善良意志"。如果从全人类或全社会的利益着眼符合这种利益，那就符合了普遍原则，他的行为就表现出真正的道德，因而也就是崇高的。当学生真心诚意地认同并接受普遍原则，能按照自我意志去行动时，内心就没有冲突，学生就能感受到学习过程中的乐趣，进而实现学习过程中的身心和谐。

二、自制接纳：肆意放纵—内敛苛求的学习行为平衡

威廉·詹姆斯认为自我具有客体之我和主体之我的双重身份。在欲望之我的学习价值倾向的影响下，客体的我追求肆意放纵的学习行为；在完美之我的学习价值驱动下，主体的我根据社会标准要求按照规范行动，表现为内敛苛求的学习行为。肆意放纵的学习行为和内敛苛求的学习行为是学生对待自我的两种极端，学生需要在两者之间进行平衡（选择），从而实现自制接纳的学习行为。

（一）肆意放纵

在长篇小说《钢铁是怎样炼成的》中，主人翁保尔·柯察金通过自身的感悟，诠释了青春的价值和意义。人的生命只有一次，使人再次反思人类如何把握和度过短暂的生命。学生在自我成长的过程中，如果其精神由欲望之我控制，就可能导致肆意放纵的学习行为，而这种学习行为对学生的影响是毁灭性的。

肆意放纵是指学生性格轻狂而不受约束，没有学习的责任心。学习行为纵情任意，不受主观约束，听之任之。表现为学生性格的外显张扬，不能对自我进行正当的约束，感情用事、冲动、急躁；表现为学生没有对自我学习进行合理规划，得过且过，学习低要求和低标准，敷衍了事；表现为学生以"破罐子破摔"的心理对待学习和人生。

肆意放纵的学习行为会产生很多不良影响。首先，容易形成慵懒的学习习惯。学生长期处于得过且过的学习状态中，缺乏学习兴趣，没有学习的自我意识和自我责任，此种情况下，学生的成绩往往每况愈下。其次，纵欲放任会使学生越来越脱离学习规范的要求，用"鸵鸟心态"（逃避现实、掩耳盗铃）面对学习压力与学习困难，对学习问题采取回避态度。有些学生过分放纵自己的欲望，忽视学习品质的培养，容易沾染上恶劣的学习风气，甚至做出危害社会的行为。

案例4-2

洋洋的父母是自由职业者，从事零售工作。由于父母很忙，没有时间管教孩子，于是将洋洋交给爷爷奶奶养育。爷爷奶奶非常疼爱这个小心肝，只要洋洋生气，就给洋洋钱，任由洋洋支配。洋洋经过几次之后，发现了这种"生气—钱"的规律，于是经常生气。有一天，洋洋觉得非常郁闷，就走进了游戏厅，从此，他每天都沉迷于游戏，染上了各种毛病，如抽烟、喝酒、赌博等。之后，洋洋不愿意学习，频繁逃课，甚至和任课教师发生直接的言语和肢体冲突，最后因为扰乱社会秩序而被带进了看守所。

此案例中，洋洋对自己的学业没有任何要求，肆意放纵自己的不良欲望,沉迷于游戏,失去了学习的兴趣,成绩也每况愈下。究其原因:一方面,洋洋是未成年人,缺乏自我意识和主体责任意识,不会对自我进行适当的约束。当自我完全暴露在不良环境中,就逐渐失去了学生的角色意识,肆意放纵自己的不良行为;另一方面,家庭教养方式强化了洋洋肆意放纵的行为,物质的奖励强化了洋洋不良的个性心理品质,从而使他一步步迷失了方向,最终被"带进"了看守所。在学习过程中,学生的错误学习行为一旦得到强化,就会增加错误行为的概率。肆意放纵的学习行为若不能得到及时遏制,就会给学生带来不良影响。

(二) 内敛苛求

瑞士心理学家荣格依据心理倾向,提出了著名的人格类型理论,他认为人格分为内倾型人格和外倾型人格。他根据力比多的倾向来划分性格类型,个体的力比多的活动指向内部环境,就是外倾型性格的人;力比多的活动指向外部,就是内倾型性格的人。具有内倾型性格的人,重视个体的心理反思,喜欢沉思、内省、孤僻、缺乏自信、容易害羞、寡言、冷漠、适应环境困难。[①] 英国心理学家艾森克也从三维度[②]提出了人格的模型,其中外倾性和内倾性就是其中的一个重要维度。在艾森克的人格层次模型中,他认为内倾性的人格特质水平表现为持久、固执、自助系统不平衡、准确、敏感。学生若具有内倾性的人格特质,就容易产生内敛苛求的学习行为。这种学生容易对自我进行严格要求,容易把情绪通过自我折磨的方式发泄出来。由于学生对自我进行苛求,会夸大期望与现实的差距,会纠结于过往学习失败,极力回避可能失败或可能出现的低能力的情境。内敛苛求的学生

---

① 刘大文,王惠萍. 内倾型和外倾型人格特征及其对学习的影响[J]. 烟台师范学院学报,2002 (4):94-99.

② 艾森克人格的三因素模型中的三因素是外倾性、神经质、精神性。

会经常神经紧张和持续地进行自我监督和自我批评,长此以往,容易产生心理障碍。学生在追求过高的不切实际的目标时,容易出现心理障碍。许多研究证实内敛苛求与进食障碍、自杀倾向、社交焦虑、强迫症、人格障碍等都相关。内敛苛求的学习行为还表现为对社会求全责备,对社会的认同度低。

(三) 自制、接纳

学生若拥有学习智慧,在自我的学习行为中,会在纵欲放任和内敛苛求之间寻找平衡点,在自我和谐的价值导向下实现自制接纳的良好学习行为品质。自制接纳的行为表现在两个方面:

第一,学生能够根据理性进行自我监管和自我调控。亚里士多德认为人与动物的根本区别在于人具有理性,人的本性就是理性,就是善,就是义。① 理性使他追求完满和美好;理性使他节制欲望。费尔巴哈认为人是自然界不可分割的一部分,人的各种属性是人所必有的本质,人之所以高于自然界,不在于他的非人性,而在于他的"理性"。理性在人身上表现为一种行动的力量,赋予人某种批判质疑任何既定事实的精神和态度。理性反对任何形式的独断和专制,反对知识和思想上的蒙昧主义,反对那些自诩掌握真理和道德的"先知",反对那些自认为能够"塑造"他人的狂妄权力,反对任何形式施加在人心智上的霸权,反对那些压制意见和灌输教条的思想暴力,反对任何形式的迷信和盲从。人通过理性不断调节自我的行为,逐步实现精神层面和心理层面的自我塑造。理性就是主体在肯定与否定、更新与保守、理性与感性之间接受双重自我互相碰撞形成的中间地带。学生在学习中必须保持理性,承担自我在学习中的学习责任,对不适当的欲望进行约束,对完美之我的价值进行调节,以适应现实的状

---

① 王德有. 圣哲智慧书 [M]. 北京:中国国际广播出版社,2008:134.

态。学生能够充分地意识到自我的局限性，勇于承认自己的错误，勇于改正自己的观点，对自我进行正确的评估，采取正确的方式和方法实现自身的发展。

第二，学生对自我的接纳表现为学生能不断地进行自我组织。所谓的自我组织是指学生在完美之我与欲望之我的学习价值之间、在肆意放纵与内敛苛求的学习行为之间进行调整，其实质为学生自我的否定之否定，学生需要突破自我所具有的境界、目标，形成新的境界、目标。学生需要在某种程度上接受磨砺，在"是其所不是"和"不是其所是"中存在，在否定之否定的过程中实现对原来状态的改变，在前进的过程中逐渐抑制人性片面和扭曲的发展，真正拥有自我。学生是一个不断发展的个体，其属性不是外界给定的，而是在与外界互动和与自我互动的过程中，在"平衡—不平衡—平衡"的过程中不断完善自身，形成良好的学习品质。自制接纳还包括学生正确认知和接受学习中的成功与失败，能对其进行正确的归因。在海德和罗特的归因理论和阿特金森的成就动机理论基础上，韦纳提出了归因理论。舒尔克认为有效的自我调控建立在学生能够做出增强自我效能感和动机归因的基础上。合理有效的归因能让学生进行正确的自我调控，如果学生对成功做出外控的归因（如任务简单、运气）并认为靠自己单枪匹马不能取得成功，学生的自我效能感就会降低。在此种情况下，学生认为自己不具备取得好成绩的能力，就会将所取得的学业进步看作是微不足道的，不愿做进一步的努力。相反，如果学生将成功归功于能力、努力和有效的策略，就会产生较高的自我效能感，并保持学习动机，将失败归为努力不够以及学习策略不当，就会付出更大的努力，调整学习策略以提高学习成绩。能进行正确的归因和形成积极的自我效能，可以促进学生进行自组织，从而实现自制接纳。

第二节 学生处理与学习他人（教师）关系的学习智慧

学习他人回答"和谁学习"这一问题。学习他人是相对于学习主体"我"而言的，学习他人是对学生直接或间接产生影响的人，在学习过程中的学习他人包括教师、学生、学校领导还有社会其他人（家长）等。学习他人对学生的学习是至关重要的，其作用主要表现在以下几个方面：

第一，学习他人使学生主体的社会属性充分展示出来。学生通过与他人的交往，体现社会属性，而社会性是人所具有的一种最重要的属性。亚当·斯密认为："人只能存在于社会中……社会是人的栖居之所，是人的家园，它应该有利于自然人性的生长。"[①] 黑格尔认为人的社会性是绝对观念发展到一定阶段而产生的人与人之间的联系。卡西尔认为人是符号性的动物，人通过与他人的交往，充分了解和感知他人，并理解人与人的交往之道。学生只有处在与教师的交往关系中，才具有"学生"的属性，教师赋予了学生符号角色，即"教师"使"学生"成为"学生"。

第二，学习他人能使学生感受到主体存在。"他人"使"我"成为"人"，使"我"与"人"认同，"他人"亦授"我"以"人"的尺度，生活在"他人"之中，"我"才是"人"；"他人"塑造了"我"，"他人"是"我"的创造者，并施恩泽

---

① 赵敦华. 西方人学观念史 [M]. 北京：北京出版社，2005：201.

于"我"。① 在与他人交往中，人就会感知到主体"我"的存在。人是社会性的动物，雅斯贝尔斯认为人不是在孤独中感受自我存在，而只有在与他人相处时才能感知主体"我"的存在。人的存在不是孤独的，人只有通过人类共同的生活，感知主体的自由，并进行与自由有关的行为，才是真正的存在。人是群居的动物，学生通过与同伴的交往，感知自我的存在和其他同伴的存在。

第三，学习他人能使学习主体增加社会认同感。高普林克、麦特索福和库尔等一批脑科学家都充分肯定人类是一种具有强烈社会性的物种，为了实现每一个体的生存，人必须相互依赖，过着群聚生活。学校是学生群居的重要场域，学生若能在其中获得尊重和认可，有利于形成良好的心理品质。若学生在学校受到了忽视或处于边缘性的地位，那么学生的身份感和身份意识就得不到良好发展，学生就会对学校产生恐惧、排斥和拒绝的反应。

活跃在学生主体"我"之外的学习他人主要有教师和学生。在学习过程中，学生需要处理好与教师的关系，正确地认识教师的职业是形成学生处理与教师关系的学习智慧的前提。教师是与学生相对的一个概念，教师必须活在师生关系之中，离开了学生就无所谓教师，学生让"教师"成为"教师"。教师之为教师，不止在于拥有教师资格证书，更在于他必须具备以下特征：其一，相对于学生而言，教师是知之甚多者，古代用"学富五车，才高八斗"来形容教师渊博的学识。面对新时代的机遇和挑战，教师丝毫不能懈怠，需要以更高的专业素养来迎接新时代的挑战。其二，教师以激励、诱导和激发学生的才华为目的。拥有渊博的知识不是教师用来炫耀的资本，教师的作用是激发学生对美

---

① 叶秀山. 美的哲学（重订本）[M]. 北京：世界图书出版公司北京公司，2010：43.

好生命和知识的欲求。其三，教师是学习的合作者、支持者、帮助者。教师不能以命令的形式要求学生必须做什么，而应帮助、支持、引导学生共同解决学习中的问题。其四，教师是学生学习的诊断者，而不是等级的划分者。教师在教学中承担一部分评价学生成绩的责任，但评价的目的不是对学生进行分类，而是为了诊断，从而帮助学生确立合适的学习目标、学习方法和学习途径，使学生在原有的基础上得到发展。因此，学生如何认识和处理与教师的关系成为学习智慧必须探讨的主题，学生需要在过度和不及的学习价值和学习行为之间把握可控的范围，学生通过感知、理解、转化和主动践行来实现学生处理与教师关系的良好学习品质（见表4-2）。

表4-2 学生处理与学习他人（教师）关系的学习智慧

价值平衡		行为平衡	
"神化"教师	"魔化"教师	顺从教师	敌对教师
"人化"教师		尊重、协作教师	

一、"人化"教师："神化"教师—"魔化"教师的学习价值平衡

学生处理与教师的关系时，存在两种极端的价值："神化"教师和"魔化"教师。根据亚里士多德的德性观，这两种价值都需要避免，学生需要在这两种过度和不及的学习价值之间进行平衡（选择），从而拥有处理与教师关系的合理学习价值。

（一）学生"神化"教师

关于"神"的解释主要有以下几种：其一，迷信的观念，主要指称天地万物的创造者和人死后的精灵，如神仙、神农、神权等。其二，有不可思议的、特别稀奇的意思，如神奇、神机妙算。其三，指不平凡的、特别高超的，如神勇、神通、神圣。其

四,具有心思和心力的意思,如劳神、神魂颠倒。其五,表情的意思,如神色、神采。其六,精神的意思,如神清气爽。从"神"的定义来分析,不难发现,神与人的精神和能力有关,神有至关重要、无所不能的意思。学生"神化"教师是指学生将教师职业神秘化,认为教师无所不能。

学生"神化"教师可以归因于以下几个原因:其一,主客二元对立的思维方式引起对教师的认识偏差。二元对立的思想视人为孤立的、单独的个体,个体以外的一切都是作为"我"的工具和手段,否认了人与人之间共存的关系。因此,在二元论的视域中,在同一境域中只存在主体与客体的人。在教育学、心理学领域,二元对立的观点曾一度占据主导地位。在此观念的支配下,形成了很多教师和学生的观点,如教师主体论等。在此观念的引领下,一方面,教师容易被学生"神化"。学生甘心承受教师的领导,成为教师支配的对象,失去了学习的自由和学习的权利,从而养成顺从的个性。另一方面,教师很容易被自我"神化"。在"一日为师,终身为父"的传统观念影响下,教师是领导学生的上级,学生是接受教师命令的下级,"教师认为学生的无知是绝对的,教师以此来证实自身存在的合理性"[①],教师难免自我"神化"。其二,古代遗留下来的"神化"的社会心理迁移到学习领域,导致教师被"神化"。在生产力极其低下的古代,人们依靠外力无法解决现实生活中的困境,倾向于选择一种外在假想的力量来解决现实中的困惑,这就形成了一种以"神"为代表的民族文化心理。"神"可以解决现实中无法解决的一切困难,有能力的人被赋予了"神"性,拥有无所不能的力量。学生是发展中的人,各方面都处在发展中。在认识水平低、知识

---

① 〔巴西〕保罗·弗莱雷. 被压迫者教育学30周年纪念版[M]. 顾建新,赵友华,何曙荣,等译. 上海:华东师范大学出版社,2001:25.

少、体力弱的学生心中,教师的优势地位十分明显,因此学生容易"神化"教师。其三,社会对教师职业的美好期待,赋予了教师职业"神"性。孔子就是教师形象的代言人,他认为教师应谋道不谋食,忧道不忧贫,学而不厌,诲人不倦。现代人们用"蜡烛""春蚕""孺子牛"来比喻教师,把教师职业视为人类事业中最光辉的职业。由于人们对教师职业的美好期待和向往,所以教师易被"神化"。鉴于以上这些原因,部分教师很容易自我"神化"。

(二)学生"魔化"教师

在神话传说中,"魔"主要指害人性命、蛊惑人心的恶鬼,如魔王、魔爪、恶魔、妖魔、病魔等。"魔"也用来形容一种神奇的、不可知的外在力量,如魔法、魔术和魔力。"魔"也指不正道和不合法的行为,常用来指歪门邪道的恶人,或者指人因为刺激等表现出来的一种怪异状态和行为,如走火入魔。通过以上释义,不难得出,"魔"与"坏"密不可分,人们用"魔"来形容邪恶,并与"神"相对应。因此,"魔化"教师,就是学生对教师的一种反感的态度,认为教师是邪恶的化身,歪曲地理解教师形象。

"魔化"教师的价值观有其形成的原因:其一,歪曲教师形象是受不良大众文化的影响。在中国的传统文化领域,学生对教师的尊敬是毋庸置疑的,但随着时代的变迁,"魔化"教师也有了生长的土壤。在民间,有人将教师诬为"臭老九"①,其意思是教师的职业地位非常低,只比乞丐地位高一点。"家有五斗粮,不当孩子王"也反映了教师的尴尬处境。在20世纪八九十年代出现了严重的"脑体倒挂"情形,当时民间有一句顺口溜:"造

---

① 民间流传职业地位高低排名:一官、二吏、三僧、四道、五医、六工、七猎、八农、九儒、十丐。

导弹不如卖茶叶蛋,拿手术刀不如拿剃头刀。"从某种侧面反映出人们对知识分子的轻视。如今,社会价值观念更是多元化,价值选择更为多样性,道德认同标准存在差异性。第二,个别教师的不良行为抹黑了整个教师队伍,如有些教师在言语上攻击学生,对学生进行体罚和变相体罚;有些教师将师德标准抛掷九霄云外,言行不检点,做出背离教师职业道德的行为。这些都直接影响了人们对教师职业的认可度。第三,社会上攻击教师职业的言语层出不穷,其中有些媒体也难辞其咎,在强调学生权利的同时,却忽视了对教师基本权利的保护。有些媒体对个别教师的恶劣行为进行大肆渲染,不能站在客观公正的立场评价教师这一行业,以点代面,为了博得关注度对教师职业进行无端攻击。第四,个别学生胸无大志、好逸恶劳、不辨是非,甚至有些学生品性恶劣,权利意识过度膨胀,任意诋毁教师。有些学生心理倾向于偏执、孤独,不愿与人交往,不会处理人与人之间的关系。当遇到与教师的矛盾冲突时,就会形成错误的价值观念。第五,学生处于身心高速发展期,没有形成合适的道德价值判断标准,容易人云亦云,易受情绪影响,有时不能合理地进行自我控制。

(三)学生"人化"教师

大家耳熟能详孔子的"教学相长"和韩愈的"弟子不必不如师,师不必贤于弟子"的著名论述蕴含着朴素的师生平等观点。教师也有认识的局限性,对某些事物的认识不一定优于学生。一方面,学生不应该认为教师万能,具有神性;另一方面,学生也需要克服教师具有"魔"性的观念。学生应"人化"教师,还原教师的属"人"性。教师也有自身的优点与缺点,教师同样有基本生理与心理需求。教师是人,教师依于生命,但教师的生命意义不局限于自身生存意义的赋予,而在于其职业的朝向——引导学生拥有"向学"的精神。在此基础上,教师还要让学生的生命超越血肉之躯,指向精神性意义的存在。

学生"人化"教师，就是学生需要正确认识教师的属"人"性的职业特性，以教师"人"性的观点去认识教师。教师"人"性的第一层次含义是教师具有属"人"性。首先，教师是生物学意义上的人，具有动物性。教师同其他人群一样，也是人类进化的产物。教师是拥有血肉之躯的个体生命，他的成长过程经历了婴儿、少年、成人、老年阶段。教师不是"神"，更不具有神所拥有的无所不能的力量，他也有自身的局限性。在研究过程中，笔者面谈了一位中年男子，他告诉笔者，他读初中二年级的时候很喜欢英语，有一次他拿着课本去请教英语老师一个英语单词的读音，老师语重心长地对他说了一句话："老师也不是万能的，有些单词也需要自己查字典。"从那以后，他就再也没有去请教老师。他很自卑，觉得老师瞧不起他。这个学生之所以再也没有去请教老师，就在于他没有正确认识教师的属"人"性，误认为教师没有告诉他英语单词读音的根本原因是教师瞧不起他。教师是"人"，并不是万事通，不是无所不能的先知，也有未知的学习领域和自身认识的局限性。教师"人"性的第二层含义是教师的角色赋予其职业特性。教师的职业不是工厂工人在单位时间、固定地点的作业过程。教师面对的不是冰冷的机器，而是一个个具有鲜活生命的学生，学生的复杂性和多样性赋予了教师职业的特殊性。因此，教师应尊重学生，不能因其被赋予的职业权利而凌驾于学生之上。教师应重视学生的个体，并以自身的教育思想和观念，激发学生思维，调动学生的积极性和主动性。正如雅斯贝尔斯所言："教育意味着一棵树撼动另一棵树，一朵云推动另一朵云，一颗心灵唤醒另一颗心灵。"教师通过传递文化彰显生命的意义，是促进学生心智成长、精神完整的教育之人。教师"人"性的第三层含义，教师是学生心灵和灵魂的引导者。教师通过和学生进行心灵的交流，不断和学生进行深层次的对话，通过彼此交换和接纳，最终实现精神方面的融通与

和谐。

二、尊重、协作教师：顺从教师—敌对教师的学习行为平衡

在"神化"教师与"魔化"教师两种价值观的引领下，存在过度和不及的学习行为，它们分别是学生顺从教师与学生敌对教师。学习智慧强调在二者之间进行平衡（选择），使学生尽量采取尊重教师和与教师协作的学习行为。

（一）学生顺从教师

在"神化"价值观影响下，学生容易产生顺从教师的学习行为，其主要表现如下：学生对教师无条件的信任，把教师的言行视为圣旨，对教师言听计从。学生呈现出被压迫的精神面貌：教师教，学生被教；教师无所不知，学生一无所知；教师思考，学生被思考；教师讲，学生听——温顺地听；教师制定纪律，学生遵守纪律；教师做出选择并将选择强加于学生，学生唯命是从；教师做出行动，学生则根据教师的行动而行动；教师选择学习内容，学生（没有征求其意见）适应学习内容；教师把自己作为学生自由的对立面并将建立起来的专业权威与知识权威混为一谈；教师是学习过程的主体，而学生纯粹是客体。①

学生顺从教师容易产生如下影响：首先，教师不厌其烦地、口沫横飞地讲授和灌输学习内容，将自己的主观意志强加在学生身上，学生无条件接受教师授予的学习内容和观点，失去了学习的主体性地位，导致学习目标偏离预想的方向。师生关系不是主体与主体的关系，而是一种以教师为主体的"主体—客体"关系。师生关系具有森严的等级性。其次，学生顺从教师容易导致教师权利无限夸大，学生失去学习的独立性，缺乏学习的责任意

---

① 〔巴西〕保罗·弗莱雷. 被压迫者教育学30周年纪念版〔M〕. 顾建新，赵友华，何曙荣，译. 上海：华东师范大学出版社，2001：25-26.

识,失去对自我的正确认识。再次,教师强加给学生一些规定的目标,学生接受教师规定的教学目标,没有独立的自我学习目标。教师是学习内容的提供者,学生变为学习内容的接收器,是教师任意灌输的"存储器"。教师往容器里装得越多,就越是好教师,学生越是温顺地被灌输,就越是好学生。学生成为接受、记忆材料的知识保管者。

案例4-3

一位个子不高的大一新生雷某,低着头,眉头紧锁地走进心理咨询室。他自述从小到大(小学、初中和高中阶段)成绩一直很好,是一个很听话的"好"学生,老师要求做的任何事情,他都会又快又好地完成。他成为教师心目中的好学生,曾经获得数学奥林匹克竞赛的一等奖。进入大学快两个月了,除上课外,还剩下很多时间,他不知道该干什么。他一直很困惑,因而请求心理咨询师的帮助。

案例4-3中的大一新生雷某表现为明显的学习适应性困难。当下,部分学生进入大学生活都会出现和雷某一样的不适应状况,有些学生几个月就调整过来,有些学生未能及时进行调整,影响到整个大学的学习生活。为什么会产生这些现象呢?其主要原因有几点:其一,学生在进入大学之前缺乏学习主体责任意识的锻炼。目前,在小学、中学、高中阶段,学生的学习计划和任务都是教师安排的,学生容易失去锻炼学习能力的机会。雷某是"好学生"的代表,是"教师控"的产物。他对自我的学习没有清晰的认识,没有参与制订学习计划,没有学会规划学业生涯和管理学习时间,以致在大学阶段脱离教师的监督和管理,就产生了学习适应困难的问题。其二,学生对教师过分依赖,顺从教师的指导。学生以教师的评价为唯一指标,教师用成绩来衡量学生。在沉重的学业负担的压迫下、在成绩法宝的控制下,学生缺乏主体学习意识,一旦脱离教师的监管,就容易产生学习适应困难。

(二) 学生敌对教师

学生敌对教师主要表现为学生反感教师,对教师产生严重的阻抗情绪,视教师为敌人,用言语或行为对教师进行人身、精神伤害。

学生敌对教师容易导致下列不良后果:首先,容易滋生教师不负责的思想和行为。其次,学生敌对教师容易给社会带来危害。敌对教师的学生,往往过分强调自身欲望的重要性,对教师的行为持抵触情绪,不能有效和教师互动。有些性格偏执和攻击性强的学生容易和教师产生言语和肢体冲突,最极端的敌对行为表现为"杀师"。

案例4-4

2013年9月,江西省抚州市临川县二中高三学生雷某在放学回家的路上,蓄意谋杀班主任,引起了社会的关注,教师的安全问题再次拉起了预警。究竟是什么原因诱发学生产生如此恶劣的行为?雷某家在江西省的一个县城,家庭经济状况不算富裕,但也不拮据。父母亲长期在外省打工赚钱供给孩子读书。为了让孩子享受优质的教学资源和学习环境,父母将雷某转学到高考成绩优秀的临川二中,母亲则进行了全职陪读,希望孩子能考上理想的大学。雷某不愿意母亲陪读,并声称自己可以独立学习和生活。雷某在县级中学就读时,成绩很好,但转入市级高中后,由于班上成绩好的人数增多,其成绩只能排名中等。雷某在高中阶段迷上网络,开始沉迷网络游戏,并在网络上看电视剧打发时间。进入高三阶段，由于学习时间紧迫，班主任孙某对其严格管理，他因此心生不满，积怨成恨。事发后，雷某后悔对班主任所做的一切，承认和老师并没有任何个人恩怨，只是适应不了老师的管理方式。①

雷某之所以对老师痛下杀手，主要有以下几个原因：第一，直接原因是雷某缺乏解决自身与教师冲突的技能和技巧。雷某正处在自尊心高度发展的时期，希望独立但又不能独立，不愿寻求他人的帮助，甚至拒绝他人的帮助。同时，他不能对自我进行良好的约束，不能对自我进行调节，一念之差就产生了杀师的犯罪行为。第二，雷某自尊心受挫，排斥学习是杀师的重要原因。雷某从县级中学转入市级高中后，由于成绩排名相对靠后，自尊心受到严重打击，用上网打游戏等方式逃避现实。第三，雷某不能适应教师的管理方式②和教学方式，长期积怨得不到排除，就触发了杀师的念头。案例中教师的地位受到严重的威胁，学生敌对教师，视教师为恶魔，本应如鱼水般的师生关系变成了互不相容的水火关系。学校内存在多种师生矛盾冲突，其根源在于学生或教师缺乏师生交往的技能，不能采用合适的方式处理彼此的冲突。

(三) 尊重、协作教师

在传统文化中，人们将教师列于"天地君亲"之后，师道尊严折射出教师职业"明人伦"和"修己治人"的职业特性。在古代，教师和学生的交往关系建立在"传道、授业、解惑"等文化科学知识传递的基础之上。随着时代的发展，教师和学生的交往，已经逐渐过渡到师生之间的对话交流。在对等的交流过程

---

① 新华网. 临川二中杀师案涉案学生：老师对不起 [EB/OL]. http://news.xinhuanet.com/legal/2013-09/18/c_117427559.htm，2013-09-18.

② 学者利比特与怀特将教师管理方式分为专横式、民主式和放任式。

中，学生既不是无条件仰仗教师，也不是无条件否定教师，而是在明确教师属"人"性的基础上，在语言和行动上尊重和协作教师，共同完成学习任务，实现学习目标。

1. 学生尊重教师的学习行为

尊重是建立在独立人格平等之上的，当学生从教师属"人"性的角度去认识教师的时候，学生对教师既不会表现出言听计从的行为，也不会表现出诋毁谩骂的行为，而是表现出尊重教师。

一方面，教师之所以受到尊敬，是因为教师是"道"的代言人，学生尊重教师就是尊重"道"。首先，为师的标准是"至于道"。在传统儒家思想中，为师的根本是教师拥有"道"，贯穿于教师的教学活动始终的是遵"道"、悟"道"、达"道"。所谓"道之所存，师之所存矣"[1]。孟子认为"君子深造之以道"[2]。《学记》言："师无当于五服，五服弗得不亲。"意为教师不等同于五服之亲，但没有教师的教导，人们不可能懂得五服的亲密关系。董仲舒认为："善为师者，既美其道，又慎其行。"[3] 其次，教师的职责在于"传道"。韩愈认为："师者，传道、授业、解惑也。"[4] 教师教育之道在于使学生成"人"。"道"乃教师德性之所在，人应尊师重"道"。

另一方面，学生尊重教师体现在交往过程中二者对"道"的追求。康德认为，尊重一个人，更确切地说只是尊重规律，因为这个人在这方面给人们树立了榜样。学生尊重教师表现为学生不谄媚教师也不敌对教师，而是在二者（过度和不及）之间寻找平衡。学生对教师的尊重，体现在学生和教师的交往之中，体

---

[1] 《昌黎先生文集·师说》。
[2] 《孟子·离娄下》。
[3] 《春秋繁露·玉杯第二》。
[4] 《昌黎先生文集·师说》。

现在学生和教师的主体关系中。哈贝马斯摈弃主客二元对立的观点，把交往建立在"主体间性"的基础上。主体间性主要表现在以下几点：其一，主体间性是主体之间的融通和理解关系。理解发生在主体之间，没有理解的主体是不可思议的。通过彼此理解，主体间能获得特定时代的文化，保持对其他主体的理解。假如一个人不能把生活中至少某些人看作是人格对等的人，那么他就是生活在一个完全物化的世界里。其二，主体间性是不同主体通过共识实现共赢。主体间交往突破了人在经验世界中的被给定性，使人得以在自我认识上超越自身的被规定性；突破了人的自我封闭性；突破了主客体关系强加于人的固定不变性。学生对教师的尊重，就是学生在与教师的交往中，实现与教师内在精神上的相遇，实现对话。伍德拉夫认为："尊重是在共同从事一项伟大事业的过程中获得的一种感情。当你无法看到人们与你携手为了共同理想而努力的时候，你便失去了对他们的尊重。"①"学生对教师尊重其实质是背后对真理的执着，出于一种对至善与真理的共同的爱好与尊崇，在这个时刻，正是对真理的执著将师生共同笼罩在相互尊重的光环之中。"② 学生对教师的尊重，体现在和教师主体间民主平等的交往过程中，学生在遵"道"的过程中实现了对教师的尊重。

2. 学生协作教师的学习行为

第一，学生协作教师，明确了教师的责权。学生对教师的行为既不是低三下四地顺从，也不是趾高气扬地敌对。学生和教师的协作，通常表现为学生和教师的分工合作。合作发生在学习过

---

① 〔美〕保罗·伍德拉夫. 尊崇——一种被遗忘的美德［M］. 林斌，马红旗，译. 北京：商务印书馆，2007：228.

② 〔美〕保罗·伍德拉夫. 尊崇——一种被遗忘的美德［M］. 林斌，马红旗，译. 北京：商务印书馆，2007：243.

程的始终，合作对学习资料的搜集与分析、假设的提出与验证、学习成果的评价具有重要作用。学生和教师共同面对学习任务，共同对学习负责。随着基础教育课程改革的推进，在学习过程中，教师以合作者、参与者的身份进入课堂，强调了学生的主体地位。这并不意味着可以抹去教师的作用，而是强调教师有所为和有所不为。当学生在讨论的时候，教师不需要进行控制，做到有所不为；当讨论还不能解惑的时候，教师需要提供线索，帮助学生解决问题，在有所不为之后有所为。在协同的学习情境中，师生关系不会存在一方压迫另一方，也不会因为缺乏沟通而出现变态的学习行为。在课堂教学过程中，师生协作并不是教师对学生的强制或学生对教师默默地承受，而是彼此探讨、交流和沟通的过程。

第二，学生和教师彼此协作表现为"你中有我、我中有你"的"教"与"学"的局面。对于共同的学习任务，教师和学生承担不同的学习责任，教师和学生之间相互关切、彼此呵护。在学习过程中，学生与教师彼此协商、彼此沟通、达成共识，共同支持着学生的学习活动。在苏格拉底的教学活动中，学生和教师表现为主体内部与主体之间生命与生命的关系，表现为共时、共在、共享的关系。学生以学习交流的姿态与教师进行对话，教师也不会以居高临下的姿态出现在学生面前。在孔子所主张的教学活动中，学生和教师是一种共同建构生命主体的关系，学生和教师共同经历着此在，教师的思想与学生的思想也聚焦、融合在同一时空。孔子认为，学生和教师都应该真诚地敞开自我，将彼此的优点和缺点、经验和教训毫无保留地进行交流。主体之间共同关注的不只是师生的知识和技能，更关注师生的道德和心灵，师生在教育过程中超越知识而面对生活与意义，超越情感与体验而面对理性，超越灌输而面对对话与生成，超越框定而面对人格的发展与完善。① 学生和教师应该是"亦师亦友""亦生亦友"的关系。学生在学习过程中拥有主动发展权、读书权、讨论权、思考权。学生和教师可以针对某个问题进行激烈的争论,学生和教师可以相互挑战,从而产生教学相长的良好效果。

第三,学生和教师协作明确了学生的主体地位,明确了学生的学习责任。学习责任表现为学生对学习目标和意义的认识,学生对学习产生积极态度和敬业精神。② 只有当学生真诚地意识到并自觉承担起学习责任时,学生才会成为学习的主人,才不会对教师盲目地轻信。但是学生也不能过分夸大自己的学习权利,而是要在与教师的交流和沟通中,体会学习的责任,真诚地投入学习活动中,投入师生的积极对话中,通过敞亮自我、接纳教师的方式来完成学习任务。教师通过发现学生在学习过程中的问题而了解学生学习的进度,帮助学生回答和解决悬而未决的问题,成为学生学习的帮助者和支持者。学生通过与教师交流沟通,获得知识,实现自我的成长。通过师生双方互相倾听、互相吸引、互相包容,学生明确了学习责任。在追求真理的过程中,实现与教师的协作,实现学生和教师的共同成长。

案例4-5

新学期开始了,新一轮的综合实践课又开始起航,老师充满期待和好奇地走进教室,宣布新学期探究活动开始,同学们都乐开了花。看着同学们欢呼雀跃的样子,老师颇有成就感,号召大

---

① 张培. 古代教师自在自为生存状态透析［J］. 湖南师范大学教育科学学报,2009（1）：20-25.

② 余文森. 个体知识与公共知识——课程变革的知识基础研究［D］. 重庆：西南大学博士学位论文,2007：173.

家商讨这学期的探究主题。同学们思考了片刻之后,开始踊跃地说出自己想探究的主题。

"老师,我想研究小鱼,因为我家鱼缸的鱼死了,我想知道死因。""我想知道恐龙灭绝的原因",韩同学一语激起千层浪,班上的男同学顿时兴奋起来了。"不行,恐龙有什么好研究的,死都死掉了,怎么研究呀!"女生马上泼冷水。就这样,彼此争吵起来。老师安抚好大家的情绪后,告诉大家探究活动课堂可以有多个主题,并不局限于一个主题。

就这样,在同学们的商讨和老师的协调下,最终学生分组确定了恐龙和小鱼的研究主题。

第二节课,"腕龙生活在陆地上,是食草动物,一只腕龙有约80吨重,身长……"王同学正在向大家介绍她感兴趣的腕龙。"原来腕龙如此之大!""吃草的动物既然有如此之重,太厉害了。""80吨到底有多重呢?""书上说可能是8只非洲象那么重。""可是非洲象到底有多重?我们又没有见过。"老师站在一旁,因势利导地询问学生1吨有多重,顿时有同学回答1吨等于1000公斤,80吨即8万公斤。同学们一个个有多重,没有100斤。这时课堂上传来了笑声,"李同学肯定有100斤,因为他比较胖。"这时老师说,"就算他有100斤吧,那么100斤等于50公斤,8万公斤等于多少个50公斤。""1600倍。"一只腕龙就大概是1600个李同学重量吧。教室里顿时炸开了锅,大家乐翻了,不知道是因为知道了80吨的概念还是因为知道1600个李同学而乐。此刻平时木讷的李同学显得尤其兴奋,笑嘻嘻的,脸上浮现出两朵红云。后来在恐龙系列邮票设计活动中,李同学在恐龙的邮票写着:1只恐龙=1600个我。[1]

---

[1] 张华,安桂清等. 综合实践活动课程开发与案例研究[M]. 北京:高等教育出版社,2008:168-169.

案例4-5充分说明，在学生的综合实践主题探究活动过程中，教师是学生学习活动的支持者和协助者，而不是学生学习活动的设计者和制订者。通过教师与学生的协作，教师并没有以趾高气扬的态度要求学生研究老师设定的主题，而是通过学生内部协商、教师总体协调的方式确定了学生感兴趣的研究主题。整个过程中，学生是学习的主体，教师是学生学习的协调者和支持者。学生在与教师共同探究的过程中，成为学习的责任人。学生在整个学习过程中对自己的学习目标有了明确认识，能采取正确的行为完成学习任务。此案例中，研究主题的确定和研究结论的得出，都饱含学生辛勤的汗水。通过教师贴切的引导，学生积极地和教师互动，实现了师生共同成长的良好局面。

第三节　学生处理与学习他人（学生）关系的学习智慧

如前文所述，学习他人是活跃在学习过程中除主体"我"之外的其他主体，主要包括教师和学生。在学习过程中，同学之间的相互交流和沟通对学生的发展起着至关重要的作用。发展心理学的众多研究结论显示，随着学生年龄增长，生生关系逐渐成为一种主要的人际关系，而孩子与父母亲的关系逐渐退居二线。生生关系的好坏与学生的学习成绩、学生人格和学习品质的养成息息相关。学生在处理与其他学生的关系时容易出现个人主义和群体主义两种学习价值，在两种价值的驱动下，容易产生自我中心和盲目从众的学习行为。学习智慧是在两种极端的学习价值之间实现群己共赢，在两种极端的学习行为之间实现合作学习（如表4-3）。

表4-3　学生处理与学习他人（学生）关系的学习智慧

价值平衡		行为平衡	
个人主义	集体主义	自我中心	盲目从众
群己共赢		合作学习	

一、群己共赢：个人主义—集体主义的学习价值平衡

人是社会性的个体存在。人首先是一个个体，有维持自身发展的需要；同时，人又是一个社会性存在，有维持共同体发展的需要，即维持社会共同利益。个人利益与集体利益是相互矛盾的关系，人们需要参照社会规范对其进行调和，形成自己的内在标准。个人需要平衡个人利益和社会利益，实现二者的协调统一。同样，学生需要处理与其他学生的关系，平衡个人主义价值和集体主义价值，从而实现群己共赢的学习价值。

（一）个人主义

个人主义表现为以自己的需要和兴趣为中心，完全从自己的角度出发，只关心自我利益的得失，不体会他人的处境，不考虑他人的利益，以自己的经验去认识和解决问题，把自己的认识和态度视为他人的认识和态度，不能体会他人的不同观点和态度。个人主义有其发展的历史渊源，此思想可溯源至古希腊时期，中世纪宗教禁欲主义和封建专制统治酝酿着个人主义。近代欧洲文艺复兴、宗教改革及商品经济的发展为个人主义的兴起提供了契机。笛卡尔的主体性形而上学奠定了个人主义的理论基础，英国哲学家霍布斯是功利论极端个人主义的代表。萨特是存在论的极端个人主义的代表，他在存在论意义上从主客关系角度谈论个人与他人势不两立。

学生个人主义形成的主要原因有以下几个方面：一是传统德性被片面化继承，导致功利主义逐渐盛行。麦金泰尔认为，古希腊到近代整个历史不同时期,都存在着一个德性传统,而这个传统在历史的变迁中,丧失了维持人性论中的道德观。传统道德遭受严重的破坏,传统道德和伦理理论残片被现代道德和道德理论所继承,新的道德理论体系尚未成熟。二是父母对孩子不正当的言传身教。比如父母经常以邻为壑,用极端自私自利的方式处理邻里关系,这些行为对孩子产生了潜移默化的影响,直接影响到学生的处事态度和方法。三是不正当的竞争关系强化了个人主义价值观念。学生只从自身利益得失的角度去衡量,而忽视其他同学的利益和感受,对同伴充满不满意、不信任、反感和排斥。四是父母不正当的教养方式①会促使学生产生个人主义价值倾向。如溺爱型教养方式是学生产生个人主义的"温床"。一方面,子女恃宠而骄,依仗父母无原则的迁就,养成了霸道行为;另一方面,子女缺乏与同伴交往的技能,事事以自我为中心,不会分享,不顾别人的感受,不易产生移情体验。五是过度的表扬加剧学生的个人主义倾向。一些成绩优异或表现优秀的学生,因为经常得到同学和老师的赞赏而忘乎所以,长此以往,学生容易在其他同学面前颐指气使,引发个人主义的价值倾向。

案例4-6

又面临期中考试了,天气晴好,老师安排同学们将桌椅搬至操场上去进行摸底考试。这次是考语文,班上语文成绩最好的学生由于奶奶去世了,未能参加此次考试。当老师将这一消息告诉

---

① 鲍姆林德从要求和反应的角度将父母的教养方式分为民主型、专制型、溺爱型和忽视型四种。程华山从权威和爱的维度将父母的教养方式分为溺爱型、忽视型、严厉型、关爱型、理智型五种教养类型。刘金花把家庭教养方式划分为拒绝型、严厉型、溺爱型、期待型、矛盾型和分歧型。

班上同学的时候，同学们并没有露出悲伤的情绪，更没有人去向老师打听一下该同学的情况，相反，同学们有的吹口哨，有的拍桌子，有的跺脚呐喊，"太好了，这次终于不是她第一了。"还说人说，"她之所以每次语文考第一，因为奶奶是著名的文学家"。

在案例4-6中，同学因为语文成绩最好的学生没能参加考试而欢呼雀跃，没有学生因为女孩奶奶的去世而表现出悲伤，学生之间失去了对同学基本的同情和关爱，表现出强烈的极端个人主义价值。

(二) 集体主义

集体主义和个人主义对立，是指对一切言论和行为无原则地做出让步，从而附合集体的意见和观点。集体主义价值倾向在众多的从众研究实验中得到了充分的证明，最典型的实验莫过于"阿希实验"。阿希设计了一个著名的实验来研究人们的行为选择在何种程度上受他人的影响，从而违心地做出错误的判断和选择。阿希实验结果显示，不同的人有不同程度的从众倾向，平均33%的人判断是从众的，76%的人做出过从众判断。① 他的实验证明，有些人情愿追随群体的意见，即使这种意见与他们自身的感觉相抵触。

影响学生产生集体主义价值倾向的原因主要有几点：其一，学生迫于集体的压力。人有渴望被他人接受、被他人喜欢和被他人友好对待的心理倾向，因此，学生会因希望得到教师的认可、希望得到其他学生的赞许而改变自己的行为方式，目的是让自己的行为方式符合集体的规范和标准。学生集体力量越强大，学生个体越倾向放弃自我的观点而服从集体。集体压力导致学生拥有明显的趋同心理，因此集体主义价值就会得到生长，个体价值立

---

① 全国13所高等院校《社会心理学》编写组. 社会心理学（第三版）[M]. 天津：南开大学出版社，2003：297-298.

场就会被抛弃。其二，当学生对信息真实性把握不准确时，希望从其他学生那里得到重要的、确认的信息时也会表现出从众的倾向。当学生个体相当重视集体的信息并对集体的信息深信不疑时，就容易产生与集体保持一致的观点和行为。如果学生对学习各方面的把握不够准确，对学习问题混淆不清，而且学生在不能理解具体的学习情境时，在学生的学习任务越来越重时，在学生对自我判断失去信心时，在学生觉得学习与自我关系生疏时，学生就越会有集体主义价值倾向。其三，学生的个性心理品质也是影响集体主义的一个重要因素。独立型性格不易产生集体主义价值，相反，顺从型性格更容易产生集体主义价值倾向。

（三）群己共赢

在学生发展的各个阶段，生生之间的交往互动是儿童身心发展和社会化赖以实现的基本关系。[①] 随着年龄的递增，同辈学习更是学习中一种很重要的学习形式，学生彼此之间的相互影响，对学习的作用是举足轻重的。一方面，生生交往能促进学生知识的增长。"三人行，必有我师。""独学而无友，则孤陋而寡闻。"这些名句都说明同伴之间的交流对个人发展的重要性。"在学校中，学生之间互相的学习是最有效的学习，它的作用远远超过教师对学生的教诲，一个学生从同学那里学到的可能要比从教师那里学到的东西还要多。"[②] 可见，生生间的交互学习对学生认知水平发展的作用是至关重要的。另一方面，生生之间相互交往有利于学生社会化发展。学生的家庭背景、家庭环境不同，价值观也就不同，这种不同可以促进学生不断社会化。根据科尔伯格道德发展的阶段理论，低龄儿童的道德观念主要依据成人而形成，随着年龄增长和儿童活动范围的扩大，同伴间相互交往和合作学习

---

① 王坦. 论合作学习的基本理念 [J]. 教育研究, 2002（2）: 68-72.
② 宋晔. 校园伦理智慧论 [M]. 北京: 高等教育出版社, 2006: 225.

日益成为道德发展的推动力。事实上，课堂上同伴相互作用的重要性往往被忽视或者被异化。在竞争日益激烈的时代，学生在处理同伴间利益冲突时，往往会产生自私自利的行为。比如将自己损失最小化，将损失转嫁到其他同学身上，让他人为自己"买单"。为了让同伴间伤害降到最小，为了互利的行为逐渐增多，学生在学习过程中需要生生交往的智慧。故合理处理同伴之间的关系，是学习智慧中必须养成的学习品质。学习智慧强调学生在处理与同伴关系时，不是个人主义或集体主义的学习价值，而是在其二者之间寻求一种平衡，拥有群己共赢的学习价值观念。

生生之间表现为一种常见的交往关系，存在着五种常见的情况：损人不利己的罪恶的生生关系；损人利己自私的生生关系；利己不损人的合理生生关系；利人利己的理想生生关系；损己利人道德追求的生生关系。在学习过程中，生生关系应该是一种群己共赢关系，也就是说学生在处理学习中的矛盾关系时，不仅要顾及自己的利益，也要使他人利益得到充分的体现，从而使学习活动实现利人利己的最高标准。

二、合作学习：自我中心—盲目从众的学习行为平衡

学生与学生相处过程中，自我中心与盲目从众的学习行为都是需要摒弃的。为了实现群己共赢的学习价值，学生在独立学习的基础上通过合作学习实现共同成长。

（一）自我中心

自我中心是指学生囿于即时的功利主义价值，把自我利益放在至高无上的位置，为了获得自己的利益而不顾及其他同伴的利益得失，把学习他人视为自己成功的工具和手段。自我中心表现为刚愎自用、唯我独尊。自我中心带来的后果是不言而喻的。其一，自我中心容易产生嫉妒的心理。学生时刻害怕被他人超越，对其他同学进行人身攻击。在二元论价值系列中，学生个人价值

和他人价值相互排斥，二者不能兼容，生生之间是一种强烈且残酷的竞争关系，学生采取孤立的学习方式，相互间吝于表达和分享，把优质的资源占为己有，同伴之间缺少讨论与合作。长此以往，学生容易自我封闭，为达目的不择手段。其二，自我中心容易促发紧张的生生关系，同学之间不能和睦相处，矛盾重重。自我中心的学生把个人利益、幸福、价值和自由置于不可侵犯的位置，不能包容其他同学的差异，为了鸡毛蒜皮的小事彼此诋毁。其三，学生的自我中心行为还表现为学生缺乏处理冲突的能力和手段，容易产生过激的行为，将竞争简单视为矛盾的对立面，只有冲突，没有融合。学生从主体的意识出发，以控制他人为目的来处理人际交往。其四，自我中心表现为我行我素，不顾及他人感受，这种自我中心行为使学生变得孤立，缺乏朋友。学生好表现是一种天性，尤其是低年级的学生更希望表现自己。他们希望通过各种方式引起教师和同伴的注意，得到教师和同伴的赞赏，但是过度的表现欲就会导致自我中心。在学校学习过程中，过度地表现自己而忽视与其他学生"分享"，将所有表达机会占为己有，就是一种自我中心的行为。这种掠夺其他学生的表达机会的过分表达是学生缺乏自我认识造成的，即学生不能正确认识自我与他人的关系，不能正确处理拥有和分享的关系。如果学生将其他同学的表达机会占为己有，通过自我表达而获得快乐，通过表达证明自我的成功，感受自我的优越性，那么此种行为就会演变为自我中心。

（二）盲目从众

集体主义倾向下，容易产生盲目从众的行为。盲目从众是指在集体压力下，个体自觉或不自觉地以某种集体规范或多数人的意见为准则，改变自己的行为方式和行动方向。盲目从众表现为学生缺乏独立判断的能力，根据他人的意见随意更改自己的意见，做出不符合本人主观意愿的行为。盲目从众也就是"随大流""人云亦云";遇到意见分歧,就会左右为难、举棋不定,甚至丧失自己的立场和独立判断的能力。

盲目从众可能导致以下三个方面的后果:首先,不利于学生形成独立自主的学习能力。学生长期跟随他人的观点和意见,缺乏理性思维的能力,不能意识到学习的主体地位,学习过程中不能坚持指定的行为方案和途径,缺乏学习责任感。其次,由于学生盲目从众,缺乏锻炼各方面学习能力的机会。长此以往,不利于形成真才实学,最终只能被社会淘汰。再次,盲目从众使学生不能勇敢表达自己的见解和观点,丧失人格塑造的良好机会,同时会丧失批判意识的培养时机,从而容易形成优柔寡断的性格。在学习过程中,如果学生因为从众而丧失了自己的独立意志,甚至做出违背社会伦理道德的事情,就不利于学生形成良好的学习品质。

案例4-7

执教老师:赵老师

课文:《掌声》,人民教育出版社

赵老师带领同学们分析英子获得三次不同意义的掌声,最后十分钟,请同学们进行课堂实践,要求同学们将自己的掌声送给最令自己感动的人。结果发现班上有80%的学生将掌声送给赵老师,原因是喜欢赵老师,因为赵老师对学生很好。

课后,笔者对把掌声送给赵老师的学生进行了追问,归纳起来主要有以下三种原因:其一,有些学生发自内心地喜欢老师,如对老师使用肯定的评价语言,赵老师和蔼,喜欢赵老师;其二,可以得到老师的肯定,老师会更喜欢自己一点;其三,担心出错、害怕失败,因为其他同学都送给赵老师,如果我写得不一样,会不会出错?不送给赵老师,会不会被同学否定?

从案例4-7中可以看出，在进行课堂实践中，80%学生最后都把掌声送给了赵老师。经访谈得出结论，学生将掌声送给赵老师的深层次原因主要有两点：其一，在课堂常规教学中，教师过分追求标准答案的统一性，对异己的声音予以否定。其二，逃避指责是学生从众行为的又一个重要原因。有些学生怕被教师和同学嘲笑，不惜舍弃自己的观点，追求同一性。这种缺乏独立性、追求同一性的学习行为倾向与学习智慧所追求的独立自主性和生成创造性的学习品质背道而驰。

（三）合作学习

在西方，合作学习的源头可追溯到公元1世纪。昆体良学派认为，学生可以从相互学习中受益。1806年合作学习的观念从英国传入美国，美国教育家帕克、杜威将合作学习推广并应用。20世纪70年代初，合作学习理论逐渐在美国得到发展和完善。合作学习是指在教师的引导下，学生按照不同的性别和能力分成若干小组，小组成员为了实现共同的目标或共同的利益相互帮助、交流和鼓励，最终促进集体和个人的健康发展。生生平等、关系融洽、包容性强是合作学习的基本特点。通过合作学习，可以使学生的认知、情感和技能等各项水平得到锻炼和提高；通过合作学习，学生的社会交往能力会得到充足的发展，学生交往的活动范围和频率逐渐增加，人际交往的紧张感、交往过程中的错误行为也会逐渐减少；通过合作学习，学生组成共同体，成员之间共享学习资源，通过参与沟通保持共识、包容差异以养成学生的合作观念和集体意识。正因为合作学习具有以上优点，学生须在群己共赢的价值倾向下进行合作学习。合作学习表现为学生彼此间接受、支持和沟通。

1. 生生彼此接受

彼此接受表现为能站在对方的立场思考问题，用米德的比喻，便是将自己的脚放进别人的鞋子里去。用儒家的话来说便是推己及人，即行动者不能光看自己是否得到最大收益，也要考虑他人的利益，并在这个基础上使整体利益最大化。在与人交往的过程中，行动者不光是从自己的角度出发，还能设身处地从交往对象的角度来对待事物。行为之间如若协调，就必然要求在社会范围内进行一定的交往，如若行为协调且有效，那么行为必须满足彼此的需要。学生对学生的接受就是指站在对方的立场，思考对方的感受和行为。正如孔子所言："以利己之心交友必善。"心理学中的移情也充分表达了这个观点。学生接受来自不同家庭背景的学生，接受不同种族的学生，接受不同观点的学生。学生通过接受其他同伴，能更好地认识他人和自己。学生在接受他人的过程中，增长知识，开阔视野，加深对他人的认识与了解。在接受他人优点和缺点的同时，推己及人，认识自己的优点和缺点，反思自己可能有的偏见，这样双方才能获得发展。通过接受他人，扬他人之长，避他人之短，信任并发展自己，最终实现合作共赢。

2. 生生相互支持

俗话说："助人者自助。"在学习过程中，学生之间彼此帮助，可以达到利人利己的学习效果。当学生利己地将自己变得更像人，便会自私自利地追求更多，这是一种非人性化的表现。在学生学习的过程中，学生之间难免会出现竞争，如果过分注重竞争意识，而忽视学生之间的合作，就会异化竞争的本质。在学习过程中，应该充分发挥竞争的积极作用，通过竞争实现彼此共享、勉励，使竞争成为激励人前进的动力，而不是因为竞争而牺牲他人进步的机会。学生之间应该相互尊重、相互合作，共享、互利和互惠。"万物并育而不相害，道并行而不相悖"[1]，生生交往也应该遵守不相害、不相悖的道理。在激烈竞争中，学生会意

---

[1] 《中庸》。

识到个人目标与集体目标彼此依存的关系，集体成员间存在荣辱与共的关系，集体成员的成功是个人成功的前提。学生之间彼此支持形成的相互关系让每个学生的心灵都充满友情的温暖。

案例4-8

执教老师：龙老师

课文：《三峡》，人民教育出版社

班级以小组马蹄形的方式排列，同学们围坐在小桌椅旁边，老师请同学们讨论作者为什么先探讨秋季的三峡，而不先叙述春季的三峡。小组成员讨论激烈，议论纷纷。最后有一个小组没有讨论出来，另一个小组的小组长就跑到他们的跟前，给他们讲解作者先写秋季的原因。

案例4-8中学生对学生的帮助体现了学习智慧的品质。这种学生之间相互学习、相互帮助的学习效果明显高于教师指导学生的学习效果。这种同辈相教的学习方式，有利于营造良好的学习氛围。学生对学生的帮助可以产生以下几个方面的效果：第一，通过学生之间相互帮助，学生可以体会帮助别人的乐趣，体会到集体意识和集体精神。第二，解惑能利人利己，实现优者更优、弱者提高的学习目标。学生为了解答其他学生的迷惑，必须明白迷惑产生的原因，通过解惑，学生重组自己的思维，当解惑不能顺利进行的时候，又激发解惑之人去寻求答案。故通过帮助他人而后知困，困而求解，循序渐进，使帮助者变得更优秀，同时使被帮助者进步。那种担心同学得到帮助后超越自己的观点是相当狭隘的。第三，通过相互帮助能形成良好的团队意识。在未来的社会中，任何人要实现自己的梦想，都不是只靠个人，而需要团队合作。因此，学生之间相互帮助和支持将会使学生在未来

的学习生活中受益匪浅。

3. 生生真诚沟通

在学习活动中，学生需要彼此交流和沟通。基础教育课程改革将秧田式的物理教学空间改造为圆桌式的小组合作空间，这种物理空间的改变，透露出沟通对学生学习的重要性。为了更好地沟通，需要学生做到以下几点：一方面学生的行为符合自身的立场，学生始终真诚地表达自己的观点，即学生是自愿、主动、真实地展示自我；另一方面表现为学生的行为符合他人的立场，符合社会的规范。学生和学习他人在人格上彼此独立、精神上相互融合，通过沟通组成了一个公共场域。在这个公共领域中，学生充分自治，学生在考虑他人主体性和他人利益的基础上，通过沟通实现双方美好品质的发展。学生之间沟通的形式主要有几种：其一，学生之间的信息沟通，有利于实现资源共享。学生之间需要进行有效的信息沟通，给予他人帮助和指导，分享自己的观念等，共同处理学习中的问题。其二，学生之间的人际沟通，有利于学生产生稳定的情感。通过沟通，理解他人的感受，理解他人的行为，理解他人的需要，从而达到生生良好沟通。通过沟通，可以理解他人的立场，做到彼此宽容。有人说："宽容是一种美德。"宽容能使生生冲突减少，实现彼此和谐共处。积极的生生沟通有利于形成稳定的心理情感依赖，增加学生对集体的凝聚力和向心力。积极的沟通有利于学生的自我发展，学生以他人为镜，正确地评价和分析自己，找出自身的缺点和不足，不断地完善自我。其三，积极地进行生生沟通，不再视其他同学为手段，而视其他同学为目的，推动生生坦诚相待。通过合作学习，生生之间彼此接受、相互支持、真诚沟通，只有这样，才能促进学生心理的健康发展，为学生未来发展奠定良好的基础。

第四节　学生处理与学习内容关系的学习智慧

　　学习内容回答"学什么"的问题。为了更好地论述学生处理与学习内容关系的学习智慧，必须讨论与学习内容密切相关的一个概念——知识，同时探讨知识与学习内容的关系。不同领域对知识存在不同的理解。哲学领域也许最早对知识进行论述，认为知识源于人类实践，知识是经过证实的真的信念。[①]　其次对知识研究颇多的是心理学领域，当代心理学认为知识是主体与环境的相互作用而获得的信息与组织，知识的本质是信息在头脑中的表征。[②]　由于分类标准的差异，知识存在不同的分类：静态知识与动态知识；显性知识与隐性知识；程序性知识和陈述性知识；经验知识和科学知识；实用知识与需用知识；个人知识和人类知识。笔者认为知识是人类在认识世界过程中所产生的系统成果。学习内容是根据学习目的从人类积累的科学文化知识系统中选择出来，并按照一定逻辑规律编排而成的知识系统，其主要表现形式为教科书。学习内容是学生主要的活动对象，是学习的主要依据，是人类文化的精华，是文化传递的中介。通过以上知识和学习内容的概念分析，笔者认为知识包含学习内容，学习内容包含于知识。首先，学习内容是经过筛选的、最精华的人类文化知识。其次，学生学习内容的主要载体是教材。教材是有组织、有系统的学习内容。在教材中，学习内容的组织形式有"纵向组织"和"横向组织"，有"逻辑组织"和"心理组织"，有"直

---

① 胡军. 知识论［M］. 北京：北京大学出版社，2006：57.
② 皮连生. 教育心理学（第三版）［M］. 上海：上海教育出版社，2004：90－91.

线式"和"螺旋式"。不管采用哪种组织形式，教材不是知识的仓库，教材不是传授的经典，而是供学习使用的材料。再次，随着科学技术的发展，学习内容可以在世界范围内共享，学习内容的丰富性与多样性是不言而喻的。学习内容主要指以教材为呈现载体的，按照一定规则组织起来的系统的人类文化知识。

学生处理与学习内容的关系存在两种价值倾向：一种是实质学习价值，另一种是形式学习价值。知识的获得和智力的训练是学生必须兼而有之的鱼和熊掌，强调任何一方而忽视另一方的学习都不利于培养学生的良好品质。因此，学习智慧强调在形式与实质并举（简称"形实并举"，下同）的基础上，不仅要获得知识，而且要培养智力，提高学习的技能和技巧，达到二者不偏废的境界，实现形实并举的学习行为，即学生能采取扬弃兼容的学习行为对待学习内容，即学生对知识进行选择、理解、继承和创新（见表4-4）。

表4-4 学生处理与学习内容关系的学习智慧

价值平衡		行为平衡	
实质学习	形式学习	知识获得	智力训练
形实并举		扬弃兼容（选择、理解、继承与创新）	

一、形实并举：实质学习—形式学习的学习价值平衡

18世纪前后存在形式教育和实质教育的争论，其实质是一种知识和能力的争论。英国的亚当斯在《教育理论的演进》中认为，教育的实质就在于以各种方式来传递知识。知识究竟对学生的发展起什么作用的问题？一种观点认为知识的价值在于知识本身；另一观点认为知识的价值在于知识是一种工具，学生可以通过某种合适的方式利用它。二者的争论衍生到学习领域，就是学生如何认识和对待学习内容，即学生如何平衡形式学习与实质

学习，从而形成形实并举的学习价值。

（一）实质学习

实质学习价值是指学生以获取知识作为目的的价值取向。学习不在于重视课程和教材的训练作用，也不在于重视知识促进学生能力发展的作用，而是重视课程、教材的具体内容本身及其实用价值，从而使学生获得丰富的知识。实质学习可以追溯到17世纪初，当时培根振聋发聩地提出"知识就是力量"，于是人们开始崇拜科学知识。随后，捷克教育家夸美纽斯提倡实施一种"周全的教育"，在这种观念推动下，人们认为学习可以使人类获得必需的一切知识，学习的目的就是认识真理。18世纪以后，随着社会的快速进步和工业化高速发展，在自然科学领域三大发现①的推进下，欧洲逐渐重视科学知识的学习。英国科学家赫胥黎认为可以通过系统的科学知识学习来改造以拉丁文和希腊文占统治地位的传统学校课程的学习。与此同时，英国思想家斯宾塞在19世纪50年代末发表了《什么知识最有价值》的论文，主张以科学为核心的课程内容帮助学生实现良好的个人完美生活。实质学习的价值主要在于它强调学生是否掌握了教材上所列的具体科学知识，及这些知识能否为学生将来从事的职业生活做准备。实质学习的根本目的在于学生能够获得为未来生活做准备的知识，学生通过联合组成的观念形成概念和范畴来建构心灵，学习的根本任务就是以观念充实心灵。实质学习忽视课程和教材的训练作用，忽视知识对学生能力发展的作用，而是重视课程、教材的具体内容及其课程内容本身的实用价值。

实质学习形成的原因有两点：其一，功利主义价值倾向下的应试教育强化了实质学习。受到应试教育价值观的引导，学习的

---

① 19世纪自然科学中的三大发现是指细胞学说、达尔文进化论、能量守恒及转化定律。

主要目的是获取知识和应付考试,学习内容以获得考试标准答案为准绳,学校以统一的内容和固定的方式培养循规蹈矩、听话顺从的"乖孩子"。其二,传统文化观念的影响。"书中自有黄金屋,书中自有颜如玉""学而优则仕"的观念一直影响着人们。学习是通往仕途的唯一出路。如《儒林外史》中详细地描述了范进中举后的模样,充分反映了人们对权利的向往与追求。通过考试改变寒门弟子的命运成为实质学习的助推,这种考试促使学生不断追求知识,背诵和记忆知识。在此种观念的影响下,教科书作为一种少有的法定文本而存在,学生视其为真理的代言人。

(二)形式学习

形式学习认为学习任务在于训练智力。各种心智能力可以通过不断操练而逐渐得到发展,除此之外没有别的方法发展智力。学生的记忆力、想象力和推断力等学习能力都可以通过练习而获得发展。形式学习认为训练智力比学习知识对学生的发展作用更大,通过文科科目的学习,进行听、说、读、写的训练,使智慧获得发展。形式学习始于苏格拉底,他主要通过对话、学生和教师不断提问、共同探讨等方式得出正确的结论,注重学生思维能力的培养和训练。罗马时期的昆体良最早表述了形式学习的思想,他在《演说术原理》中指出,学生不仅需要获得理论家所严格规定的称之为艺术的各种事物的知识,不仅需要理解修辞的规律,而且要用那些东西增进演说的能力,培养口才。他特别重视文法学校所开设的"文法"课程,认为学生通过学习文法,可以变得敏锐。形式学习形成于17世纪,在18、19世纪逐渐扩散和盛行。英国教育家洛克认为,要使所有的学生成为著名的数学家,研究数学定会让学生拥有推理能力。瑞士的裴斯泰洛齐被誉为"形式教育之父",他认为学生与生俱来具有天赋,学习的目的是促进各方面能力的发展,使自我不断发展成"完人"。学生主要学习古典语言、文字、古代历史和古典语言等学科,轻视对自然科学知识的学习。形式学习认为只学习科学知识是不靠谱的，在相对有限的学习时间里无法获得无限的知识。对学生而言，获得知识是次要的，发展能力才是关键，学生只有不断提高自身的思维能力、记忆能力和理性能力，才能获得长远的发展。

形式学习在一定程度上回答了学习什么而获得智力发展的问题。通过智力的训练，人的感觉、知觉、记忆及想象、逻辑推理能力能够获得提高，而这些能力的提高，可以帮助学生获得更多的学习知识。波普尔曾说过，生活就是解决问题，而判断与决策是最常见的一种。学习时时刻刻需要进行重大的决策，如学生需要对什么时候学习、在哪里学习、和谁学习、用什么方式学习、学什么等进行判断，而这些与具体学习内容没有直接的关系，但学习中又不可或缺。在形式学习价值导向下，学生的智力得到长远的发展，学生在思维形式的训练中实现学习内容的迁移，从而高效地获得知识。

（三）形实并举

实质学习和形式学习的斗争一直未曾停止过，德国的教育家第斯多惠试图通过"平衡"的观点对二者的争论进行调和，他认为学习应持形实并举的价值观念，做到知识和能力结合，反复练习所学过的知识，使思维也得到相应的发展。他认为形式学习和实质学习并不是对立的，而是密切联系、相互作用的。学习智慧认为学生对学习内容的价值选择不是实质学习或形式学习，而是学生在二者之间进行平衡，实现二者的理性融合。实质学习之于形式学习就如血液之于身体一样，缺一不可。拥有学习智慧的学生不能仅满足于简单地继承前人的认识成果，而是要发展探索新知识的能力。学习智慧并不仅仅着眼于学生的学习活动及学习结果，而是指向学生作为主体的学习品质。不管是学"鱼"的实质学习还是学"渔"的形式学习，二者对学生学习智慧的发展都是必不可少的，因此学习过程中必须形成形实并举的学习

价值。

长期以来,学校教育将塑造"知识人"作为教育信念。柏拉图认为建构人类心灵的是知识的理想国,苏格拉底提出了知识即美德的判断,亚里士多德在《形而上学》中开篇就提出"求知是人类的本性",这些将拥有知识的多少视为评价学生的唯一标准的现象,已经充分说明塑造"知识人"成为学校教育的根深蒂固的信条。① 但是,将求知视为人类唯一的信条有失偏颇,需要反思。在"知识人"概念提出后不久,就有人提出了"智慧人"②的概念。重塑知识,跨越传统知识和智力发展的鸿沟,避免出现知识富有与智慧缺乏的矛盾现象。科技和文化的竞争归根到底是人才的竞争,成为什么样的人以及用什么样的学习内容来发展人成为我们必须考虑的问题。学生不仅需要拥有知识,而且需要转识成智,将知识增长与智力发展统合起来。形实并举或许能帮助学生实现知识、能力和智力的同步发展。形实并举是指学生在对待学习内容上,应该要转知成智,智识结合。学生需要掌握科学文化知识,但不是以掌握知识为唯一目的。学生需要运用知识,通过知识去锻炼自己的思维能力。学生在掌握知识的基础上,通过运用知识而发挥知识的潜在功用,促进学生其他方面的综合素质发展。学生能让知识转化为一种力量或一种生产力,并成为谋生的手段。学生在"求真""向善""逐美"的过程中实现人格的完善和提升,成为一个完整、自由、幸福的人。③ 在

---

① 鲁洁. 一个值得反思的教育信条:塑造知识人 [J]. 教育研究, 2004 (6):3-7.

② 邓刚,陈放,王谦. 教育理念的革新——塑造"智慧人"[J]. 教育发展研究, 2006 (17):63-67.

③ 王海福,李军强,王振杰. 理性对待教育中的"知识中心主义"——对《认真对待"轻视知识"的教育思潮》的回应 [J]. 全球教育展望, 2006 (7):12-15.

学生的学习生涯中，学生不但需要获得一定数量的知识，而且需要运用所学知识，将所学知识转化为智力，从而实现智识共赢的良好局面。

学习内容具有目的性价值和工具性价值，二者在某种程度上可以相互转化。当学习内容出于目的性价值的时候，学习内容就等于知识，"A"＝"A"，"A"赋予了"A"的全部内涵和外延。当学习内容出于工具性价值的时候，学习内容是抽象的思维能力，"A"是"A"并且"A"是通往"B"的途径和方法，是学生获得"C"的前提条件，在此基础上学生还需思考"A"与非"A"的关系。知识和智力发展是学生发展的两个维度和层面。因此，必须将学习内容的目的性价值和工具性价值完美地结合起来，做到兼容并蓄、形实并举。学生在学习内容中，尽量用所学知识，发展智力，解决学习问题，达到智力训练的效果，实现学习内容的目的性价值和工具性价值的统一。只有这样，学生才能通过对各门课程知识的学习，实现对学习智力的训练。

二、扬弃兼容：知识获得—智力训练的学习行为平衡

知识经济是一种以知识为基础的经济，强调高素质人才在经济发展中的核心地位。学习的最终目的是促进学生自身发展，学会学习就成为实现人自身发展的重要保障。21世纪教育的核心内容就是培养学生学会学习，学习不再是国家强加给学生的义务，而应该成为每个学生的需要和权利。学会学习的主题就必须避免学生过分强调知识学习或过分突出智力训练，强调任何一方而忽略另一方的学习都将成为学生学会学习的障碍。在学习过程中，学生对待学习内容应采取扬弃兼容的学习行为，即实现学生对学习内容的选择、理解、继承与创新。

（一）知识获得

知识获得的行为主要是指通过记忆、背诵等方式复制以往的

学习经验和成果。过于重视知识获得的学习会给学生带来以下影响。

第一,重知识而轻能力培养,将严重增加学生的学业负担,学生的学习自由度越来越小,可能会阻碍学生创造力的发展。杜威认为学校中过分重视知识积累和获得学习资料,以便在课堂问答和考试时照样抄录,知识的获得成为学习目的本身。于是,拥有更多的知识成为学生炫耀的资本,学习的目的在于记忆、再现和回忆,必要时可以拿出来炫耀一番。这种静止的、冷藏库式的知识习得有碍学生的发展,它让学生失去训练思维的机会,而且扼杀学生的思维能力。学生头脑里填塞了越来越多的静态知识,剪不断,理还乱,正如人不能在乱糟糟的堆满废弃破烂的场地上建造房屋一样,学生脑子里装满了各色各样从来不用的材料,当他们想要思考时,必然受到阻碍。① 由于人们以知识为目的,学生容易将整体的知识分割成零星碎片,学生获得偌大知识体系的一小块,会形成"只见树木不见森林"的视界。正如大量的砖瓦堆积成不了高楼大厦一样,这种不会"化零为整"的知识学习,会严重阻碍学生创造力的发展。

第二,学生习惯于接受知识,形成依附于教师的习惯,从而丧失学习的独立性。在此情况下,学生成为被动接受知识的容器,被要求学习什么和不能学习什么,无条件地执行教师的指令。教师将自己预设的"符合"学生发展的知识灌输给所有的学生,学生在接受知识的过程中丧失了主体的个别性和独特性。

第三,重复机械的知识记忆,严重扼杀了学生的向学性和学生的探究求异心理。学生为学的目的是获得静态的、脱离生活实际的知识,每个知识点之间难以发生关系。学习过程就是知识不

---

① 〔美〕约翰·杜威. 民主主义与教育 [M]. 王承绪, 译. 北京: 人民教育出版社, 1990: 172-173.

断被复制、转述、接受、记忆。学生整天埋头苦学,成为循规蹈矩的人,这种以外铄力量取代学生内部求知动力的压迫式学习,不能激发学生主动求知的本性。

第四,学生视学习为学知识,学知识为学教材,产生"学习无用论"。人类知识总量每过七至十年就要翻一番,不管学生学习科目多么完善,感官官能的局限性、教材内容的有限性、人生命的有限性等因素将严重制约学生学习的深度和广度。学生记诵知识的速度不能跟上知识更新的速度,总会面对一些不熟悉的新知识、新技术;学生在校获得的学习内容未必对今后的工作有用,这些容易导致学生产生"学习无用论"。

案例4-9

执教老师:赵老师

课文:《掌声》,人民教育出版社

赵老师引导学生齐声朗读《掌声》这篇课文,随后,提出了以下两个问题:第一,文章描述了几次掌声?每次掌声都在什么时候产生?请用钢笔标示出来。第二,文章的中心思想是什么?学生很认真地在文章中找到答案,并用钢笔在书上标出了掌声产生的原因。

此案例中,学生学习的目的完全等同于学习知识。产生这种现象的主要原因是教师和学生视教材的内容为学习的全部内容,学习就是学教材,学生必须遵循教材,不能超越教材。学生以获得知识为主要目的,从而忽视了学习品质的培养,不能在精神上实现学生与学生、学生与教师、学生与文本、学生与作者之间的对话。笔者以为,学习《掌声》这篇课文,教师可以组织学生讨论掌声背后人与人之间的相处之道,探讨人应该如何面对人生的挫折，如何实现彼此尊重等学习内容。基于此，学生才能准确把握学习内容，才能实现对学习内容的理解。

（二）智力训练

形式学习坚持学习应以训练智力、发展能力为主要任务。设置课程和选择教材的目的是使学生获得智力和能力的发展。学生进行智力训练有利于提高学生从事智力理论研究的能力。对学生进行智力训练的方式不胜枚举，但主要有两种：其一，学生通过参与学校开设各种训练课程，直接训练自己的智力，提高自身的智力水平。直接训练的方式能让学生在较短时间里提高智力水平，提高学生智力发展的自觉性和主动性，学生善于在学习中独立思考和解决问题。国外学生智力训练的研究相对较为活跃，比如福尔斯坦的工具强化教学，吉尔福特的流体智力的教学训练，德·波诺的思维课程训练等。其二，训练学生智力的方式还有间接训练的方式，主要通过在各学科中对学生进行智力训练。

学生在学习过程中，如若过分强调学生智力的训练，忽视对完整系统的科学知识的学习，也不利于学生正确认识学习中的各种现象和规律。此外，过于重视学生的智力训练，忽视学生非智力因素的培养，导致学生过于理性，不利于学生情感的发展。片面强调学生智力发展而忽视非智力因素发展将严重阻碍学生的全面发展。

（三）扬弃兼容（选择、理解、继承与创新学习内容）

学习内容是一种学习资料，在学生已知世界与未知世界之间起桥梁作用。面对丰富多样的学习内容，如何获得瑰宝，就需要学生对学习内容进行甄别、理解、提炼和升华，正如对海水蒸发提炼，最终形成食用盐一样。学生对学习内容的继承与创新，不仅被视为传承人类文化知识的载体，而是一种动态的、生成的以及体现人文关怀的意义开放系统。它不仅能发展学生的认知水平，还能使学生在实践中发展多方面的能力。学生对学习内容进行取舍和整合，选择适合自身发展的学习内容，把对学习内容的选择扩充到对人类文化继承和发扬的高度，对学习内容采取扬弃兼容的学习行为，具体表现为学生对学习内容的选择、理解、继承与创新。

1. 选择学习内容

根据复杂理论的观点，知识是一个涉及多方面和开放的系统，完备的知识必须包括"6W"① 的系统结构。在这个信息爆炸的时代，谁拥有知识，知识存在哪里，何时使用知识等显得尤为重要。在这个学习化的时代，学生对学习内容必须持谨慎的态度。学习内容浩如烟海，但却良莠不齐，学生需要对学习内容进行甄选。学习内容制约着学生学习意义的建构，学生在浩瀚的学习内容面前，必须进行甄别和选择，使学习内容与学生意志密切关联，只有这样，才能实现学生对学习内容的意义建构。

2. 理解学习内容

学生对学习内容的理解不是一种背诵与记忆标准答案的过程，而是学生对学习内容进行全新的阐释过程。理解学习内容的关键有三：其一，将学习内容与学生生活密切联系起来，从而促进学生对学习内容的理解。学习内容以教材的形式呈现，学生需要透过教材，使教材的讯息与学生生活经验联系起来，只有这样，学生才能深化教材内容，对教材进行积极的意义建构。其二，学生用相互启迪的方式重新审视教材。学生与教材的关系不是一种敌对的关系，而是一种相互关心、相互包容、相互激发的关系。一方面，避免教材压倒学生的现象。作为"对话者"的教材不是确定权威的代言人，也不是权威的守护

---

① 6W 是指 know what（是什么）；know why（为什么）；know how（怎么办）；know where（知识存在哪里）；know when（何时可以或应当使用知识）；know who（是谁拥有知识）。

者,而是一个可能性的创造者。另一方面,避免学生压倒教材:学生不能简单、粗暴地去"征服"教材,死记硬背。学生和教材处在平等的地位,学生对教材随时保持清醒的"反向意识"。其三,学生与学习内容应形成对话关系。学生与学习内容不是主客二分、认识与被认识的单向度的关系,而是一种相互包容、相互激发、相互融合与相互阐述的对话关系。学生应对学习内容保持开放的、积极的态度,只有这样,学生才能和学习内容进行精神交往与对话。

案例 4-10

执教老师:刘老师

课文:《项链》,北京师范大学出版社

刘老师组织学生进行小组讨论并大胆地说出自己心目中玛蒂尔德的形象。同学们议论纷纷。"玛蒂尔德是一个爱慕虚荣的人。""玛蒂尔德是个善良的人,敢于承担责任。""虽然玛蒂尔德开始有缺点,但后面她那敢于担当的精神是值得学习的。""玛蒂尔德是个守信用的人。""玛蒂尔德虚伪,矫情。""玛蒂尔德不怕苦,不怕累。"……同学们滔滔不绝地议论着这个人物形象。最后教师引导学生对玛蒂尔德进行寄语。"玛蒂尔德你是好样的。""玛蒂尔德,一切都过去了。""玛蒂尔德,我觉得你是一个敢于担当的好人。""早知今日何必当初。"

案例 4-10 中的这节课,教师使用了简单的几句话,学生就能在自由的宽松环境中畅谈自己对莫泊桑小说中玛蒂尔德这个人物形象的理解,突破了以往只允许一个标准答案的限制。学生在相互争论和思辨中,不断丰富对玛蒂尔德这个人物形象的理解,使小说的内容更加开放。学生在讨论的过程中,已经突破教材的限制，实现了对学习内容的理解，实现了学生与文本、学生与作家的对话。学生在与学习内容对话的过程中，结合自身的生活实际畅所欲言，实现了对学习内容的理解。在整个学习过程中，学生的主体性得到充分的展现。

3. 继承与创新学习内容

学习内容传递了人类文化，学生需要对其进行批判性继承，才能使自身的内涵丰富，从而实现学生的社会化。没有文化的熏陶，人生是单薄的；背离文化，就会导致背信弃义，为社会所不容。只有站在文化的前沿而又不为文化捆住自己手脚的时候，我们才会拥有一个丰富的人生，才会有更高层次的自由和幸福。[①] 学生需要保持对学习内容的尊重，在批判继承的基础上力图对内容有所超越。

学生通过掌握学习内容实现打开符号世界的大门，学生不仅要学会利用符号世界，更要学会拓展符号世界，从广度和深度两个方面进入符号世界。如果仅满足于对过去学习内容的镜面反映，人类的文化就会僵化和停滞不前。因此，学生在感知符号世界的基础上，需要建构个人的符号世界，学会在人类不同的文化共同体中，实现不同符号世界之间的交往和沟通。学生根据自己的文化背景合理地理解学习内容，其实质是一种创作过程，学生只有在创造文化的符号活动中才能成为真正意义上的人。真正的学习无非是人对文化的无限创造过程，学生通过不断建构自我文化而实现自身的发展和完善。

学生应用扬弃兼容的学习行为对待学习内容，实现对学习内容的选择、理解、继承与创新。学生进行学习不但要获得知识，而且要获得探究和设问的能力。在知识爆炸的创新时代，获得学习能力和创新能力比获得具体的知识更加重要。学习内

---

① 江畅，周鸿雁. 幸福与优雅［M］. 北京：人民出版社，2006：87.

容不仅需要传递社会文化知识,还应引导学生产生创新的能力。学生在形实并举价值倾向的基础上,实现对学习内容的选择、理解、继承和创新。

第五节 学生处理与学习环境(技术)关系的学习智慧

学习环境回答"在什么条件下学习"的问题。所谓环境,就是人类赖以生存和发展的外部条件的总和,即人在社会生活中所依据的社会条件与自然条件的总和。① 根据环境对人类生活所起的作用,可以分为积极环境和消极环境。积极环境对人类活动起促进和激励的作用,消极环境对人类活动起阻碍和抑制的作用。积极的、适当的学习环境对人的发展作用是毋庸置疑的。正如鱼儿在水里能自由自在生活,而在沙滩上却会濒临死神的召唤。适当的学习环境对于学生学习的作用是毋庸置疑的。对学习环境的理解,可谓是众说纷纭:有人认为,学习环境是提供学生相互合作、相互支持的条件总和,是学生通过使用多种工具和信息资源参与解决学习问题、实现学习目标的学习场所;有人认为,学习环境是为学生提供充分信息资料和教学辅助手段的地方;有人认为,学习环境是学习赖以持续进行的情况和条件;有人认为,学习环境是学习资源和人际关系的组合②;有人认为,学习环境是学生在学习过程中可能与其发生相互作用的周围环境

---

① 叶瑞祥. 学习学概论 [M]. 广州:广东高等教育出版社,1997:326.

② 何克抗,李文光. 教育技术学 [M]. 北京:北京师范大学出版社,2002:187.

和组合①；有人认为，学习环境是独立于学生之外的不以人们意志为转移的客观存在②；有人认为，学习环境能帮助学生控制和管理自己的学习系统，包括建立学习目标、管理学习内容、控制学习过程和支持学习交流；等等。

笔者认为，学习环境是学生学习活动赖以进行并作用于学习过程的复杂系统。可以根据不同的分类方式对学习环境进行分类。根据学习环境产生的依据分为自然环境和人为环境。根据学习环境占有领域分为时空环境和精神环境，由此组合形成了四种学习环境：自然时空环境、自然精神环境、人为时空环境和人为精神环境。自然时空环境包括空气、水、阳光等；人为时空环境包括活动场所，如教室、教学楼、各种资源、工具、技术等；自然精神环境和人为精神环境主要指弥散在学生学习过程中的学生与学生的情感、学生与教师的情感、学生与学校领导的情感、学生与学校其他工作人员的情感。

学习环境对学生的学习行为起支持和阻碍的作用，同理，学习环境对实现学习智慧品质的作用是显而易见的。一只小鸡在孵出后的几小时，就能准确地啄食。眼睛看东西和身体及头部的啄食准确协调，小鸡先天本能相对完善，经过几次试验就可以准确啄食了。人类则没有相对完善的先天本领，婴儿出生后六个月，能拥有大量尝试性的本能反应以及跟着这些反应得到许多经验，并准确地把伸手抓物的动作和视觉活动协调起来。学生在学习环境中生活，积极的学习环境能给其学习活动或行为以营养，如学习环境中的信息技术，对学生追求高阶能力发展具有推动作用，

---

① 陈琦，张建伟. 信息时代的整合性学习模型——信息技术整合于教学的生态观诠释［J］. 北京大学教育评论，2003（3）：90-96.

② 叶瑞祥. 学习学概论［M］. 广州：广东高等教育出版社，1997：326.

促进学生高阶思维能力发展。反之，消极的环境可能阻碍学习的发展。因此，在学习过程中，学生应充分认识环境中的积极和消极成分，以便能动地适应学习环境。

在学习过程中，学生不仅要能动地适应环境，而且要创造性地使用环境。学生有效地使用学习环境将会是未来学习化社会发展的重要推动力，学生对学习环境的创造性使用，对促进社会健康、持续和深入发展具有重要的现实意义。学生需要对学习环境的价值和行为进行平衡（选择），这将直接影响学生学习品质的实现。

学习环境对学生的学习价值选择和学习行为选择起到举足轻重的作用，学生对学习环境的能动适应、创造和超越又能充分展示学生的学习智慧品质。为了更好地说明学习环境对学习的作用、学生与学习环境关系中的学习智慧品质，在众多学习环境中，笔者选择学习技术作为人为时空环境的代表，揭示学生应如何对待学习环境，应如何选择学习环境价值和学习环境行为。

选择学习技术作为学习环境的代表主要基于以下考虑：第一，技术渗透到学习领域是一个不可逆转的时代潮流。以计算机为代表的信息技术飞速发展，在充分改变人类生活方式的同时，也逐渐改变着学生的学习方式。当下学生的学习方式与他们父母辈的学习方式截然不同，学生利用计算机连接网络，能突破学习地域和时空的限制，随时随地地进行学习，学习技术的发展给学生的学习生活带来了机遇和挑战。如何迎接学习环境变化所带来的学习机遇和学习挑战将是学习领域必须探讨的重要主题。第二，学习技术是学校为了改变学生的学习现状，依据学习需要而设计、服务学生学习发展的一种人为环境，最能展现学习环境的工具性价值和目的性价值。学习技术的工具性价值是指学习技术在学习过程中所能体现的它本身的固有属性，如投影仪是扩大的眼睛,扬声器是扩大的耳朵等。学习技术的目的性价值在于学习技术能够实现为学生发展服务的目的。学习技术的使用,是为了促进学生更好地学习、更好地发展。第三,学习技术正悄无声息地改变着学生的学习方式和教师的教学方式。如何在课程改革中使用学习技术是一个重要的研究话题。目前,以因特网为核心的综合信息技术正悄无声息地渗透到社会各个领域,信息技术引起的一系列变革是21世纪变革学习的重要途径。学习技术在学习过程中已引起了巨大的改变,改变学生认识事物的过程,改变学习内容和学习形式,改变教师、学生、教材三者的关系。① 学习技术在学习中的运用风生水起,势不可挡。基于以上考虑,以学习技术为代表探讨学生与学习环境的关系是合乎时代和研究发展需要的。学习智慧强调学生在处理与学习技术的关系时,应该避免过度和不及的学习技术价值和学习技术行为,学生在技术合和的价值观导向下,实现对学习技术的创生,即学生能动适应、创造和超越学习技术(见表4-5)。

表4-5 学生处理与学习环境(技术)关系的学习智慧

价值平衡		行为平衡	
技术异化	技术膜拜	排斥技术	追逐技术
技术合和		技术创生(能动适应、创造、超越)	

一、技术合和:技术异化—技术膜拜的学习价值平衡

在复杂的学习情境下,学习技术对学习的作用是显而易见的。学生在处理学习技术方面,需要对过度和不及的学习技术价值进行平衡。学生需要平衡的学习技术价值包括学习技术异化和

---

① 黄荣怀,杨俊锋,胡永斌. 从数字学习环境到智慧学习环境——学习环境的变革与趋势 [J]. 开放教育研究,2012(1):75-84.

学习技术膜拜，学生应持学习技术合和的价值观念，从而实现学习技术为我所用。

(一) 技术异化

当学生认为技术对学习是无用或者是有害的时候，就会产生学习技术异化观。学习技术异化观认为技术对学生和学习的发展起阻碍作用。兰登·温纳认为技术现在成了一种导管，不管人们决定在其中放入什么目标或意图，它都不可避免地流出特定的产物。技术相对于自然而言本身就是一种异化的存在，它所造就的是一个人工自然。所谓技术，从其出现的那天起，就是反自然的。技术……只要使自然发生某种变化，就要引起自然的破坏。因此不会有什么绝对安全的技术。现代技术不是以实现目的为单纯的手段，而是构成了世界的一部分，它直接决定人与事物的关系。人类从技术需要的角度把事物变成加工统治的单纯客体，技术在某种程度上表现出对事物的损害和毁灭。整个世界被物质化、功能化和齐一化，事物的真实性、丰富性和实体性被剥夺。人的社会空间和私人空间遭到技术的侵犯与损害，一种单面的思想和行为模式诞生了，人逐渐失去了其丰富的自然本性，成为马尔库塞笔下的单面人。① 技术异化的学习价值形成的主要原因有两点：其一，错误地视学生使用学习技术的结果为学习技术本身的价值。如有些家长将学生的学习失败进行简单的归因，认为学

---

① 单面人 (one dimensional man)，又译"单向度的人"，是马尔库塞在其重要著作《单面人——发达国家精神意识形态研究》中提出的一个概念。马尔库塞认为，由机器、技术、市场、物质产品等元素构成的"现代社会"是一个单面的社会，它在提供丰富的物质资源满足人的物质需求的同时，压抑了人的精神自由，它的标准化、批量化、模式化把统一的行为和生存方式强加给个人，从而泯灭了个性。在这个社会内，人变成了单面的人，一方面满足于享受物质的丰富性，另一方面在社会的各种宣传媒体的刺激下满足于享受社会设计和控制的精神资源。

习失败的主要原因是计算机网络对学生的影响。计算机网络万恶不赦，使学生沉浸于玩游戏；计算机网络破坏了原有的学习生态环境，罪大恶极。其二，学生由于长期处于技术控制的学习时空环境中，缺乏思考的时间，学生的主动性和能动性必然受到严仰。在学习过程中，学生如果过分依赖学习技术，可能会丧失一些基本的学习能力，譬如计算器在数学学习中的使用，学生凡遇算数问题，就马上使用手机或电脑中的计算器，而忽视用脑运算，长此以往，脑的思维运算痕迹逐渐消退，学生的思维就会钝化。以上这些方面都迫使人们产生技术异化的观点。

（二）技术膜拜

技术膜拜是指人心理上对机器、硬件、器皿，系统、组织方法和技巧产生的一种敬佩心理，并且无条件地服从它。学习技术膜拜是学生没有充分考虑技术属性的前提下，认为技术具有万能性，一味追求技术，无条件地、盲目地在学习中使用科学技术。影响学生拥有技术膜拜观的主要原因有三点：其一，学生充分意识到技术给学习生活带来的巨大的机遇。人类飞驰在高速发展的技术轨道上，技术给人类带来了巨大的利用和改造世界的力量。人类相信技术带给人类的巨大便利，通过驾驭技术，坚定了改造世界的信念。学习技术引入学习领域，带来了学习的一系列的变革，主要表现为①学习技术实现了学习内容载体的变革。由于技术的发展，文字载体实现了从甲骨、青铜、玉石、简帛、纸张到光盘、U盘、硬盘等的变革。知识载体形式的变化产生学习内容的运输、交流、检索、共享、复制和删除等便捷之道，促使学习内容成倍增长，学习效率显著提高。②学习技术带来了学习内容呈现方式的变革。在传统的课堂学习中，学习内容的呈现主要借助文字、图像和模型，而通过现代技术的使用，学习内容可以综合声音、图片、动作，使三者完美地融合在一起。学习内容可以通过多媒体方式呈现，以多种通道与学生发生联系，大脑对事物的感知就会形成纵横交错的神经联络，学生由多通道获得的知识也就越来越系统和完善，形成的知识网络结构越发缜密。研究表明，对同一事物的认识，来自多感官形成的信息系统比单向信息系统稳定，学生可再现和提取的途径也会越来越多。"同样的学习材料，采用传统口授的方式，只让学生听，三个小时后能记住60%；只让学生看（纯视觉），三个小时后能记住70%；视听并用，三个小时后能记住90%。三天后，三种学习方法的记忆率为15%、40%、75%。"① 这方面的数据激发学生追求学习技术的动机。

其二，学习技术满足了工具理性引导下人们对高效学习的追求。在学习过程中，学生希望通过使用技术为学习铺开一条"康庄大道"，进而实现高效学习的目的。学生想方设法在学习中使用学习技术，通过学习技术便捷高效地解决学习问题，学习技术成为学习过程中不可或缺的组成部分。

其三，学习技术拓宽了学习的时间和空间。①通过学习技术的参与，学生可以突破传统学习空间限制：学生不仅可以在真实的空间学习，还能在虚拟的空间学习。②学习技术可以使人灵活地调控学习时间，学生可以根据自身的需要，在不同的时间段进行学习，突破了传统学习要求时间统一性和固定性的限制。③学习技术在某种程度上延伸了人的各种感官：如电视机是眼睛的延伸，移动电话是耳朵的延伸，电脑和计算器等是大脑的延伸等。以上这些都充分说明学习技术使学生的学习更加便捷和灵活。

（三）技术合和

学生需要深入认识自身与学习技术的关系，充分利用学习技

---

① 汪基德. 现代教育技术原理与应用［M］. 开封：河南大学出版社，2007：25.

术为学习发展服务。学习技术的价值选择不是异化技术也不是膜拜技术，而是在二者之间寻求一种平衡，从而实现学习技术为我所用，学生需要形成技术合和的价值观。

技术合和是指学生在使用学习技术的时候，不仅考虑到学习技术的功能、作用、使用范围，还能让技术充分展示本身的优势，实现技术为学生的学习发展服务，具体体现为学习技术的和谐合和使用。和谐强调学习技术目的性价值，学习技术能为学生的学习和学生的发展服务。合和强调技术的工具价值，学习技术能适应当时的环境，并能充分展示学习技术本身的优势。技术合和的学习价值强调学生不但能充分利用学习技术，在学习技术优势得到充分体现的情况下，还要实现学习技术为学生发展服务的目的。

案例4-11

"含羞草怎么枯萎了？"小组组长肖同学最近闷闷不乐，小组成员也感觉到沮丧。"有没有浇水？有没有晒太阳？"老师通过观察含羞草，发现其叶子全部枯萎了，有些已经掉落下来了，只剩下光秃秃的茎秆伫立在那里，这究竟是什么原因？

王同学建议大家通过网络搜索资料的方式来解决问题。老师立即表扬了王同学，表扬他拥有发现问题并能寻求各种途径解决问题的能力。于是同学们来到老师的办公室，通过百度搜索含羞草的相关信息，一连串的资料就跳了出来。通过筛选对照，终于得出了枯萎的原因：含羞草是一种极为娇嫩的植物，它不能生长在过冷或过热的环境中；浇水要适度，不能过多或过少；晒太阳要恰如其分，不能过多或过少。因为这种植物只能生活在10度以上的环境中，如今的温度低于含羞草生长所需要的环境，因此导致其枯萎了。最后，同学们通过商量，决定将含羞草放置在空调房,定期给它晒太阳,给它浇水。①

在案例4-11的综合实践活动课中,学生首先不是立即去求助计算机网络,而是先通过对含羞草死亡的原因进行经验性的分析,当学生的经验无法解决问题的时候,学生才开始求助网络,充分体现了学生的技术理性。学生通过网络搜索信息,得知含羞草死亡的原因,充分展示了学生良好的学习技术品质。一方面,计算机网络在学习过程中被恰当地使用,充分展示了学习技术的工作价值属性。计算机的功能得到了充分的展示,网络优势也得到了彰显。另一方面,实现了学习技术的目的性价值。学生通过搜索网络,得知含羞草枯萎的原因,达到了学习的预期目的,实现了"物物而不物于物"的学习目的。因此,在对待学习技术时,学生应该充分意识到自己在学习中的主体地位,不能使技术凌驾于学习之上。此案例充分展示了技术的工具价值,同时也实现了技术为学生学习发展服务的目的性价值。

二、技术创生:排斥技术—追逐技术的学习行为平衡

排斥学习技术和追逐学习技术是学习智慧中需要平衡的两种极端的学习技术行为,通过对二者进行平衡,可实现良好的学习技术品质。学生能让学习技术为自己的发展服务,实现技术创生,即学生能动地适应、创造和超越学习技术。

(一)排斥技术

在技术危害价值观念的引导下,学生认为学习技术罪大恶极、不可饶恕,就会将学习技术拒之门外。学生若用不屑一顾的态度对待日新月异的学习技术,就会导致其无法适应高速发展的时代;忽略学习技术给学习带来的机遇,将会使学生错失

---

① 张华,安桂清,等. 综合实践活动课程开发与案例研究[M]. 北京:高等教育出版社,2008:171.

许多宝贵的学习机会。譬如，逃避使用学习技术就会使学生失去获得丰富学习资源和资料的机会。如今大部分的学习资源可以通过网络获得，若拒绝使用学习技术，将无法享受网络带来的便捷服务。以往阅读一本书非要到书店或图书馆才能获得资源，如今只要点击鼠标，通过电脑连接网络就可以获得该书的电子信息。技术在日新月异地向前发展，如果在学习方式上还是故步自封，不能与时俱进，学习的发展速度就会跟不上时代的发展需要。

（二）追逐技术

追逐学习技术是在膜拜学习技术价值观下产生的一种学习行为，学生非常重视学习技术带给学习的机遇，当学生过度追逐和沉湎于学习技术，就容易在处理学习技术带来的负面后果时感到措手不及。

其一，学习技术带来了浩瀚如海的信息，以致学生在搜集信息的过程中，过分享受了搜集的过程，而忽视或忘却了学习的目的。正如学生在知识海洋中泛舟，忘记了泛舟的目的和方向一样，导致学生花费大量的时间搜集资料，最终只获得一些与预期学习目标相去甚远的无用信息。在此种情况下，学习技术不能带来高效的学习，反而会降低学习效率。

其二，学习技术打破了学生集中思维的习惯，不利于学习思维能力的培养。学习时间的碎片化不符合学生思维流畅性的发展需要，思维的锻炼和发展需要连续性的时间做保证，而学习技术的参与把学习时间进行分节分段，这种零散的学习时间极大地阻碍了学生思维能力的发展。

其三，辨识能力差的学生容易受到学习设备的牵绊，容易产生技术依赖，从而失去学习的自主独立性。由于学生过分依赖学习技术，离开了技术就不能学习或者不会学习。首先，学生逐渐沦为学习技术的一个部件。学生无限度地追逐学习工具和设备，无条件利用学习技术进行学习,希望学习技术带来无限的可能性,最终导致学生被学习技术控制,学生失去了学习的独立性;学生成为众多学习技术中的一个小小的部件,最终变成整个技术系统的一部分或一台学习设备(学习装置)的一个零部件。其次,学习技术日益扩大到学习领域,学生主体地位日渐萎缩。学生对学习技术日益恭顺,大量的精力和时间用来适应学习技术。有人推断,终究有一天机器将变成这个世界的真正主人。芒福德讽刺性地描述了人们在追逐机器的时候,其思想和行为会身不由己地被机器控制。①"人被坐落在此,被一股力量安排着、要求着,这股力量是在技术本质中现实出来的而又是人自己所不能控制的力量。"

其四,学习技术将带来人际关系的淡漠和学生内心的孤寂。学生沉湎于学习技术,面对具体的学习问题过分依赖学习技术,忽视同伴间的交流,忽视师生的互动,学生与教师以及学生与学生的交往频率呈下滑趋势。一方面,根据社会心理学的观点,交往频率影响人际关系的亲疏。由于学习技术的渗透,学生与教师的交往方式从"生—师"关系逐渐演变为"生—机器—师"的交往方式。由此可见,学习技术涉足学习领域必然导致师生关系淡漠。另一方面,生生关系也招致严重的袭击,学生集体交往环境被割裂,学生内心变得越来越孤独和寂寞。

其五,学习技术将使学生丧失想象力和创造力,异化学生的本质。首先,当学习技术完全侵占学习领域的时候,必然导致学生想象力和创造力的丧失。我们要反思:学生对语文课程中美的感知,是否需要借助现代学习技术?当学生成为技术的一部分,技术控制学生学习的时候,学生便成为技术的附庸。其次,在技

---

① 〔美〕Lewis Mumford. 机械的神话[M]. 钮先钟, 译. 台北: 黎明文化事业股份有限公司, 1976: 192.

术的支配下，学生被异化为待加工的原料，一经加工，学生就演变成没有思想、没有感情的机器，学生从此被器具化。总之，学生过度追逐技术，使学习活动丧失了人文向度和价值属性，学生的主体性和创造性就难以得到充分的展示和张扬。

(三) 技术创生

在学习技术合和的价值倾向下，学生的学习技术行为品质表现为学生能实现技术创生，具体表现为学生能动适应、创造与超越学习技术。

1. 学生能动适应学习技术

学生对学习技术的能动适应不同于一般意义上的适应。后者是指人为了生存被动地与周遭环境保持一致，人在适应环境的过程中被动地做出行为反应，无法选择任何外来力量以适应不可控的突变，为了控制这些突变，不得不忙于奔波。能动适应主要是指人的一种主动迎接新事物的积极反应，强调人的主观性。随着信息技术的高速发展，人类的工作方式和生活方式发生了翻天覆地的变化，甚至改变着人的能力观、知识观和学习观。学生必须接受学习技术带来的机遇，同时迎接学习技术带来的挑战，主动积极地适应学习技术。学生对学习技术的能动适应是指学生在感知学习技术带来的便利的前提下，积极地将学习技术投入学习中，让学习技术为学习服务。首先，充分认识到学习技术带来学习的便利。技术逐渐渗透到学习领域，便携化、个性化、手持式的学习方式可能成为未来学习发展的方向。由移动学习设备引起的非正式学习方式正在逐渐扩大，学习技术使学习不再受时间、地点的束缚，学生可以按自己的意愿支配学习时间，实现随时随地的学习。其次，充分了解学习设备的功能，充分发挥学习技术的工具价值。了解不同学习设备的功用和使用范围，并掌握学习设备的操作方法，控制学习设备使用的场景，尽量让学习技术物尽其用，让学习设备的技术功用发挥到极致。

2. 学生创造和超越学习技术

学生对学习技术的创造和超越主要是指学生不仅能准确而高效地使用学习技术,而且根据需要对学习技术进行改进以适应学习需要。在学习过程中,技术本身只是一种达到目的工具和手段,它与价值无关,没有好坏、善恶及对错之分。学生是学习技术的主体,学习技术只是学生学习的工具,学习技术自身不可能发生任何作用。只有当学生有目的和有意识地使用学习技术的时候,学习技术才会发挥其特有的功能。雅斯贝尔斯在《历史的起源和目标》一书中认为:技术仅仅是一种手段,它本身并无恶意。一切取决于人从中造出些什么,人以什么目的使用技术,人将其置于什么条件下使用。① 技术与伦理、政治无关,技术所关涉的全部领域都是价值中立的,没有善恶、美丑、好坏之别,它不过是达到目的的一种中性手段或工具体系。② 学习智慧强调学生能够做到"物物而不物于物",即驾驭外物(物欲),而不为外物(物欲)所驱使。

学生需要突破学习技术的束缚,实现学习技术为自身发展服务的目的。随着技术的发展,一张指甲大的芯片就可以存放两年《人民日报》的信息,现代人一年获得的信息相当于17世纪一个人一生所获得信息。计算机正在以惊人的速度全速前进,从来没有一种机器能发展得如此之快,计算机将逐渐成为学生的学习工具。在经过模仿人的简单学习形式的最初阶段之后,计算机回过头来,或者以计算机辅助学习的方式,或者以隐喻模型的方式充当教员,在学习过程中发挥着重要作用。人们在享受计算机带来的学习便捷的同时,应时刻警惕学习技术对学习的控制,以防计

---

① 〔德〕冈特·绍伊博尔德. 海德格尔分析新时代的技术[M]. 宋祖良,译. 北京:中国社会科学出版社,1993:11.

② 许良. 技术哲学[M]. 上海:复旦大学出版社,2004:133.

算机完全取代学生特定的、特有的学习。因此，对待学习技术，在能动适应的基础上，要对其进行创造和超越性的使用。

学生对学习技术的创造和超越会产生以下几个方面的效果：一方面，学生对学习技术的创造性使用，能突出学生在学习中的主体性，但又不失对学习机器的合理运用，打破了传统主客二元对立机械论世界观，提出系统整体性世界观，突出了人在学习技术中的主体地位与责任，同时也彰显了学习技术的本质；另一方面，学生对学习技术的创造和超越能实现学生和学习技术的协调发展，即学习技术不应成为学习活动的遮蔽，使学习活动蜕变为学习技术的附庸或表演，学习技术应把学生从繁琐沉重的学习活动中解放出来。学生在体验学习技术带来学习变革的同时，通过学习技术的使用，理解它们给学习带来的潜在影响，但不能幼稚地相信学习技术本身能够改变学习活动复杂且困难的局面。通过使用学习技术，学生在学习中更能体会学习的自由和快乐。

第五章　学生学习智慧的形成过程及机理

　　学习智慧的形成是一个复杂的动态过程，学习智慧是学生在学习实践中不断形成和发展起来的，是主体的实践理性在学习中的运用。学生需要认知感悟学习规范，通过不断调整和内化，形成学习信念，自觉地对过度和不及的学习价值和学习行为进行平衡，从而形成良好的学习品质。这是学生不断感悟，将外在的学习规范不断内化为学习信念的过程。这是学生将学习信念通过主体实践不断外显为个人学习品质的过程。在此过程中，影响学习智慧生成的心理机理主要包括学生的认知感悟能力、情意自制能力和平衡（选择）能力。此外，合理的教育机理能有效促进学习智慧的形成，如课程、教学、教学环境及教学评价。

第一节　学生学习智慧的发展阶段和过程

　　在论述学习智慧形成过程之前，我们试图通过儿童了解、掌握和运用游戏规则的过程来说明学生获得学习智慧的过程。在日常生活中，小孩开始学习玩弹子游戏，年长的儿童和会从事此游戏活动的儿童教会初学者遵守游戏规则；经过锻炼，小孩逐渐形成在任何场合都会发自内心地遵守规则。经由此例，进行类比推理，学生的学习智慧品质养成是否也经历了学生掌握游戏规则的类似过程呢？此过程究竟包含了哪些步骤？

一、学生学习智慧的发展阶段

在刚开始学习游戏的时候,儿童游离于游戏规则之外,在年长儿童的教导下,逐渐掌握了规则,并以一种内在的指令性行为要求自己在玩游戏的过程中严格遵守。通过儿童不断练习,遵守游戏规则逐渐成为自己的一种习惯。由此类推,学习智慧的形成也经历了三个不同的学习阶段:外部的社会学习规范、内部的学习信念、学生个人外显的学习品质。

(一) 学习规范

康德认为,人的行为必须遵循外部普遍的规范,只有外部规范与自身设定的法则一致时,人才会感受到意志自由。因此,学习规范是学习过程中一种外在的道德要求,是学生采取行动时必须遵循的一种义务。

1. 规范的内涵

规范是描述事物应该如何的法则和标准,主要讨论何种性质为善,何种选择正确,何种价值与行为应受到表扬,何种价值与行为应受到谴责等。规范越普遍,越能反映事物之间的联系。人们从不同的视角出发,对规范存在以下主要的观点:实在论观点认为真实就是规范的;唯意志论认为规范来源于具有立法权威的行为者颁布的命令和意志;反思性规范认为道德价值或规范建立在人性之中,规范源于反省,规范性要求源于行为者自身的意志,规范性法则就是行为者自身意志的法则。以上这些解释从某种侧面反映出规范的内涵,综合起来,规范可以理解为人们通过长期实践归纳总结的、被普遍认可而约定俗成的价值观念和行为准则。

(1) 规范的重要性。规范赋予人性向善的预设和预期,它充分体现了对人性追求美好价值的认同。规范给予人一种美好的规定性,确定了人在允许范围内的一种外在许可。规范对人类的发展至关重要，大有裨益。邓小平指出好的制度可以使坏人无法任意横行，制度不好可以使好人无法充分做好事，甚至会走向反面。对国家而言，良好的规范有利于国家的繁荣和稳定，国民丰衣足食，幸福指数高；不好的规范，则可以导致国家动荡和衰退，国民民不聊生、流离失所，幸福指数低。对家庭而言，良好的规范有利于家庭和谐和幸福；相反，不好的规范或没有规范会阻碍家庭的兴旺和发达。对个人而言，良好的规范有利于形成良好的行为习惯，有利于自我发展的实现，反之亦然。日常生活中"没有规矩，不成方圆"，充分地揭示了规范对人行为处事的重要性。

（2）规范产生的原因：第一，规范存在的必要性在于对人的动物性的必然规约。人源于动物这一事实决定了人永远不能完全摆脱兽性，兽性的摆脱存在程度上的差异，这就决定了兽性或人性的差异。人具有兽性的一面，必须加以抑制。在各种不同欲求的人组成的社会中，如若放纵每个人趋利避害的天性，必然会因为利益而相互冲突、争斗和残杀。为了避免此种争斗的出现，规范就有了产生的必要性。第二，人类物质有限性和人类欲求无限性的冲突也必然要求人类思考用何种方式来进行利益的取舍，用何种方式来分配资源，从而减少人们之间伤害性行为。为了实现彼此的利益，彼此协商逐渐成了人与人交往的规范。这些规范不断地在实践中巩固，随着人类不断发展逐渐得以完善。第三，人类的理性思维使人拥有接受和遵守规范的可能性。人拥有理性思维的能力，能用理性控制感性，能用感性点化理性，故人拥有遵守规范的可能性。

（3）规范的人为性与人对规范的依赖性。规范的人为性主要通过与规律的对比展示出来。规律具有客观自在性，不以人的意志为转移，不以主体是否承认为标准，不以主体是否接受为依据，不以主体是否理解为凭证。规律发挥其本身所固有的作用，影响着社会生活；而规范具有人为性，在其建构或制定的过程中，主体可以决定是否让规范出现，以何种形式表征规范，什么时候执行规范。规范不仅要告诉人们该如何去做，而且应该包含这么做的理由。规范在社会实践中约定俗成，并得到普遍认可，不以个人的主观意志为转移。个人从出生那一刻就被赋予了社会性，无法选择既定的社会规范。正如社会学家米德所述，人的自我不是孤立产生的，需要通过自我不断判断，在符合他人期盼的基础上，做一些自己的事情，最终形成一个社会规定的自我。人拥有两个侧面，一个是主体的我（I），拥有独立意识和主观能动性。另一个我，是社会规定下的我（me），做宾语，说明一个人的成长离不开社会规范，需要遵守公共意识，并积极地和它们互动。

2. 学习规范内涵

根据规范的本质和学习的本质，在综合学生特殊属性的基础上，我们认为学习规范是社会规范中的一种，是独立于学生主体之外的一种绝对的命令，是学生在学习过程中约定俗成的，被普遍接受的学习价值和学习行为准则，是学生必须遵守的外部责任。[1]

良好的学习规范是调整学习价值和学习行为的参照标准，是学生展开学习实践的前提。学习规范越具有普遍性、抽象性，就越具有引导性。首先，学习规范具有普遍性和抽象性。学习规范不是经验的，也不是从偶然的经验中抽象出来的，学习规范不能掺杂经验，因为学习规范源于对学习规律的普遍认识和掌握，具

---

[1] 康德从不同维度对责任进行了划分，归结起来可分为对自己的完全责任、对他人的完全责任、对自己的不完全责任和对他人的不完全责任。〔德〕康德. 道德形而上学原理［M］. 苗力田，译. 上海：上海人民出版社，1986：9.

有抽象思辨的特点。其次，学习规范具有引导性。学习规范不是纯粹思辨的规则，而是具有最高的实践原则，为实践确定了方向。因此，学习规范为学生提供价值选择和行为选择的参照标准。

（1）在科学技术飞速发展的今天，学习规范非但不能缺少，反而越来越显得重要。在第三次科技浪潮的推动下，互联网给人类生活带来了便利，改变了人的生活方式，也使学生的学习方式和交往方式发生了翻天覆地的变化。随着物质生活越来越富裕，学生的个人生活越来越独立，私人空间的自由度越来越大，学生也越来越强调个体性。在信息越来越丰富的今天，学生的平等意识、独立意识和自我意识不断觉醒，越来越强调个体思想和观点的表达，却容易忽视对他人思想的关注，学生更容易产生语言暴力。因此，面对新时代的学生，学习规范非但不能抹去，而且不可或缺。学校应建立良好的学习规范来引导学生，这不但没有抹杀他们乐于分享、善于表达的优良品质，还能使他们表达适度。因此，学习规范的合理性和适当性就显得尤为重要。

（2）学习规范是一种外在于学生的客观外在必要性。学习规范是社会实践活动的产物，并随着时代的发展而发展。学习规范具有普遍性、确定性等特点，这也决定了学习规范具有绝对性的特点。学习规范是个体选择学习价值和学习行为的依据，而不是学习价值和学习行为本身，不能决定个体学习选择的现实；学生只能在学习过程中恪守学习规范，并依据这些规范进行学习价值和学习行为的选择。学习规范是一种外在于学生、活跃于学习要素和学习关系之中的客观存在，必须通过主体的认知感悟才能进入学生的认识系统。在进入学生的认识系统之前，它是以命令的方式存在于学生意识之外，当学习规范充分内化后，才会转化为个体自我信念，成为学生自我意识的一部分。

（3）学习规范的范围涉及学习因素规范和学习关系规范。其中学习要素规范主要包括学生规范、学习内容规范、学习环规范、学习他人规范。学习智慧最终通过学生的良好学习品质（学习价值品质和学习行为品质）表现出来。学生良好的学习品质建立在学生对学习规范的理解之上。因此，学生需要对学习关系进行感悟，需要对学习关系中过度和不及的学习价值和学习行为进行感知，在二者之间进行平衡，从而选择合适的学习价值和学习行为，形成良好的学习品质。

（二）学习信念

学习规范只涉及外在的学习原则的制定，不涉及个体学习品质的实现。虽然学生掌握了学习规范，但却难以将这些规范落实到学习行动中，知与行划界分明，难以契合。在知与行之间，应建构一座桥梁，将二者融会贯通，使知与行有机联系起来，从而突破学习智慧的"瓶颈"。所以，在学习规范与学习行为品质之间，必然有一个既连接学习规范，又连接学习行为的纽带，能够将外部的规范主动内化，将内部的意志外化，这便是学习信念。

1. 信念的内涵

为了更准确地理解学习信念的内涵，应对信念进行具体的内涵阐释。

在哲学领域，信念是一个重要的范畴，随着概念的不断拓展，信念如今已进入哲学、心理学、文化学、社会学、教育学诸多学科视野。在哲学领域，古希腊哲学家巴门尼德最早使用了信念一词；柏拉图认为信念是一种灵魂的状态，他提出知识作为得到证明或辩护的真信念而存在[①]；斯宾诺莎认为信念是知识的一种；康德认为信念在主观上有充足的根据，客观上却存在根据不足的局限性；唐纳德认为信念是由身体内外事件引起的意向、愿

---

① 〔古希腊〕柏拉图. 理想国［M］. 张子菁，译. 北京：光明日报出版社，2006：102-106.

望而形成的一种状态。① 西方哲学家对信念的理解，至今尚未统一的定论。目前，有人认为信念是人们在主观意识的支配下，在遵照规范的基础上形成的一种主体行动的原则。信念包含着个体的世界观、人生观和价值观。在心理学领域，苏联心理学家克鲁捷茨基认为信念是关于自然界和社会的某些原理、见解、意见、知识。② 在文化学领域，英国的佩蒂格鲁认为信念是意识形态、语言、仪式和神话的集合体。在社会学领域，信念由经大众传播而形成，通过强化获得真理的名号。③ 在教育学领域，信念是个人在教学中尽力追求或维持的主观价值。

由对信念的内涵分析可知，信念具有跨学科性和内容复杂性的特点，信念不是与生俱来的，而是人在生活实践中，在深刻认识客观世界现象、知识和规律的基础上，经反复积淀而形成的主观对客观事物稳定的认知、情感、意志和态度，是主观理性与客观现实相符合的实践规则，是主体行动所依据的基本命题。信念不同于客观规律之处在于客观规律是用来陈述事物客观存在的必要性，信念则是宣示某一行为的主观责任的必要性、约束性和强制性，是一种主体的自觉，语言表述的方式从"你应该""你必须"过渡为"我必须""我应该"。简而言之，信念就是主体为自己发布命令和颁布戒律，具有高度的主体自觉性。

2. 学习信念的内涵

学者们从不同的侧面提出学习信念的定义：学习信念意指学

---

① 〔美〕唐纳德·戴维森. 真理、意义、行动与事件——戴维森哲学文选［M］. 牟博，译. 上海：商务印书馆，1993：167.

② 〔苏联〕B. A. 克鲁捷茨基. 心理学［M］. 赵璧如，译. 北京：人民教育出版社，1984：71 - 72.

③ 〔法〕加布里埃尔·塔尔德. 传播与社会影响［M］. 何道宽，译. 北京：中国人民大学出版社，2005：165 - 189.

生对学习经验和学习知识所拥有的直觉认识,主要包括对知识和学习性质、学习过程等方面的直觉认识;学习信念是学生对学习与教育所持有的相对平稳的观点和认识;学习信念是以隐性和显性的方式存在于个体之中,是准确的主观意识;学习信念是对学习的特殊理解,包括认识、情感和行为过程的信念;学习信念是学习实践活动在头脑中的反映;学习信念是外显和内隐、无系统和系统的有机统一。笔者认为,学习信念是学生在充分认识学习规范的基础上,通过不断内化和整合已有的学习观念而形成的稳定认识,从而拥有践行学习行动的强烈主观需要。

判断学生是否拥有学习信念有两个主要的标准:第一,学生是否充分意识到主体的学习责任。学习信念是学习智慧形成过程中的必要环节,在学习规范和学习品质之间起沟通性桥梁的作用,是学生学习规范和学习品质形成的中间环节。学习信念帮助学生确定学习方面的思想、观点和基本假定,并能自觉、能动地按自我内在指令行事。如果学生不能主动决定自己的行为,而是出于外部动机,这就说明学生的行为缺乏主体的责任。康德认为,合乎责任的行为称不上道德行为,只有出于责任的行为才能称之为道德行为,具有道德价值。[①] 通过学习信念,学生的学习实践不是在学习规范的强制约束下进行,而是在学生主体学习认知、学习情感、学习意志统一的基础上形成的个人学习行动的主体自觉,是一种符合德性的行为。第二,学习信念是学生学习规范内化的产物,学生从此拥有了稳定的学习智慧的价值系统和学习智慧的行为系统。学习信念能将学生的知与行有机统一起来,使学生在自由意志的支配下自觉履行学习智慧品质。拥有学习信念可以避免以往学习中知与行脱离的情况,学生在学习过程中能

---

① 〔德〕康德. 道德形而上学原理[M]. 苗力田, 译. 上海: 上海人民出版社, 2002: 15.

够实现知与行的有效统一。学生面临特定的学习情境，知道在什么情况下做出什么样的决定，知道什么样的决定是正当的和适度的。当学生拥有学习信念，他就会不断坚守主体责任，就会主动将学习品质要求自觉践行在学习行为之中，使学习之知和学习之行有机统一起来，达到知行合一。

综上所述，学习信念是学习者在充分认知学习规范的基础上，通过内部情感支持在学习价值和学习行为方面形成稳定的心理认知结构、心理情感、心理意志，是学生的学习认知、情感、意志在高水平、高层次上的协调，是学生根据自己主观意愿去践行的一种责任意识，是学生从被动适应外部世界过渡到主动对外界事物进行选择、组织，并根据客观规律对其制定行动的原则。

3. 学习信念的特点和功能

学习信念具有稳定的认知结构，可以使人具有浓厚的学习兴趣和坚定的学习意志。学习信念比学习规范具有更持久的、终极的意义，它反映个体内部深层的、稳定的学习价值和学习行为倾向。学习信念在某种程度上游离于特定规范的实用情境。学习信念使学生拥有高度的自律，学生如若拥有学习信念就能拥有高度持久的动力，就能主动按照主体的意志要求行动，学生就能充分认识到自己的社会角色并能主动按照自我理解去行动。学习信念能使学生明确学习行为效果和社会价值，学习信念能使学生建立积极的学习效能感，对自我进行评价，并对学习行为后果做出主动评估，能意识到学习行为引起的结果变化。学习信念一旦形成，学生就会抑制欲望所诱发的任意性行为，有利于学生选择适度且高效的学习策略，进而提高学习成绩。

综上所述，学习信念能为学生个体的学习规范提供延续和发展的可能，学习信念为学习行为选择提供了一种方向性，学习信念具有学习规范所难以比拟的内在性、超越性与自律性。

(三) 学习品质

学习品质不同于学习质量，也区别于学习方法。学习品质是人终身发展与终身学习所必须具备的宝贵品质。1991年，美国国家教育目标委员会工作小组负责人在提交的报告中，首次指出"学习与发展"的五个领域：身体与动作发展、社会与情感发展、学习品质、语言发展、认知与一般知识。《3—6岁儿童学习与发展指南》的"说明"部分明确提出幼儿在活动过程中表现出的积极态度和良好行为倾向是终身学习与发展所必需的宝贵品质。目前，对学习品质的研究主要集中在心理学领域，关于学习品质的论述：凯根认为学习品质是伴随身体、社会性、情绪发展等一起出现的术语；学习品质是以多种方式进行学习的倾向、态度、习惯、风格等；学习品质异于学习技能，是学生通过各种途径去获得各种各样的技能；学习品质是在学习中表现出来的全部精神面貌[①]；学习品质具有非智力人格因素特点，它围绕着学生的学习目标，切实按照自身的特点安排自己的学习；学习品质在学习实践活动中形成，并通过学习实践活动表现出来；学习品质由学习动力、学习倾向、学习监控、学习策略、学习能力五个子系统构成[②]；学习品质是学生从事学习的一种精神和态度，是决定学习行为倾向性和独特性的心理素质，是思想品质、非智力因素在学习活动中的表现[③]，主要包括学习动力、学习习惯、学习方法。[④]

学习品质是学生在经历评价、判断、选择之后形成的具有个

---

① 葛明贵. 试论学习品质训练 [J]. 教育理论与实践，1998 (4)：44-48.

② 彭贤智. 对学习品质的结构与培养策略的研究 [J]. 唐山师范学院学报，2004 (1)：75-79.

③ 郑秉泇. 论学习教育 [M]. 天津：天津社会科学院出版社，1996：14.

④ 郑秉泇. 论学习教育 [M]. 天津：天津社会科学院出版社，1996：79.

体特征的学习价值和学习行为,是学生在学习中所表现出的适度的学习价值和学习行为。学习品质是学习规范在个体身上的体现,是学习信念的具体化,是学生学习智慧的内在使命。

二、学生学习智慧的发展过程

学生学习智慧的发展包括两个重要的过程:其一,学生将外在的学习规范通过主体价值追求内化为学习信念的过程;其二,学生将主体的内部信念通过平衡(选择)转化为个人良好学习品质的过程。

(一)学习规范到学习信念的学习智慧主体自觉

学习规范到学习信念的过程是一个由他律向自律转化的过程,是一个由知"善"到向"善"的过程,是一个由认知到认同的过程,是一个由"你应该"到"我应该"的过程,是一个合目的性和合规律性相统一的过程。学习规范向学习信念转化主要通过观察他人、模仿他人,从他人的学习言论和行为举止中不断感知和领悟学习价值和学习行为而形成的一种稳定的态度。学生通过不断感知和领悟,将外部学习规范内化为主体自觉要求的时候,就形成了学习信念。学生学习信念的形成强调客观世界对学生的影响,同时也强调学生对客观世界的能动反映。学生学习规范转化为学习信念不是简单地形成刺激与反应联结的过程,而是积极主动地形成新的完形或认知结构的过程。[①] 认知主义尤其强调知识是以网状的结构分布在大脑里的,通过不断地对知识进行理性建构,最终让自己的知识网络越来越丰富、越来越庞大。因此,将学习规范转化为学习信念,学生必须主动思考,主动建构,把外在的学习规范内化为主体知

---

① 屈林岩. 学习理论的发展与学习创新 [J]. 高等教育研究,2008(1):70-78.

识结构，并提升自身的理性水平。学习规范内化为学习信念可以通过两种机制：同化和顺应。所谓同化，就是个体将外在的学习规范纳入已有的认知图式（或已有认知图式吸纳外在信息）的过程；所谓顺应，就是个体已有的认知图式通过吸纳外在信息，不断地重组和改变而形成新的认知图式的过程。学生通过同化与顺应两种机制来平衡已有认知水平与外界学习规范，通过不断建构形成学习信念，而这个过程是个体不断自求自得、自悟自化的过程；学习规范内化为学习信念是学习规范由"他控"到"自控"的过程。学习规范是外在于学生的一种客观存在，在学生将学习规范内化之前，学生难以知"善恶"、辨"美丑"、识"真伪"，这就充分证明，学生建立学习信念很有必要。与此同时，我们必须考虑学习规范向学习信念转化的可能性，其可能性主要包括以下几个方面：

首先，学生是一个主体性的人，拥有选择和决定学习价值和行为的权利，通过自我意志，始终保持理性，拥有自我调节的能力，能对学习进行自我调节。皮亚杰认为自我调节是生命最普遍的特性之一，是机体反应与认知反应所共有的最一般的机制。① 有机体从低级水平发展到高级水平是一个无限发展的过程，其实质是有机体内部不断调节的过程。班杜拉也持类似的观点，他认为人是一种积极主动的生物，不是被动机械地适应外界环境刺激的生物。博卡茨认为自我调节包括认知和动机的自我调节，二者是平行且相互作用的关系，两种调节策略相互交融②，形成了自上而下和自下而上的自我调节系统。自上而下的自我调节是一种

---

① 〔瑞士〕皮亚杰. 发生认识论原理 [M]. 王宪钿, 等译. 北京：商务印书馆, 1981：68.

② 付桂芳. 自我调节学习结构模型的建构 [D]. 长春：吉林大学博士学位论文, 2004：55.

目标驱动的自我调节,它以获得知识、掌握技能、拥有资源作为目标;自下而上的自我调节又称线索驱动的自我调节,它是为了避免心理健康受到伤害而由环境驱动的一种调节方式。自我调节是学生处理冲突、调节冲动,树立和达成良好的稳定状态的能力。① 自我调节通过确定目标,充分利用资源和策略,调节自身行为,以实现他人与自己的目标②,包括目标的认识和选择、方向的修正和维持、目标的调整和终止。德西和赖安认为机体是主动地提高自身活动而不是被动等待组织失衡。通过分析得出自我调节是指个体为了达成某个具体目标,主动对自我认知、自我情感、自我行动进行相应的调整的行为。学生通过自我调节实现学习规范向学习信念转化,不断实现由他律到自律的转化。

其次,学习规范在特定的历史时期是真实的,具有合目的性和合规律性的特点。规范是社会发展到一定阶段的产物,是人们通过实践不断总结出来的,具有外在强制的约束力;规范是随时间的发展不断发展变化的。其一,学习规范是真实的。学习规范的真实性是指学习规范存在于学生与学生之间,存在于学生与教师之间,存在于学生与学习内容之间,存在于学生与学习环境之间。其二,学习规范是合规律性的。所谓合规律性是指学习规范在一定的范围是符合事物发展变化的。符合规律的学习规范是蕴藏在学习的发展变化之中,需要通过洞察才能把握。正所谓:"道可道,非常道。名可名,非常名。"③学生需要正确辨识学习

---

① 张劲松. 儿童早期的自我调控发展 [J]. 心理科学,2004 (3):687-690.

② 高丽. 中小学生自我调节特点及对学校适应的影响 [D]. 长春:东北师范大学博士学位论文,2011:85.

③ 《老子》。

规范中的"名"和"道",才能把握学习中的"道"。同理,"天行健,君子以自强不息;地势坤,君子以厚德载物"[1] 也充分说明学生通过掌握学习中的"道"来使自己更加具有主观性和能动性。其三,学习规范具有合目的性。所谓合目的性是指学习规范能在一定范围内为学生实现自身发展服务。学习规范不应限制学生的发展,而应为学生的发展提供合理的依据,能在学生学习实践中起到指导作用。

再次,学习规范对学生个体价值的需求性。价值是指主体对客体的肯定或否定的关系,用来标记客观事物的属性和主体需要之间的一种特殊的效用关系。当客体的属性满足主体需要并为主体服务时,客体与主体就构成了价值关系,客体就被认为是对主体有价值的。[2] 不同的价值需求会影响理解规范的深度,选择规范的强度和范围。希腊哲学家普罗泰戈拉说:"人是万物的尺度,是存在者存在的尺度,也是不存在者不存在的尺度。"[3] 此话充分表明人在世界万物中的主导作用。恩培多克勒深层次地说明人的价值取向对建构主观世界意义的重要性:"我们是以自己的土来看'土'、以自己的水来看'水'、以自己的气来看'气'、以自己的火来看'火'、以自己的爱来看'爱'、以自己'憎'来看'憎'。"[4] 价值取向犹如航海中的方向灯,指引着船只前进的

---

[1] "天行健,君子以自强不息;地势坤,君子以厚德载物"出自《周易》,意思是天道的运行是最健康的,君子通过顺应这种规律,使自己变得强壮,生生不息。

[2] 黄忠敬. 教育决策科学性的标准[J]. 教育理论与实践,2000(2):19-22.

[3] 北京大学哲学系外国哲学史教研室. 西方哲学原著选读(上)[M]. 北京:商务印书馆,1981:54.

[4] 北京大学哲学系外国哲学史教研室. 西方哲学原著选读(上)[M]. 北京:商务印书馆,1981:44.

方向。学习价值取向将引领学习的方向,不同的学习价值取向可以引发不同的学习行为。学习规范之所以能被同化和顺应,主要取决于学生的价值能在学习规范中被赋予,即学习规范能满足学生主体价值需要,能够提供某种价值供学生"享用",学习规范必须与学生个人价值意义在某种程度上具有关联性。心理学家表示:"对信息进行系统加工的程度部分地取决于信息涉及的问题是否与个人具有关联性。"[1] 在这种情况下,学习规范就会引起学生的注意,否则,学习规范就不能被内化。简而言之,学习信念是在价值导向下,学生主体对学习规范的取舍。

最后,学习规范内化的前提是学生具有优良的认知结构。因为这种内部结构在我们自身中存在并孕育着无限的发展潜力。根据建构主义学习理论,学生对学习规范进行同化和顺应的前提是学生拥有优良的学习认知结构,只有这样,学生才能从一种平衡状态走向另一种新的平衡状态,从而实现认知结构的变化。学生需要不断深入理解学习规范,对学习规范进行意义建构,只有这样,学生才能将外在学习规范内化为学习信念。

以上,我们论述了学习规范内化为学习信念的四种前提条件。可以认为,学生若需要养成学习智慧,就必须对学习规范进行深切的认识、理解和体悟,而且应将学习规范作为完善自身的重要组成部分,提高自身对学习规范的价值认同。一言蔽之,学习规范向学习信念的转化,是从他律向自律不断发展的过程,是一种由外部约束向主体内部自觉自律转化的过程。

(二)学习信念到学习品质的学习智慧卓越追求

学习信念是连接学习规范和学习品质的中间环节,突显学生主体的责任心和自由意志,学习信念将学习智慧之知和学习

---

[1] 〔美〕菲利普·津巴多,迈克尔·利佩. 态度改变与社会影响[M]. 邓羽,等译. 北京:人民邮电出版社,2007:188.

智慧之行有机统一起来。学习规范关注学习智慧的外部力量，如果一味强调学生对学习规范的认识，而忽视学生对学习规范的理解、认同和对学习规范的实践，将会出现认知的"巨人"和实践的"矮子"。学生将外在学习规范内化为主体内部的学习信念，并成为学习意志的主体，拥有和制定主体行动的权利，努力在学习过程中积极践行学习品质，从而成就个人的学习智慧品质。

学习信念向学习品质的过渡是学生从"向善"转向"行善"的过程。学生需要从坚定的学习信念出发，在学习实践过程中不断践行学习品质，而不是干涩、单调地呈现学习规范。从学习信念到学习品质是学习智慧由内而外的一种学习践行过程，是学生不断实现自我超越的过程。学习品质来自学习行为实践。亚里士多德强调若想拥有某种品质，就必须严格按照品质的标准和要求进行反复的练习和实践。如：通过不断践行正义或勇敢的行为而变得正义或勇敢。斯金纳的实验结果也表明：猫通过不断地尝试，最终形成获得食物的最佳路径。如果学生要想获得学习品质，就需要充分理解学习规范，在学习信念的支配下，不断进行学习训练。如果学生不愿意进行自我实践，则只能停留在"知其然"上。因此，学生的主体实践成为沟通学习信念和学习品质的桥梁，学生的学习信念过渡到学习品质的过程其实质是内在的学习观念推向可实证的具体学习行为的实践过程。

1. 从学习信念到学习品质的实践过程具有相对不稳定性

学习品质的发生寓于特定的学习情境之中，寓于学习规范是否被充分认识，寓于学生对当时学习情境的考量。在复杂的学习情境下，学生即使拥有优良的学习信念，但也未必能表现出优良的学习品质。学习品质的实现在很大程度上受情境和个人倾向的影响，具有相对不稳定性。学习品质的实现受两个方面的影响：其一，情境性影响。这是指学生在实践学习品质的过程中，受当时学习情境的影响而忽视了学习信念。如在一般情况下,学生都会保持尊师的学习行为,能和教师进行畅快的交流和沟通。若某次教师不小心伤害了学生,学生就会立即做出保护性的自我防卫,而出现顶撞教师的行为。其二,个人倾向性影响。有研究表明,拥有高自尊个性心理学生的亲社会行为出现几率要比低自尊个性心理学生要大很多,前者会选择帮助、救助、照顾、宽容和慷慨等亲社会行为,以得到大家的认可。罗杰斯认为,学生若不能进行积极的自我关注,就容易出现心理问题。新弗洛伊德主义者霍尼和阿德勒也认为低自尊易导致攻击性行为。①

2. 学习信念和学习行为存在复杂的实践关系

主要表现为四种关系:其一,学生拥有高尚的学习信念与良好的学习品质关系;其二,学生尚未拥有学习信念与不好的学习品质关系;其三,学生拥有高尚的学习信念与不好的学习品质关系;其四,学生尚未拥有学习信念与良好的学习品质关系。正因为学习信念与学习品质拥有如此复杂的关系,因此,必须深入探讨能够推动学习规范内化为学习信念和学习信念不断践行学习品质的心理机理和教育机理,从而促进学生的发展。

第二节 学生学习智慧养成的心理机理

在推动学习智慧的进程中,影响学习智慧发展的心理机理主要有学生的认知感悟力、学生的情意自律力和学生的平衡(选择)力。

---

① 吴小琴. 自尊、父母教养方式与大学生亲社会行为的关系研究[D]. 西安:陕西师范大学硕士学位论文,2009:45.

一、认知感悟：学习智慧的前提条件

对"认知"的理解，一直存在分歧，广义的认知是指人脑反映客观事物的特性，揭示事物对人的意义和作用。狭义的认知是一组相关的心理活动，包括感觉、知觉、判断、思维、推理、问题解决。奈瑟认为认知是将感觉输入加以转换、简化、细化、储存、恢复和利用所依赖的所有加工过程……显然，认知可能会参与人类工作的每件事情；心理现象过程就是一种认知现象。感悟是指在认知的基础上，在没有观测到事物内部时，能根据事物的表面现象，比较准确地认识事物本质及其内部结构。学生的认知感悟是指学生在面临具体的学习情境，在掌握学习的基本情况下估计可能产生的学习行动，并能给出具体的阐释。

（一）认知感悟是学习规范转化为学习信念的前提

认知感悟是学习规范内化的前提条件。一方面，康德认为，人之所以能感知和领悟自在之物的此岸世界，就在于人具有先天认识对象的能力，是一个自觉能动的认识主体，"'由吾人为对象所激动之形相以接受表象'之能力"，名为感性。对象由感性授与吾人，仅有此感性使吾人产生直观。[①] 近代心理学流派中的行为主义心理学认为，学习是一种刺激反映的关系，接受刺激的感受器包括眼、耳、鼻、皮肤等多种感觉器官。如若没有各种感觉器官接受各种感觉刺激，就不会引起一系列的学习反映。故感觉器官的成熟和完善是认知的前提。通过感官，学生接收信息，于是认知便产生了，而认知是学习规范内化的充分条件。儒家认为，只有在"知"的基础上才能把

---

① 〔德〕康德. 纯粹理性批判［M］. 蓝公武，译. 北京：商务印书馆，2018：49.

握事物发展的规律。只有认识并领悟社会规律和规范之中的道理，才能实现"知者不惑"①。识"道"是道德自觉性的基础，知明是行无过的前提。知仁、知义、知礼、知人、知己、知天命和知"道"，只有通过不断知晓，才能做出正确判断，在"知其然"的基础上"知其所以然"，才会形成自身独特的观点和意识。另一方面，在认知活动中，思维活动是认知活动的核心。思维是人脑对客观现实概括的、间接的反映，凭借思维，学生可以概括过去的学习经验，并依据此基础，推测未来发展的方向。思维凭借语词符号系统对所思所想、所言所行进行回顾和总结。思维活动通过比较、分析、综合、评价等认知活动了解学生的认识、情感、行为的因果关系。康德认为，感性和悟性对人来说是缺一不可的。对于人认识世界，感性和悟性的作用是不相上下的。若缺乏感性，对象就不能被授予本人；而缺乏悟性，则对象不能被人所思维。认知直观能力和感悟思维能力必须有机结合起来，才能使知识具有客观性、普遍性和必然性，才能避免经验论和唯理论的局限。所以，学生主观感悟能力使主体掌握知识成为可能，学生必须通过不断认识、不断感知实现学习规范的内化。若学生不能对学习规范进行感知，缺乏感知的前提条件，就不能认识和把握学习规范，更不会将学习规范内化。认知感悟水平决定学习规范内化的能力。皮亚杰将人的道德发展水平分为四种不同的阶段，随着年龄的增长，儿童各方面认知能力的提高，对学习规范的理解水平是不一样的。②科尔伯格认为人的道德发展水平是一个渐进的

---

① 《论语·子罕》。

② 皮亚杰将儿童的道德发展水平分为四种阶段：第一阶段是自我中心阶段；第二阶段是权威阶段；第三阶段是可逆性阶段；第四阶段是公正阶段。

过程，他将人的道德判断也从低到高分为三种水平。① 这些理论充分说明，随着认知感悟水平的提高，学生对学习规范的理解也逐渐加深。

（二）认知感悟是学生学习智慧实践的前提

感悟能力直接影响学生学习行为的倾向。学生对学习情境的理解能力越差、学习敏感性越迟缓，后继学习行为的发生就越少。相反，学生对学习情境的理解能力越强、学习敏感性越强，学习行为的发生就越多。学习智慧不止于学生获得学习规范的认知，而是学生获得良好学习品质的过程。学习智慧强调学习规范成为学习信念，学生在自由意志的支配下，不断强化学习兴趣、动机，按照良好学习品质的要求，不断践行，从而获得学习品质。学生学习品质的形成和发展必须以社会认知为前提，学生在社会交往和社会合作过程中扮演着各种社会角色，协调个人与他人、个人与集体的各种关系。学生习得某些学习规范，在复杂的学习情境中学会对是非善恶做出判断，形成对自己、他人、集体乃至对世界的认识。学生正是通过不断整合和调整自身已有的规范认识，通过不断重建自己与他人、自己与集体、自己与社会的认知经验，通过对它们的不断反思与评价，逐渐形成、发展和巩固自己的学习规范，从而提升学习价值，促进学习行为的选择。

总之，发展学生的认知感悟能力，学生才会对外在的学习规范进行认识和理解，通过同化和顺应，形成学习规范的系统知识网络结构。当学生根据主体的需要，对学习要素和学习关系进行解释和赋予意义，就会对学习产生积极的情感和意志，形成学习信念，从而做出正确的价值和行为抉择，形成学习品质。总之，一方面，随着学生认识感悟水平的提高，可以加快学习规范的内

---

① 科尔伯格认为，人的道德判断存在三种水平：第一阶段，前习俗水平；第二阶段，习俗水平；第三阶段，后习俗水平。

化；另一方面，随着学生认知感悟水平的提高，可以推动学生不断践行学习信念。

二、情意自律：学习智慧的动力枢纽

学习规范在学习领域具有普遍性的功能，对学生来说，则是一种外在的学习命令。学生遵循这些学习命令，成为学生的责任，当这种学习规范内化为学习信念，转化为学生自主的学习意志时，学生按照这种内部规范来履行学习义务，履行学习责任，创造学习价值，实现学习品质。情意自律是学生学习品质所依据的内部原理和准则。情意自律主要通过学生的学习自由、学习兴趣和动机、学习责任、学习意志和学习反思表现出来。这些都是推动学习智慧不断践行的动力，情意自律自始至终充斥和渗透在学习过程之中，推动着学生学习智慧的发展，影响着学生学习价值和学习行为的选择。

（一）学习自由是学习智慧的基础

自由是人的权利，人拥有了自由就拥有了相应的权利与义务。那么究竟什么是自由和学习自由呢？学习自由又如何影响学习智慧的形成呢？

1. 自由的诠释

自由存在多种解释，不同的视角会有不同的内涵，其中哲学视角中的自由包含两种意思：消极自由与积极自由。消极自由是"免于……的自由"，即以"免于（各种）强制""不让别人妨碍我的选择"为要旨的自由。消极自由旨在保护个人权利并且抵抗集体权力的自由，表现为否决权。否决权是一种常见的消极自由，人能够不做某种他所反对的事情，或者可以故意不做某种事情，他才可能做他想做的事情。一个人若不能否决某种力量所强加给他的事情，那么他就失去了自由。所以，从某种角度来说，消极自由是积极自由的基础。如果教师或家长让学生参加不同的

特长班，若学生不能否定教师或家长的安排，那么学生就没有自由。积极自由是"去做……的自由"，即以"做（各种）事情""做自己的主人"为要旨的自由，表现为选择权。选择权表现为能够拒绝某种事情并且选择去做别的事情。

自由是主体存在的前提条件，个体都拥有按照自己的行为方式来追求事业的自由。此种自由，不仅可以成为崇高美德的源泉，也可以成为崇高美德的条件。① 自由不是放纵我们做什么或不做什么。自由通过参与到存在本身的敞开之中，使显明性成为显明之物之所指。② 自由能给人一种内在的指令，能使人的观点无论何时都靠近存在。③ 自由是人存在的前提条件，人必须具备自由的性质，通过拥有自由，才能有效追求各种有价值的东西。自由本身并没有价值也不是价值，但它却是价值的前提，自由是各种价值的必要条件，自由本身比价值更重要。④ 自由不是空洞和浮泛的自主自觉的可能性，也不只是免除了种种约束的被动状态。自由在一定程度上表现出一个人的实际权利，必须实现作为一个主权个体的权利。⑤ 自由是主体行动的前提，脱离行动主体，便无所谓自由或不自由。自由不仅意味着个体拥有选择的机会并承受选择的重负，而且还意味着他必须承担其行动的后果，

---

① 〔英〕沛西·能. 教育原理［M］. 王承绪，等译. 北京：人民教育出版社，1964：10.

② 〔德〕丁马·海德格尔. 存在与在［M］. 王作虹，译. 北京：民族出版社，2005：139.

③ 〔德〕丁马·海德格尔. 存在与在［M］. 王作虹，译. 北京：民族出版社，2005：141.

④ 赵汀阳. 论可能生活（第2版）［M］. 北京：中国人民大学出版社，2010：108.

⑤ 赵汀阳. 论可能生活（第2版）［M］. 北京：中国人民大学出版社，2010：108.

接受其行动的赞扬或谴责。①

个人的自由主要表现在以下三个方面:一是个人责任的范围只能以他被认为可以做出判断的情形为限;二是个人在采取行动时必须考虑他的责任对他的行动的影响;三是个人应当只对他自己的行动负责,而不用对那些同样具有自由的其他人的行动承担责任。自由的主要目的在于向个人提供机会,以使个人所具有的知识得以最大限度的使用。自由强调人意志的能动性和自我强制的主动性,意志自律是自由的直接表现。

2. 对学习自由的理解

对学习自由的理解,存在以下观点:在洪堡看来,学习自由是指学生在专业学习上具有"探讨""怀疑""不赞同"和向权威提出"批评"的自由,学生拥有选择教师和学习内容的自由。在蒙台梭利看来,学习自由就是儿童的"活动自由"和"发展自由"。学习自由赋予每个人不断获得自我创造或自我实现的动力、理想和责任。学习自由是学生所享有的差异自由,保证学生通过学习生活而实现自我引导的精神成长和自我创造的责任。学习自由被概括为自己拥有选择学习内容、学习目的、学习方法、学习时间和空间的自由。② 学习自由是学生在整个学习过程中自主思考和采取行动的内在思想和外在行为状态,以及拥有与之相关并支持这种状态的一系列权利。③ 根据以上诸多关于学习自由的论述,经分析我们认为学习自由就是学生在感悟学习规范的前提下,通过学生主体的意志,自觉自律地进行学习选择,承担学

---

① 〔英〕哈耶克. 自由秩序原理 [M]. 邓正来,译. 北京: 生活·读书·新知三联书店, 1997: 83.
② 金生鈜. 论教育自由 [J]. 南京师大学报, 2004 (6): 65 - 70.
③ 石中英. 论学生的学习自由 [J]. 教育研究与实验, 2002 (4): 6 - 9.

习责任。

3. 学习自由是学习智慧的基础

爱因斯坦认为，一个人的真正价值首先在于他在什么程度上和在什么意义上从自我解放出来。学生必须充分意识到自身是自由的个体，不受制于个体之外的外力，并拥有应用自身能力和知识去实现自身目的的权利。当学生拥有以上意识的时候，才有可能以相应的方式引导个体对"真""善""美"生活的追寻，学生才会主动建构个体精神，养成良好的学习品质。学习自由是学习智慧形成的基础条件。第一，学习自由能让学生充分体会到学习责任。有多少自由就有多少责任，自由蕴含责任，责任展现自由，具有自由的行为主体在行为活动中进行自主选择，自由并不回避责任。学习自由并不意味着学生可以为所欲为。学习自由标志着学生在既定范围内的各种选择的自主和各种需要承担的责任，学习自由就是明智地执行学习责任。第二，学习自由能支持学生在学习过程中主动创造，避免教师在学习过程中过度干预。学生若拥有学习的积极自由，那么就会主动尝试各种选择的机会，通过各种试误，从而获得解决问题的最佳方式和方法；学生如果拥有学习过程中的消极自由，就可以避免教师的过度控制和干预，自主地不受支配地进行选择。如若学生在学习过程中缺乏积极自由，那么学生就不能自主进行选择；若学生在学习中无法拥有消极自由，那么就不能避免教师对学生的控制。学生若无法拥有积极自由和消极自由，学生的主体性就无法彰显，学生就无法进行自主自觉的创造。第三，学习自由为个性发展提供可能的空间。在学习过程中，学生自主地平衡（选择）学习价值和学习行为。在整个学习过程中，学生能结合自身的特点，出于自我的内部责任，选择符合个性特征的学习行为，从而体会到学习的自由，并积极地践行学习智慧。

(二) 学习兴趣和动机是学习智慧的动力

1. 兴趣诱发学习智慧

兴趣对学习的影响是毋庸置疑的。爱比克泰德认为精神上的求知欲是欣欣向荣生活的一个标志。在中国古代,孔子就是好学的典范,其名句"我非生而知之者,好古敏以求之者也"①能充分说明兴趣对知识获得的重要性,及乐学对自我发展的重要作用。斯宾塞认为兴趣是求知和学习最大的动力。爱因斯坦认为兴趣和爱好是最好的老师。心理学家巴甫洛夫的研究实验表明,兴趣可以提高并激发大脑皮层从而产生兴奋优势区,兴奋优势区又会加强其他工作区神经元的状态。以上这些都充分说明:学习兴趣是指一种渴望获得学识的个性心理特征,是个人对学习活动的一种积极认识倾向和情绪状态。

(1) 学习兴趣能激发学生产生新的学习需要,能让学生充分意识到主体的全部学习责任,能充分调动学生对学习品质的需要。意大利教育家蒙台梭利认为,人有吸收性的心理。婴幼儿时期的不安分,不断地摸、抓、拿、捅、吮吸、触摸和碰击、推推拉拉、抓抓丢丢都能促进智力活动的发展。随着社会刺激的增多,学生不仅通过身体去感触物品,还通过语言扩充自己的适应范围。随着年龄的增长,孩子的好奇心越来越强,当问题得不到解答的时候,会暂时存储在脑袋里继续思索,并设法解决问题。苏霍姆林斯基认为,人的内心深处拥有一种坚不可摧的需求——认为自己是发现者、研究者、探寻者,对儿童来说,这种探索求知的精神特别强烈。②赵汀阳指出:"人的生活意义只能在生活本身,而不可能在生活之外,假如在生活

---

① 《论语·述而》。

② 〔苏〕B. A. 苏霍姆林斯基. 给教师的一百条建议 [M]. 周蕖,等译. 天津:天津人民出版社,1981:70.

之外就恰恰意味着生活本身没有意义或者很不重要。"① 同样，学习兴趣应在学习活动之中，而不在学习活动之外，通过学习兴趣的引导，激发学生自我学习内部需要，如果学生像对待幸福欢乐一样对待学习，就会促使学生不断去探索和思考，激发学生拥有主体责任意识。

案例5-1

2012年11月13日，中国科学院博士生导师程代展陷入沉思，他的学生博士萧杨（化名）突然放弃留校继续做科研的机会，与北京一所重点中学签约做数学老师。程代展在博客上表达了惋惜与困惑。萧杨对此做出回应：我深知程老师对我寄予厚望，我说出来他肯定会非常失望，我甚至一直想就这样坚持搞科研，但真正到了该抉择的时候，我还是选择了按自己的意愿做决定。退出科研界是因为很累，也没觉得自己是很有能力的人。(此前一直坚持科研) 不是程老师强迫的，只是因为我从小被教育成"听话的好孩子"，只要别人给了我任务并且应该是我做的任务，不管我喜不喜欢，都会尽力去完成。不只是科研问题，甚至是帮实验室干杂活，都是完成得既快又好。这样的结果就导致了程老师以为我喜欢做科研。这样一个称得上是数学界的青年骄子，却对科学研究本身毫无兴趣。老师苦心培育的人才，竟然对数学学习以及其后的科研本身并无兴趣，而不过是基于"听话好孩子"的驱动而已。②

---

① 赵汀阳. 知识，命运和幸福 [J]. 哲学研究，2001（8）：36-41.
② 萧辉，石明磊. 清华博士逃离科研执教中学导师：国家投入几乎白费 [EB/OL]. 新京报，http://news.21cn.com/hot/social/2012/11/23/13758252.shtml，2012-11-23.

　　此案例充分说明，学生在学习过程中缺乏学习兴趣，只能感受到学习带来的压迫，并经受着学习过程的折磨。不难发现学生缺乏兴趣的根本原因在于学生没有学习的需要。需要可以推动学生产生学习的兴趣，学生若将外部的要求视为自身的需要，就会产生被胁迫的感觉，学生就会感受到学习过程带来的痛苦。虽然案例中的学生在学习过程中表现得又快又好，得到了教师和家长的认可，但这些都不是出于学生主体的需要，因此，学生体会不到真正的学习快乐。案例中的学生，在接受大学之前的学校教育中，未曾拥有自己的学习需求，只是将外在的要求作为自身学习的标准，他不能自主做出决断，不能安排自己的学习行为和学习计划。在此案例中，萧杨以他律的标准作为自我行动的标准，没有自由的权利，缺乏主体意志，这些都迫使他在学习中产生强烈的抵触。由此可以得出，学生必须通过学习兴趣引导新的学习需要，推动学习责任意识的产生，从而促使学习智慧的发展。

　　（2）学习兴趣能引导学习规范转化为学习信念。兴趣能使学生拥有将规范转化为学习信念的倾向，进一步说明拥有学习兴趣比拥有具体的学习知识更加重要。学习兴趣不仅是学习智慧的起点。"知之者不如好之者，好之者不如乐之者。"① 这句话的意思是说，对于学习，知道怎么学习的人，不如爱好学习的人；爱好学习的人，又不如以学习为乐趣的人。当学生拥有良好的学习兴趣时，就会主动去认识学习中的现象和规律，就会积极主动地将学习规范内化为学习信念。

　　（3）兴趣能提高学习的注意力，避免出现精神衰退、精力分散和注意力不集中的现象。兴趣能使学生勇敢面对学习中的困难。在学习的过程中存在困难是在所难免的，拥有浓厚学习

---

① 《论语·雍也》。

兴趣的学生，会将学习中的困难视为一种机遇和挑战，具有越挫越勇的精神；而没有学习兴趣的学生，面对学习困难就会临阵退缩。

（4）学习兴趣能激励学生将学习信念付诸实践，从而使学习事半功倍。学习兴趣是一种力量，是一种激发潜能的学习力。因此，喜爱学习会激发学生将学习动力转化为学习行动。假设学生对某一学科拥有强烈的学习兴趣，他就会专心致志地钻研这门学科，从而产生事半功倍的学习效果。相反，如果学生对学习充满厌倦，其学习积极性就会降低，学习效果就会下降。

案例5-2

高中阶段，学习任务逐渐加重，在处理个人事务之外，我把大部分时间用在应付考试和作业上。面对任何一道难题，我都会愁眉不展，感到内心的焦虑和痛苦。突然有一天，我恍然大悟，何必要这样，从那时起，我就试图改变学习方式和学习态度。果然，进入高中二年级，感觉学习比往常轻松了，我转变了学习的观念，变苦学为乐学，用学习兴趣带动学习。

首先，遇到难题，不去思考为什么这么难，不严格区分难题和易题，就算题目带有很多※号，也将其视为简单的题目，并以愉快的心情接受。其次，当遇到特别难解的题目时，就假设自己是一个智慧解答的游客，让自己没有任何思想负担。确实解答不出时，也不失去信心，不去想自己是不是蠢，也不猜测自己没有能力解决这个问题。面对过去学习数学中的畏惧，放松心情，大胆去尝试，用从容的心态去对待数学难题，顿时对难题就会饶有兴趣，问题也会迎刃而解。作文也一样，挤牙膏似地草草收场，还不如尽情地挥洒，不要用受罪的心态对待问题，而应快快乐乐地尽情抒写自己所思和所想。①

以上案例的主人翁,通过以下几种方式提高学习兴趣:其一,通过转变自己的观念来提高学习兴趣;其二,通过苦中作乐的方式,不断提高自己的学习兴趣;其三,通过积极的暗示,增强自身应对困难的勇气,不进行消极的暗示;其四,进行积极的自我激励,不对自我进行不正当的归因,使自我拥有良好的自我效能;其五,尽量用意志力克服学习中的惧怕心理,对学习充满兴趣。通过以上几种途径,他拥有了良好的学习兴趣,使困难变得简单,使学习效果越来越好。爱迪生说:"一种好的习惯,就是一种永恒的动力。"兴趣作为一股无形的牵引力,它将推动学生不断内化学习规范为学习信念,不断地将学习信念转化为学习行动。

2. 学习动机对学习智慧的启动

动机是指引起个体行动的推动力,也可以指个体行为的内部原因。② 学习动机是激发个体进行学习活动、维持已开展的学习活动,并使个体的学习活动朝向一定的学习目标的一种内在过程或内部心理状态。动机理论试图对人类行为的发动、维持、激励、制止和选择做出具体的解释和论述。心理学中,动机理论的发展经历了三个不同的阶段:第一个阶段是动机的本能理论;第二个阶段是动机的驱动力或需要理论;第三个阶段是动机的认知理论。根据动机的动力源泉的差异,人们将学习动机分为内部动机和外部动机。学习动机对学习智慧产生的作用主要表现如下:第一,内部学习动机能帮助学生树立学习智慧主体责任意识。内

---

① 转引自燕国材. 非智力因素与学习 [M]. 上海:上海教育出版社,2006:142-143.

② 王振宏. 学习动机理论——社会认知的观点 [M]. 兰州:甘肃文化出版社,2001:前言.

部动机由个体的内部需要、好奇心和兴趣引起，由于内部动机源于兴趣和需要，学生的学习行为就会表现出自愿和主动，学生自觉主动地选择学习内容、学习方法和学习策略，会主动为自己的行为负责。相反，外部动机来自外部，由外部诱因和后果引起，与学生的学习活动本身无关，学生为了获得教师和父母的表扬而努力学习。由于外部动机不是来自学生内部的心理需要，故学生的学习行为表现出被动性，学生的学习责任意识不能被充分调动起来。第二，深层次学习动机影响学生学习策略的选择。研究表明：深层动机、成就动机对学习策略及其每一维度①可能存在非常显著的正面影响，学习动机维度与元认知策略的相关系数最高；学习动机与学习策略也存在非常显著的正相关；表面型动机对学习策略及其每一维度可能存在着十分显著的负面影响。② 因此，帮助学生树立内部深层次动机，可以推动学生落实学习信念，践行学习品质。

（三）学习责任是学习智慧的内在必要性

责任是人们自身立法意志所产生的一种道德必要性。③ 终身学习是21世纪的一把钥匙，为了适应这种知识增长的速度和效率，被动适应的接受学习已经不能满足时代发展的需要。英国技术预测专家 J. 马丁测算，人类的知识目前是每三年就增长一倍。西方白领阶层目前流行这样一条"知识折旧律"：一年不学习，你所拥有的全部知识就会折旧80%。因此，只有充分调动和发挥学生学习的独立自主性，激发学生的主体责任意识，才能使学

---

① 学习策略的每一维度主要包括元认知策略；认知策略；社会性策略。

② 刘加霞，辛涛，黄高庆，申继亮. 中学生学习动机、学习策略与学业成绩的关系研究 [J]. 教育理论与实践，2000（9）：54-58.

③ 〔德〕伊曼努尔·康德. 道德形而上学原理 [M]. 苗力田，译. 上海：上海人民出版社，2005：（代序）4.

生跟上时代发展的步伐，促使学生不断自我超越。

学习责任表现为学生对学习目标和意义的认识以及由此产生的积极的学习态度和学习精神。学习责任不仅包括学习的权利责任，还包括学习的义务责任，学习责任是学习权利和义务的综合。学习的权利和责任包括学生有获得教育的权利、学生拥有人身权等。《世界儿童权利公约》指出：保障每一个学生与生俱来的"学习权"，求得每位学生的充分的、自由的、多元的、和谐的发展。这就说明，通过立法的形式可以确实保障学生的权利；同样，学生也应遵守相应的学习义务。如学生必须遵纪守法，养成良好的思想品德和行为习惯，必须努力完成规定的学习任务，遵守学校和班级的纪律等。

学习责任对学习品质的实现起非常重要的作用。学习责任的目的是确保学生的角色意识的觉醒，确保学生能在理性支配下学习。学习责任不是基于人在特定情形下所知的事实，而是基于人相信它可能产生的效果或作用。学生的学习责任可以驱使学生采取有效的行动，在无须诉诸强制的情况下，将学习规范引入学生的学习生活之中，通过理性的自我立法，将外在的学习规范内化为学生的学习信念，从而使学生在学习过程中，通过维护和兼顾自己和他人的完全责任和不完全责任，对自己进行强有力的约束，促成学习品质的实现。与此同时，学生通过树立学习责任，明确自身发展的潜在可能性；通过自我独立意识的发展，感受到自身发展的完整性和差异性。

（四）学习意志是学习智慧的保障

在心理学领域，意志是人自觉地确定目的并支配其行动以实现预定目的的心理过程。[①] 动物没有意志，它只能消极地、被动

---

① 曹日昌. 普通心理学（合订本）[M]. 北京：人民教育出版社，1987：374.

地顺应周遭的环境；人却拥有意志，在纷繁复杂的环境中，能自主地设定目的。人之所以越来越脱离动物的原始属性，就在于人对自然界的作用带有经过思考的、有计划的、向着一定目标前进的特征。人的行为不是单纯的、被动地接受和适应外界环境，而是主动通过人类自我内部意识的调节创造性地使用环境。澳大利亚神经生理学家艾克尔斯认为意志是"第一性的实在"，而其他一切事物是派生的，是"第二性的实在"①。在他看来，既然意志是第一性的实在，则意志的自由当然也就不受任何物质因素制约。动物没有意志，它只能消极地顺应周围环境，最终成为自然的奴隶。人因为拥有意志，能够积极地改造外部世界，从而有可能成为现实的主人。意志的作用在于对各种具体的心理过程进行协调与控制。在个人的心理活动中，意志是自由的，又是不自由的。其一，意志的自由表现在一定范围和条件下，人可以按照自己的意愿自主地、能动地确立目的，发动或制止某个行动，选择行动方式。①意志能让人自主地、能动地确定目的。在活动过程中，人完全自律，出于义务，自己制定自己的活动价值和活动行为。②意志能对行动起发动和制止作用。意志的发动作用在于推动人去从事既定目标的行动，意志的制止作用在于抑制人去执行违背预设目的的行动，发动和制止的作用在实际活动中是统一的。② ③意志具有选择行动的方向，表现为人能根据意识、观念来行动。其二，意志的不自由性表现为人的一切行动都必须服从客观规律和人对客观规律的认识。因此，在相对的、有条件的意义上，意志是自由的；在绝对的、无条件的意义上，意志又具有

---

① 转引自曹日昌. 普通心理学（下册）[M]. 北京：人民教育出版社，1980：79.

② 曹日昌. 普通心理学（合订本）[M]. 北京：人民教育出版社，1987：375.

约束性。①

学习意志是学习规范转化为学习信念之后,学生的学习行动的一种主观自觉,即学生通过不断地改造周遭世界来实现预定的目的,克服学习中的困难,调整自己的情绪和情感,自觉自律地学习。学习意志对学习智慧的作用主要表现在以下几个方面:

第一,学习意志能引导和激发学生的良心。良心能够帮助学生评判学习价值和学习行为,从而确定价值和行为选择的正当性。良心(conscience)是从拉丁文 conscientia 一词发源而来,原来的意思是人与人之间的"默契的知识"。良心即是人原本具有的,内在于人的,不是外力强加的内部自觉。孟子认为,这些"默契的知识"是从人的恻隐之心、羞恶之心、恭敬之心、是非之心②发源而来。他反复强调,人皆具有恻隐、善恶、恭敬、是非之心,而这四心是仁义礼智的萌芽和开端。由于"仁""义""礼""智"是人原本就有的,所以良心是一种良知良能,是一种人不同于一般动物与生俱来的潜在智能,这种潜能源于"心"。孟子还认为良心虽然具有先天性,人如果不注意提高和发挥自身的主观能动性,这种得天独厚的"仁""义""礼""智"就会沉睡不醒。在西方,亚当·斯密确认良心是某种先天的情感;良心是人应尽的社会义务和社会责任;良心是人的自我意识在道德方面的表现;良心是人通过自律的形式积淀下来的道德判断力和自制力;良心是人对他人和社会义务感的强烈表现。作为一种自

---

① 曹日昌. 普通心理学(合订本)[M]. 北京:人民教育出版社,1987:380.

② 《孟子·告子上》:恻隐之心,人皆有之;羞恶之心,人皆有之;恭敬之心,人皆有之;是非之心,人皆有之。孟子持性本善的观点,人性的"四端"观念充分地论证了他的人性本善的观念。《孟子·公孙丑上》:"恻隐之心,仁之端也;羞恶之心,义之端也;辞让之心,礼之端也;是非之心,智之端也。"

我评价能力，良心是一定社会和阶级的道德原则和规范在个人意识中形成的稳定的信念和意志。良心就是人们在履行对他人和社会的义务的过程中形成的道德责任和自我评价能力，是一定的观念、情感、信念在个人意识中的统一。良心能对符合道德要求的情感、意志和信念予以激励，对不符合规范标准的学习情感、欲望和冲动予以克服。良心能够使人们表现出强烈的道德责任感，能够使人们自觉地遵从道德规范，从而拥有巨大的精神动力。学生若能拥有良心，就会主动将外在的义务变为内在的责任感，以此来规范和约束自己的学习行为，使自己能对学习价值和学习行为进行判断，从而确定学习价值和学习行为选择的内在参照标准。

第二，学习意志能帮助学生树立良好的学习精神；学习意志能帮助学生建立任务意识；学习意志能帮助学生建立自我调节的机制，能帮助学生战胜学习中的困难和失败，从而确保学生持续性地完成任务；学习意志能够帮助学生集中注意力，免受干扰，即使学生在中途受到干扰，也能够在分散注意力后，立即将注意力重新转移到原来的活动上，并接受合理的挑战和拥有永不放弃的精神品质。

第三，学习意志能使学生坚定地将学习规范付诸实践。当学习规范完全内化为学习信念时，学生就拥有了强大的学习动力，在学习过程中就能自愿遵守学习规范，拥有一种强大的非执行不可的心理需求。在学习活动进行之前，学习意志能对学生的学习行为进行自觉监控，对不符合学习规范要求的欲念和冲动予以克服。在学习过程中能发现、认识错误，改变学习行为方向，纠正自己的自私欲念和偏颇情感，避免产生不良的影响。在学习过程结束时，学习意志能够让学生对自己的行为后果和影响进行反省，对符合学习规范的学习行为进行肯定，从而得到内心的满足和欣慰；对违背规范的学习行为，进行内心的谴责，表现出内疚、惭愧和悔恨等。

第四，学习意志能使学生在践行学习品质时做到"随心所欲"。学生拥有高度的学习意志，能根据理性确定自身的行为标准和要求。学生能发自内心地、真诚地、全面整体地、稳定地执行学习品质。所谓内心真诚，是指学生的学习行为是完全表达自己的内心要求的，而不是迫于外界的压力。所谓全面整体，是指学生进行选择时能够权衡所有的利益，而不是片面地强调个人利益。所谓稳定，是指学生的学习意志在某一时间或某一特定环境中保持一贯和延续的特点。学习信念和学习品质具有不对等性，在学习信念的支持下，学习品质的形成会受到很多方面的影响。因此，若要实现良好的学习品质，就必须树立坚定的学习意志，主动克服学习情境变化所带来的价值意义的干扰，以一种超功利的境界和要求来保持和促进学习信念和学习品质的统一。

第五，学习意志能使学生在学习过程中保持"慎独"的学习精神。学习意志使学生自己为自己立法，使学生在学习过程中拥有强烈的"慎独"精神，能使学生积极地执行学习品质。从词源学的角度来分析，"慎"字从"心"从"真"，《说文》："慎，谨也。""慎"的基本义是谨慎、真诚，可以理解为严谨细致。"独"字从"犬"，独有"特"的意思。"独"同时具有独处、独行的意思。独是个体的体现，可以理解为自我修行、自我提高。慎独的意思就是在独居、独处时，人能保持言论和行为、道德的操守。慎独指向的是人的内心信念和意志自制。"慎独"是道德修养所要实现的一种极高境界，即在独处活动、无人监督，有做各种坏事可能性且不被他人发现的情况下，仍然坚持信念，自觉地按照学习要求去实践，而不做违背学习品质要求之外的事情。学生若想拥有良好的学习品质，达到某种至高境界，就必须进行自我修行、自我约束、自我提高。《大学》亦云："隐，暗处也。微，细事也。独者，人所不知而己独知也。"这句话充分表明，在众目睽睽之下，约束自己的行为，践行学习品质，不是新鲜事；只有在独处时能做到严于律己，克服自我欲望，使自己的行为符合规范，那么就是一种生命自觉。慎独在于发掘生命的自觉性，学习"慎独"充分体现了学生渴望达到理想的生命境界，自觉地调整自己的行为，使自己的学习行为按照学习要求去施行。

以上说明学习意志能引导和激发学生的良心；能帮助学生树立良好的学习精神；能使学生坚定地将学习规范付诸实践；能使学生在践行学习品质时做到"随心所欲"；能使学生在学习过程中保持"慎独"的学习精神。这些都充分说明学习意志在学习品质执行过程中有非常重要的作用。

（五）学习反思是学习智慧的调控仪

最早对反思进行研究的当属洛克，他在《人类理解论》一书中论及反省（即反思）。① 杜威认为反思是对任何信念或假定的知识，根据支持它的基础和它需要达到的结论进行坚持不懈的考虑。笔者以为，反思具有三个方面的特点：其一，反思既是内隐的思维活动，又是外显的探究行为。作为一种"考虑"，它是内隐的；作为一种"探索、搜集、探究的行为"，它是外显的。外显的探究活动意味着反思进入了实践领域，此种观点在后来得到了继承和发扬。其二，反思具有较强的对象性，消除困惑，解决问题，促进实践合理性是反思的目的。问题意识是反思的向导，学生若缺乏问题意识，就难以进行有效的反思。其三，反思是一种积极的、坚持不懈的、仔细的考虑，反思行为意味着学生自己对自己的诘难，自己主动提出问题。自我反思，其本质是人

---

① 〔英〕洛克. 人类理解论（上册）[M]. 关文运, 译. 北京：商务印书馆, 1959：93.

本能的保护性生理反应，主要包括自我判断和自我反应。反思对学生智慧发展的重要性主要表现为学习智慧的形成过程离不开学生的反思。

学习智慧形成的两个阶段都离不开反思的参与。第一个阶段，学习规范内化为学习信念的过程。这个过程离不开反思的参与。在这一过程中，学生需要对学习规范进行认知，需要学生对学习中的各种学习因素和学习关系进行反思。反思的内容主要包括学习现象和学习规律是否符合学习规范的要求，学习规范的要求是否符合自我学习价值，自我的学习目的是否符合学习规范的要求，我在学习过程中的地位和作用，我与其他学习要素的关系的现状是什么，我与其他学习要素关系的应然状态是什么，以及我应该用什么方式和方法处理我与学习要素的关系，等等。第二个阶段，学习信念转化为学习实践的过程。在这个过程中，学生需要通过反思来增强学习规范的坚定性和学习行动的有效性。"三思而后行"就充分说明思考对行为的重要作用。学生反思学习价值和学习行为是否符合良好学习品质的要求；反思那些过度和不及的学习价值和学习行为形成的原因和可能产生的结果；反思应该采用什么方式而避免这种过度和不及的学习价值和学习行为；反思这种过度和不及的学习价值和学习行为产生之后，应该采取什么方式和行为进行补救等。只有通过反思，才能更加有效地促进学习品质的养成。反思习惯的养成需要学生平时多问几个为什么、好不好、对不对、够不够。"为什么"是探究学习价值和学习行为形成的主要原因，是探究学习智慧产生因果关系的一种反问；"好不好"是探究学生的学习价值和学习行为是否正确，是判断学生的学习价值和学习行为是否符合学习规范；"对不对"是探讨学习智慧规范是否存在，判断这种存在是否符合客观事实和客观规律；"够不够"是探讨学习的各种可能是否能够充分说明学习智慧，能在何种程度上说明学习智慧。如果学生每天能自觉地进行反思,将反思习惯化,那么就会推动学习智慧的发展。

1. 反思能使学生更深入地把握学习规范的合理内核

反思可以帮助人们脱离事物的表象,深入事物表象背后的实质。曾子曰:"吾日三省吾身。"① 充分说明反思对成"人"的作用。学生需要透过学习现象,把握学习规范的内核。作为学习个体,学生要习惯于对各种学习现象做出个性化解释,并形成自己学习的一系列假设,又以此为参照,对新的学习经验做出习惯性诠释。学生会对这些看似理所当然的解释或假设不假思索地进行整合,但这种解释和假设暗藏着错误和偏见,容易产生对学习规范个体意义的扭曲。通过对学习规范展开的内部对话,学生能更深刻理解学习规范的本质内涵。学习规范反思是指学生作为学习品质养成的主体对学习规范进行内心审视,深刻认知该规范的来龙去脉,其实质是学生对外在规范进行理解的过程。学习规范反思的内容主要涉及以下方面:①对学习规范本身的反思。学生需要反思自身拥有什么样的学习规范,自身是如何获得这些学习规范的,自身是否需要这些学习规范,等等。②对学习规范的时代背景、文化的反思。比如拷问当下学生对学习技术普遍的认识是什么,学生如何形成学习技术规范,等等。

2. 反思可以推动学习智慧养成的进程

一方面,通过反思,将学习规范内化为学习信念。建构学习信念的实质是学习规范指向内心的过程,这个过程不是外部强加的,而是内部主动建构的,是学生学习规范领悟的过程。学生需要反求诸己,对某种外在规范高度认同。如果没有反思的参与,学生只能被动遵守学习规范,对学习规范的认识就会停留在表

---

① 《论语·学而》。

面,有些学生甚至会对学习规范采取敌对的态度。此种情况下,学生不能成为内化的学习规范的主人,只能成为接受学习规范的工具。从中可以得出,学习规范对学习品质的养成作用是微乎其微的,因为学生知道学习规范但不会拥有学习兴趣和学习情感,更不会拥有学习行为。只有当学生通过反思而获得的学习规范,并对学习规范进行审查和领悟后,他才会形成坚定的学习信念。另一方面,反思可以将学习信念转化为学习行动,从而形成良好的学习价值和学习行为品质。"博学之,审问之,慎思之,明辨之,笃行之……有弗思,思之弗得,弗措也。"① 充分证明反思对践行学习品质的重要性。

3. 反思可以使学生的学习选择表现得更加有效、合理

通过反省,学生能反观过去、了解未来,才能做出更好的选择,才能有效避免失败。从学习信念到学习实践,需要学生进行思考。"君子虑胜气,思而后动,论而后行。"② "爱人不亲,反其仁;治人不治,反其智;礼人不答,反其敬——行有不得者皆反求诸己。"③ 学习智慧实践过程需要学生不断进行自我反思,正确把握自我实践学习智慧的尺度与标准,检查和审视自己的学习价值和学习行为是否符合学习品质的要求。一方面,通过反思可以使学生认识极端学习价值和学习行为的危害,纠正偏激和消极的学习价值与学习行为。孟子认为:"至诚而不动者,未之有也。不诚,未有能动者也。"④ 另一方面,学习反思能帮助学生做出适度的学习价值和学习行为选择。朱熹言:"知与行,功夫须著并到。知之愈明,则行之愈笃;行之愈笃,则知之益

---

① 《中庸》。
② 《大戴礼记·曾子立事》。
③ 《孟子·离娄上》。
④ 《孟子·离娄上》。

明。二者皆不可偏废。"① 通过反思，学生可以合理适度地将学习价值和学习行为落实到具体的学习实践之中，从而获得良好的学习品质。

三、平衡（选择）：学习智慧的协调机制

学习智慧的发展不是学生按照既定顺序、既定方法、既定步骤进行学习，而是要求学生面对复杂学习情境，以美好品质作为指引，平衡（选择）学习行为和学习价值。在学习过程中，目的和手段之间存在连续性的时空区域，充满着预料之外的种种因素，这些因素是难以控制的，所以学习行为不能预设，而应根据具体情境进行平衡（选择）。平衡（选择）不是被动的适应，而是主体对外部环境做出反应性调整，是主体面对纷繁复杂的价值和行为进行反思、判断和评价后而进行的一种取舍。

学生美好状态的实现需要学生不断地平衡（选择）过度和不及的学习价值和学习行为，不断地进行自我实践，从而实现良好的学习品质。平衡（选择）的过程就是学生实践学习品质的过程，是学习智慧的落脚点。学习智慧不是对学习规范的无理性的遵从，而是一种"审时度势"之后明智的选择。学生在具体的学习情境中，面临着自由与纪律、公与私、义与利等矛盾冲突的问题情境，要根据学习信念思考学习过程中的学习价值和学习行为，并对各种学习价值和各种学习行为进行序列排序，通过反复地平衡（选择），从而实现良好的学习品质。在中国古代，人们将躬行践行的道德行为实践提到了"仁"和"圣人"的高度。如："力行近乎仁。"②"知之不若行之，学至于行之而止矣。行

---

① 《朱子语类》卷十四。
② 《中庸》。

之,明也;明之,为圣人。"① 子曰:"君子无终食之间违仁,造次必于是,颠沛必于是。"② 朱熹还专门编写《童蒙须知》,用作学生行为的标准,以便学生养成良好的学习习惯。

平衡(选择)需要遵循适度的原则,在过度和不及的学习价值和学习行为之中,通过不断地调适以达到适度。亚里士多德认为适度可以通过以下三种方式获得:第一,首先避开与适度相反的极端。在两个极端的价值和行为中,一种极端价值比另一种极端价值显得更严重,那么应该避开离适度更远的那个极端。选择适度是相当困难的,只有在不得已的情况下才选择两极端中较轻的那个极端,这样才能远离最大的恶。第二,远离错误,才能接近适度。当学生自身沉溺于其中的一个极端,可通过已有的快乐和痛苦的经验,弄清楚事物的性质,然后将自我拉向相反的方向。第三,警惕那些令人愉悦的事物或快乐。亚里士多德认为快乐与幸福不是同一概念,因为快乐与人类的本性最为相合,而过度追求快乐就会使我们做出偏见的判断,适度才能保证我们对事物做出可信的选择。适度的学习价值和学习行为是良好的学习品质,学生需要在过度和不及的学习价值和学习行为之中找到支撑点。但这个支撑点不是固定不变的,而是在适度两旁波动,无止境地靠近或等同于适度。

根据斯滕伯格的智慧观,个人需要处理好长期价值与短期价值、个人价值与他人价值、个人价值与环境价值之间的关系,最终实现合理的共同价值。学生在学习选择过程中,充分统合感性和理性,才能达到知与行、理与情、真理与价值的完美统一。平衡(选择)指向具体的学习情境,表现为情感适度、行为适当,从而最终实现人、事、物的和谐状态。平衡(选择)的目的是

---

① 《荀子·儒效篇》。
② 《论语·里仁》。

进行合理高效的行为选择，实现共同的价值。

平衡（选择）包括价值平衡（选择）和行为平衡（选择）。其一，学习价值平衡（选择）。在人类的价值体系中，存在着多种价值冲突。主要表现在以下这些方面：个人价值与集体价值冲突；个人的外部价值与内部价值冲突；个人利益与他人利益冲突；长远利益与短期利益冲突；社会利益与自然利益冲突。如若这些价值冲突不能得到合理有效的平衡（选择），在这种价值导向下的行为将可能招致不可挽回的损失。只有这些对立冲突的价值得到合理地平衡（选择），才能实现人、社会、他人各方面的和谐统一。当个人只注重自我利益的时候，就会出现自私自利的行为；当个人只注重短期利益，就可能出现鼠目寸光的选择，甚至有些选择无异于饮鸩止渴；当个人只注重获得外在价值而忽视个人品德养成时，就可能导致道德败坏，甚至做出违反社会伦理道德的行为；当人类只注重财富的获得或占有而完全不顾及自然环境的破坏时，将可能导致环境的恶化。总而言之，不正当的价值会招致不正当的行为选择，在众多的价值当中，需要对它们进行平衡（选择），寻找某种平衡点，只有这样，才能使学习价值既能满足个人的需要，又不违反社会规范。

其二，学习行为平衡（选择）。学生的学习行为平衡（选择）实则是学生选择成为什么人的实践。学生在解决学习问题时，需要对学习行为进行批判性反思。一方面，学生在面对具体冲突时，需要思考应该如何做的问题。在复杂的学习情境中，通过评价各种因素，学生要思考学习的关键因素，构建最佳的学习行动方案，从而确定合理的方式解决学习问题。另一方面，学生需要辨明复杂的学习情境，结合自身的学习风格和个性特征，综合考虑各种可能的行动方案，形成独特的学习品质。

平衡（选择）能使学生进行高效的学习。所谓高效学习，是指学生在有限的时间里，能通过衡量，选择适时、适当的方式，取得良好的学习效果。高效学习不仅可以有效地减轻学生的学习负担，还可以使人类文化知识在短时间内被广泛地吸收和传播。学习高效表现在学习过程高速度，即高速度进行信息加工，在短时间内完成学习任务且学习效果良好。学习方法科学，即根据具体的学习内容选择科学有效的方法和手段完成学习任务。学生必须考虑用最少的时间和空间以实现最佳效果，学会用适当的学习策略，兼顾主体（使用手段实现目的者）的时间、地点、环境等因素，有效经济地完成学习目标，实现学习品质。平衡（选择）主要通过提高学生的学习能力、发展学生的学习策略、促成学生的个性化学习风格，从而实现高效学习。

1. 平衡（选择）能提高学生的学习能力从而推动学生高效学习

平衡（选择）能帮助学生提高各方面的能力。比如，平衡（选择）能帮助学生明确学习技术在学习中的作用，学生可通过合理把握和运用学习技术，从而提高学习效率。随着科学技术的发展，学习技术拓宽了学习的空间，使学习的领域变得更广阔。在信息化浪潮的推动下，如今的文盲已经不是不识字的人，而是指不会主动探究获取新知识的人，不会使用新技术以适应新环境变化的人，不会在新环境下主动适应社会变化的人，不会将学习技术渗透到学习领域的人。通过平衡（选择），学生知道如何认识和使用技术，使技术不仅在学习中发挥它本身的功能，而且能为学生所用，为学生的发展服务，从而提高学习效率。

2. 平衡（选择）可以促使学生在众多的学习策略和学习方法中选择最佳的问题解决途径，从而促进高效学习

学习策略是指学生在学习过程中，为实现学习的目标而遵循的学习原则、方法和学习的技巧。学习策略表现为学生对学习的自我计划、自我调整、自我指导和自我强化。在学习活动之前，

学生能够自己确定学习目标，制订学习计划，选择学习方法，做好学习准备；在学习活动之中，学生能够对自己的学习过程、学习状态和学习行为进行自我观察、自我审视和自我调节；在学习活动之后，学生能够对自己的学习结果进行自我检查、自我总结、自我评价和自我补救。有研究显示，学习策略的每一个维度与学业成绩都呈显著正相关。学习策略与学业成绩相关度从高到低分别为动机策略、认知策略、元认知策略和社会性策略，各种相关系数均具有显著的统计学意义（$P<0.01$），学习策略的每一维度都会对学业成绩产生非常显著的正面影响。学习策略使用水平越高，学生的学业成绩也越高。[①]

案例5-3

2007年，福建省高考生陈默在接受记者采访时，介绍了她自己总结出来的富有个性的学习经验和策略，供大家参考。她认为学习理科的最核心的方法是掌握基本的核心概念，在掌握概念的基础上，通过做题进行理解，加以强化。当题目能做到举一反三的时候，那么充分说明自己理解了；当有些做题效果比较差的时候，就找一些相关的题目来进行练习。关于语文的学习方法，认为语文没有独特的方法短期内提高写作水平，写作内容需要日积月累，学习语文最基本问题就是拓宽知识面。英语方面要多读，读比做练习要多，做练习无法提高英语的语感，充分利用各学科休息时间读英语，培养英语语感。学习数学的经验主要是听课和做题，以做题加强对基本概念的理解，平时练习要严格根据考试的要求一步一步去完成，以便在考试时，能顺畅地完成。对

---

① 刘加霞，辛涛，黄高庆，申继亮. 中学生学习动机、学习策略与学业成绩的关系研究［J］. 教育理论与实践，2000（9）：54-58.

理科综合的学习建议主要有:物理要注重基本概念的掌握;化学要细心,因为化学知识点多;生物则以课本为主,认真复习。①

以上是2007年福建高考生介绍的学习经验和学习策略,她之所以取得如此优秀的成绩,是因为她充分认识到各学科的特点,在众多的学习策略中,选择适合学科特点的,形成了符合自身特点的学习风格,从而取得了事半功倍的学习效果。

3. 平衡(选择)能帮助学生形成个性化的学习风格,从而促进学生的高效选择

平衡(选择)可以帮助学生正确而全面地认识自我,在此基础上,帮助学生形成富有个性的学习风格。学习风格的形成受先天的因素和后天环境教育因素的影响,但后天环境教育因素在学习风格的形成中占主导地位。学生在与学习环境相互作用中形成自己的风格,而学习风格的形成可以帮助学生深刻认识自我,清楚认识自己的思维方式,从而提高学习效率。比如有些学生通过准确把握学习的生物钟来提高学习效果。每个人都拥有独具特色的生物钟,有些人早晨学习效果好,有些人晚上学习效果佳,有些人半夜学习精神百倍,只有在把握生物钟的基础上,才能使自身的学习效果事半功倍。因此,通过平衡(选择),学生可以正确认识和利用自我学习风格中的优势,取到良好的学习效果。

第三节 学生学习智慧养成的教育机理

教育教学对学习智慧的影响是毋庸置疑的,究竟是哪些方面

---

① 徐小敏. 学习的智慧——2007年福建省高考理科状元陈默访谈录[J]. 中学生时代, 2007 (18): 6-13.

在引导和促进学习智慧的产生,它们以什么样的方式影响学习智慧,这不仅是学习智慧理论指导的问题,更是一个学习智慧是否可操作的实践问题。

一、课程设置引导学习智慧的萌生

课程设置主要通过课程主体参与和课程内容选择两方面直接或间接地影响学习智慧的形成。

(一) 学生是否参与课程设置影响学生的主体意识形成

国家设置的课程充分体现了国家意志。长期以来,我国实行全国统一的课程设置,属于"国家本位的课程"。由于过分重视实施中央政府和地方政府发布的指令,追求尽可能完善的目标和满负荷的课程,学校和学生没有自主抉择课程的空间。这种课程主要参照标准来自当时的俄国,重心在保持教学的计划性。在教学经济基础薄弱的情况下,这种课程能够较为规范地促进教学。随着经济、文化、政治的发展,在人们意识不断觉醒的情况下,这种课程设置的弊端逐渐显露。人们逐渐开始反省课程设置主体是否需要多元参与,课程设置主体是否需要学生的参与,学生成为课程设置的主体将有何优点,学生不参与课程设置将会有什么不良后果等问题。毫无疑问,学生若不参与课程设置,其主体地位就失去了保障,就会处于被动,学生的个性化发展只是一句空话。

到20世纪80年代中期,在国务院统一指导下,基础教育课程在反省高度统一的国家课程管理基础上,建立起了国家、地方和学校三级课程管理体制。学校从此拥有了国家课程、地方课程和校本课程的课程体系。构成课程设置的主体包括中央或地区教育行政机构、学校、教师、学生。[①] 从此,学生也被纳入课程设

---

① 陈桂生. 普通教育学纲要 [M]. 上海:华东师范大学出版社,2009:143.

置主体的范畴,将课程设置的权利归还于学生。当学生作为课程设置的主体参与课程设置时,学生的主体意识就会被唤醒,学生就能拥有主体的责任意识。

(二)课程内容选择影响学生对学习规范的认识

课程内容是根据课程目标,有目的、有计划地选择一系列直接经验和间接经验的总和,是从人类的经验体系中选择出来,并按照一定的逻辑序列组织编排而成的知识体系和经验体系。

课程内容的选择影响学生对学习规范的认识。目前,确定课程内容来源的方式主要有四种:一是从权威著作中精选课程内容,以传授经典著作为主要内容。主要的启蒙书目有《凡将篇》《仓颉篇》《千字文》《急救篇》《三字经》《百家姓》。通过这些经典书目,学生可以形成对人类规范基本的认识。从汉代至清代,主要以四书五经①为基本的教材,帮助学生形成基本的社会规范。在中世纪的欧洲,也主要依据亚里士多德、欧几里得等人的原著为教材,以七种自由艺术②为主要学习内容。西方国家课程内容和中国古代的课程内容有异曲同工之处,都是从经典著述入手,传递基本的知识和规范,这些与后来的学科课程非常相似。二是学科课程内容。随着近代科学的不断推进,社会分工越来越精细,科学门类日益分化,按照科学分类划分学科就形成了学科课程。每一学科都涵盖了该科目的基本知识,根据学科科目的逻辑顺序组织和编排教材,基本教育课程有语文、数学、物理、化学、生物、历史、地理、体育、音乐、图画。三是儿童兴趣和以需要为本位设置的课程内容。19世纪末20世纪初,以杜

---

① 四书是指《大学》《中庸》《论语》《孟子》;五经是指《诗》《书》《易》《礼》《春秋》。

② 七种自由艺术即七艺,包括文法学、修辞学、辩证法(逻辑学)、算数、几何学、天文学和音乐。

威为代表的儿童经验中心的课程，批判分科课程远离儿童的生活实际，不能从儿童的兴趣和需要出发，从而提出了活动课程。四是核心课程。以人类基本活动为本位的课程设置，主要课程包括文化时代核心、青少年需求核心与社会问题核心。以上四个方面的课程内容来源，究竟哪种更容易引起学生的学习兴趣，更容易激发学生学习的主动性，更容易推动学生产生学习的责任意识？笔者以为，课程内容的选择应以学生的兴趣为前提，根据学生个性心理发展特点，在学生最近发展区域内，在遵守课程内容内部逻辑的基础上，通过教师和学生的共同协商形成的课程内容才能促进学生学习智慧的发展。

二、教学过程促进学习智慧的生长

教学是推动人类发展的重要因素，教师从事着为了学生发展的"教"的活动，学生从事着为了自身发展的"学"的活动。因此，"教"与"学"的活动都是为了促进学生自身更好的发展。究竟什么是教学呢？教学如何影响学习智慧的发展？什么样的课堂教学有助于学生学习智慧的发展？

有人认为教学就是传递知识和技能；有人认为教学就是教师通过上课传递知识，学生通过听课接受知识的过程；有人认为教学过程就是智育发展的过程。以上这些概念都从某个侧面道出了教学的特征或教学的任务，但却未能道出教学的本质。教学是指在教师的指导下，学生积极主动地学习系统的科学文化知识和技能，发展智力和体力，培养能力，形成良好思想品德和审美情趣的最基本的一种活动。[1] 教学是促进学生实现真、善、美的实践活动。教学过程是一种通过教师引导、学生主动参与的师生共同协商的实践活动。教学目的在于促进学生的发展，教学的任务不

---

① 杨乃虹. 教育学教程 [M]. 北京：高等教育出版社，2000：130.

仅在于传递知识和技能，更在于促进学生获得体力和智力的发展，帮助学生获得良好的思想品德和审美情趣。

（一）通过教学可以促进学生认识学习规范

从教学的本质理解，教学首先是一种特殊的认识活动。学生通过教师的指导，认识客观世界，同时改造主观世界。从认识论的角度来探析教学，学生的认识发展必须遵循人类认识过程的普遍规律，从感性过渡到理性，再由理性过渡到社会实践的过程。学生的认识是一种直观到抽象，再从抽象到具体的实践过程。通过教学，学生能充分化解个体经验的有限性和人类历史经验无限性的矛盾。教学引导学生追溯历史，立足现在，展望未来。通过教学，学生直接或间接地获得人与人之间的交往之道，人与环境的相处之道等社会规范。通过教学，学生能穿越时空和个体经验的限制，扩宽自己的视野；通过教学，学生直接或间接地掌握各类知识，形成正确的认识。由于学生具有可发展性的特点，其知识、智力、体力和品德等方面都处在不断发展的阶段。通过教师的引领，学生的认知结构、智力水平、思想观点和道德规范都会发生一系列的变化。通过教学，学生提高了认知能力，促进了自身智力的发展。而智力的发展是学生认识感悟的前提，因此，提高学生的智力就能提高学生感悟学习规范的能力。通过以上论述，可以得出：一方面，教学可以使学生直接获得学习规范知识；另一方面，教学可以促进学生智力的发展，从而提高学生的认知感悟力，促进学生将学习规范内化成学习信念。

（二）学生和教师的教学活动就是共同践行学习智慧品质的过程

在教学过程中，学生自愿、自主、自由地参与教学过程。在教学活动的过程中，学生不断获得学习规范经验，不断同化顺应已有的学习规范，不断唤醒内部学习的自觉，从而将外在的学习规范内化成学习信念。在学习过程中，学生不断思考，认识学习中的自我、学习环境、教师和教学内容，并认识学习中的各种学习关系。学生在学习过程中的认识、感悟、思考就是学生实践学习品质的过程。其一，通过学习不断获得知识的过程，就是继承和发扬中国传统文化的过程。其二，在学习的过程之中，学生需要处理与教师、与同学之间的关系，学生感知到生生和师生的交往之道，通过不断调整自身的学习价值和学习行为，找到处理师生关系和生生关系的适度的学习价值和学习行为。在合作的学习情境中，学生能体会同伴合作所带来的良好的学习效果，相反，闭门造车的学习行为就不能体会同伴之间相互沟通的快乐。同样，在学习过程中，如果学生只顾及和只在乎自我感受，忽视他人的感受，就会出现人际关系紧张的局面，学生只有通过换位思考，才能得到同伴的认可。通过学生不断地反思和实践，学生就会形成处理师生、生生关系的良好的学习价值和学习行为。其三，通过教学中学习技术的使用，学生明确了技术的使用技巧，并能利用技术为学习发展服务。其四，通过教学，学生不断认识自我身心发展水平，了解自身的兴趣、智力水平和道德修养，努力使自我从不完善走向完善。

（三）教学方法通过影响学生学习兴趣和思维水平而影响学生智慧的发展

教学方法是一种工具和手段，需要为教学目的服务。适当的教学方法可以促进学习智慧的形成；相反，不适当的教学方法则会阻碍学习智慧的形成。目前，教育学领域存在两种较有影响的教学方法的指导思想：一种是注入式教学指导思想。教师从主观愿望出发，武断地决定教学过程，无视学生的认识规律，否认学生的主观能动性，视学生为接受知识的容器和储存信息的仓库，单方面决定教学过程。在这种教学思想的引导下，学生容易产生厌学的情绪，学习智慧的发展受到严重阻碍。一种是启发式教学思想。这种教学指导思想强调从学生的实际情况出发，依据学习

的客观规律，充分调动学生的学习动机，激发学生学习的主动性和积极性，使学生领会和掌握系统的知识，训练学生解决问题的方法，提高学生独立分析问题和解决问题的能力。这种教学思想充分强调学生学习的自主性、独立性和创造性。陶行知在《创造的儿童教育》中，针对当时禁锢儿童思想的教学，提出了五大解放理论。① 在这种教学方法领导下，学生能充分表达自己的观点，能在不平衡的认知结构状态中走向平衡状态，实现认知能力的提高。学生能充分掌握具体的系统的科学知识，而这些科学知识是学生思维能力发展必不可少的前提条件，而思维能力发展是学习智慧必不可少的前提条件。因此，启发式教学指导思想通过提高学生的思维能力，发展学生的认识能力和创造能力，促进学生形成良好的学习品质。

（四）教学模式对学习智慧的影响

"教学模式"一词最早出自乔伊斯和韦尔的《教学模式》一书，他们认为，教学模式是构成课程和作业、选择教材、提示教师活动的一种范型或计划。② 教学模式是在一定的教学思想或教学理论指导下建立起来的较为稳定的教学活动结构框架和活动程序。作为活动结构框架，教学模式着重强调活动各要素之间的相互关系和功能；作为活动程序，教学模式则主要表现为活动的程序性和可操作性。实际上，教学模式不同于教学指导思想和教学计划。教学模式异于教学指导思想，主要是指教学模式没有教学思想抽象，比教学指导思想更具体和易于理解。同样，教学模式不是教学计划。相对于教学计划，教学模式不能如教学计划般具

---

① 五大解放是指解放儿童的头脑，解放儿童的双手，解放儿童的嘴，解放儿童的空间，解放儿童的时间。

② 转引自杨乃虹. 教育学教程 [M]. 北京：高等教育出版社，2000：177.

有具体性和操作性，教学模式的理论性胜过教学计划。教学计划往往指向具体的教育教学活动，极少包括思辨的理论，具有强烈的操作性，教学计划过于具体，以致失去了理论性。教学模式主要由五种因素构成：理论依据，教学目标，操作程序（教学过程的逻辑步骤或操作程度），实现条件，教学评价。

古代教学模式主要是教授式教学模式，其结构主要有讲、听、读、记、练，依仗教师主动灌输知识，学生被动机械地接受知识。到了17世纪，主要的教学组织形式是班级授课制，主要采用自然科学内容和直观教学方法，其教学模式主要有感知、记忆、理解、判断。到了19世纪，赫尔巴特从统觉论的观点出发，认为教师的任务在于选择正确的材料，并提出了预备、提示、联合、总结、应用的五阶段教学模式。以上这些教学模式都突出了教师在教学中的主观能动性，弱化了学生在学习过程中的主观能动性。过分强调学生对系统知识的掌握，必定对学生的个性发展造成不同程度的阻碍。长此以往，教师未能充分考虑学生的学习愿望和学习能力，未能在学习过程中充分考虑学生的主体地位，学生的学习责任心不能主动建立起来，更不会在学习过程中明确自己的责权。随着政治、经济、科学文化的进一步深入发展，以赫尔巴特为代表的传统教学模式表现出严重的不足。人们开始逐渐意识到学生的主体性作用，强调活动对学生的重要性，开始逐渐提高学生探究问题和解决问题的能力。杜威提出了"儿童中心"和"做中学"的理论，在此基础上提出了活动教学模式。① 此种教学模式虽然可以让学生通过"做"的过程获得直接经验，学生通过"做"的过程拥有处理问题的基本技能，但学生缺少获得系统知识的训

---

① 杜威的活动教学模式包括创设问题情境、产生问题、提出假设、进行推理和验证假设。

练,不能对各种学习规范进行全面理解。

通过以上分析,可知教学模式的适当性直接影响学生智力的发展,而学生学习智力发展是学生学习智慧发展的充分条件。可见,教学模式对学习智慧的影响是客观存在的。

三、教学环境浸染学习智慧的发展

教学环境回答了学生"在什么氛围"中学习的问题。无论是社会的大环境,学校的中环境,还有班级的小环境,它们对学习智慧的形成都是至关重要的。首先,社会大环境决定学习智慧的价值方向。社会大环境包括国家的政治环境、经济环境和文化环境等。文化是人类在生活实践中逐渐形成的,包括物质文化和精神文化。人的社会性决定了人对社会文化的不可选择性,因为人从出生那一刻起,就附上了当时社会文化的属性。"实际上,人的一切思想和处事态度均来自社会生活环境,是在各种社会关系和社会条件的影响下逐步形成的。"[①] 心理学家科尔伯格认为,社会文化因素能改变道德发展的速度和广度,社会文化中弥散着社会生活方式、风俗、习惯和人际相处之道等。而这些对人的影响是潜移默化的,是一种润物细无声的浸染。学习规范是社会规范的一部分,是人类文化不断积累的产物,是社会规范在学习实践活动中的具体化。学习规范、学习信念和学习品质都离不开人的生活世界,离不开社会文化的渗透与影响。社会文化中所表现出的习俗、规范、美德等文化渗透在学生的学习价值和学习行为选择中。学生通过与周遭的世界进行互动,建构学习智慧的规范,形成自身的学习价值观念,从而影响其学习价值和学习行为的选择。

其次,学校环境直接影响学生学习智慧的养成。学校环境包

---

① 田慧生. 教学环境论 [M]. 南昌:江西教育出版社,1996:3.

括学校的物质环境和学校的精神环境。学校环境表现为学校的办学理念，学校的风气和风格。学校环境对学生学习价值的影响是不可忽视的，直接影响着学生的精神面貌。学生生活在学校环境中，这种潜移默化的浸染对学习智慧的影响是毋庸置疑的。积极的学习环境可以提高学生对学校的认同感，消极的学习环境对学习智慧的形成具有阻碍作用。

再次，班级小环境制约学习智慧产生。"近朱者赤，近墨者黑，择善而从，不可不慎。"班级环境对学生学习智慧的影响也是不容置疑的，尤其是班主任的管理风格、班级风貌、班级卫生情况都直接制约着学生的学习价值和学习行为选择。人的行为选择不完全是由个人品格决定的，周围的环境也有很大影响。积极的学习环境，促进和帮助学生进行正确的学习价值和学习行为选择，消极的环境则阻碍学习智慧品质的形成。

四、教学评价规约学习智慧的形成

评价的英语"evaluate"是由价值"value"前加词缀"e"而来，意思是衡量人物或事物的价值。教学评价的发展经历了一个漫长的历史过程。早在西周时期，就有文献记载了考核学生学业的制度。《学记》中规定了课程与教学评价的内容和标准。汉代的察举制①，考试的主要方式有试用，有时候也采用文字考试的方法，但这些方法主要凭借主考官的主观判断。隋唐至清末，一直采用的教育评价方式是科举制度。科举制的特点是通过考试的方式来选拔人才，考试的内容有贴经、墨义、时务策、诗赋杂文等。明清时期流行八股取士，以孔子的思想观点为准绳，以朱熹的《四书集注》为准则，内容循规蹈矩，追求统一的格式，有明确的字数要求。这种科举取士的制度经历了一千多年，严重制约

---

① 察举制是一种自下而上推选人才的制度。

了学生的发展。近代的教学评价制度，大致形成于19世纪末20世纪初，后来经历了四个不同的发展阶段：测量阶段（1900—1930）、目标模式阶段（1930—1940）、目标参照测验阶段（20世纪50年代至70年代）、人本化阶段（20世纪80年代至今）。

（一）评价的性质决定学生是否拥有学习智慧

评价主体的改变影响学生对学习主体性的反思。以往的教学评价强调教师的主体性地位，学生作为评价的客体，接受来自教师的评价，学生只能依仗他律的要求来评价自己的学习行为，学生的主体性不能得到充分的体现。如今，研究者一直在探索科学性的评价，在评价标准的确立、评价程序的安排、评价结果的处理等方面都有严格的标准。尽管如此，评价主体仍以一种绝对化、权威者的身份凌驾于评价对象（学生）之上。教学是评价的工具，教学为评价服务，评价是教学的目的，为了评价而教学，导致评价失去了应有的意义。学生作为被评价的对象，失去了主体性的价值。当学生主体性价值得不到保障的时候，学生不能确立自己的主体地位，更不能根据自己的意志确定学习价值和学习行为。如果评价者的身份从"裁判员"转化为"服务器"，评价的目的不是将学生划分为三六九等，而是帮助学生正确认识自我，帮助学生实现自我发展，那么评价就会促进学生学习智慧的发展。

（二）评价内容影响学生学习能力和综合素养的形成

通过评定学生的"学"，有利于教师掌握学生的能力发展水平。以往的评价把标准化的学业测试视为评价的唯一标准，主要测试学生的语言和数理逻辑能力，通过测验将学生划分为优等生和差生。这种测试的弊端在于标准的整齐划一，导致一些天才和有其他优势智力的学生遭到忽视。根据多元智力理论带来的启示，学生拥有多样化的智力。根据学生发展的差异性而确定评价的内容和评价的标准，将能充分发挥学生的优势智力，从而促进学生学习智慧的发展。

（三）评价的结果分析能促使学生展开对自身的认识，从而影响学生学习智慧的形成

人们对事情的成败有归因的倾向，即了解自己行为后果原因的自然心理倾向。从主观和客观方面分析，归因方式主要有外归因和内归因。归因倾向的差异，直接影响学生对自我的认识。当学生从外界环境影响方面来分析自己成功和失败时，属于外归因。如将成功或失败归因于外部奖惩、他人影响、运气好坏和任务难易等。外归因运用得当，可以帮助学生建立自信心，从而促进学习智慧的发展。当学生将成功或失败归因于个人自身方面的原因，属于内归因。如将成功或失败归因于性格特点、动机强弱、情绪状态、智能高低、工作态度和努力程度等。内归因运用得当也能促使学生进行自我控制，从而帮助学生发动优良的行为。因此，若学生能合理地对评价产生的结果进行归因，将有利于学生形成良好的自我效能，从而促进自身学习智慧的发展。

第六章 学生学习智慧养成策略

从内部机理来分析,学生是学习智慧养成的主要执行者。学习智慧是学生依据自身对学习规范的感悟,形成学习信念,通过自身立法,不断地平衡(选择)学习价值和学习行为的过程。学习智慧的养成是一个动态生成的过程,不仅需要学生自身内部进行信息的更新和交换,而且需要学生与外部进行沟通和互动。学生智慧的培养离不开外部的教育教学。亚里士多德认为,人的理智德性主要通过教导而获得,所以需要时间和经验。① 从施教的立场来考量,学习智慧就是教育者根据学习规范的要求,通过各种方式和方法,培养学生具有良好学习品质的一项教育工作。尽管单纯地对学生施行道德灌输对学生学习品质的养成作用是相当有限的,但学生对学习规范的认知感悟却离不开学校的教育教学,学校教育使学生获得学习规范知识的作用是功不可没的。学习规范的获得离不开教师呕心沥血的教诲,学校和教师对学生学习智慧的养成提供广泛的学习机会,让学生活跃在各种学习情境中,面临各种可能的机遇和挑战,从而促使学生做出合理的学习价值和学习行为选择。教育教学提供学生系统的学习资源,让学生充分认识到自我主体角色,并促使学生从自我立法者的角度去培养良好的学习品质。金生鈜先生认为教化分为两种:一种是精

---

① 〔古希腊〕亚里士多德. 尼各马可伦理学[M]. 廖申白,译. 北京:商务印书馆,2003:35.

神的自我教化，另一种是通过外界影响进行的教化。学生学习智慧的养成主要依靠主体意志支配下自身承担的学习责任，在外界教育环境的支持和引导下，促发学习智慧的产生和实现。学校主要通过课程、教学环境、课堂教学和教学评价来实现教育对学习智慧的唤醒、支持、引导和促进功能。

第一节　课程：综合素养的个性化课程促成学习智慧

19世纪初，人们沉浸在科学技术带来的进步中，尽情地享受着科学技术带来的便利；与此同时，人们逐渐意识到科技进步必然会带来环境污染、能源枯竭等一系列问题。面对复杂的社会环境，面对多元的价值倾向，人究竟如何处理与自然社会、与人类社会之间的冲突？因此，教育成为解决问题的希望。如何培养人，培养什么样的人成为首要的问题。课程的设置和课程内容的选择是教育教学的载体，学习规范的内化离不开学校的教育教学。在此，我们来探讨学校应设置什么样的课程，课程内容应传递什么样的讯息才能使学生以辩证的、发展的观点看待问题。

一、综合素养的个性化课程设置帮助学生拥有主体责任意识

多元智力理论认为人的智力是有差异的，而不是有等级的，不同的人拥有不同的优势智力。学校如何充分发挥学生的优势智力，以促进学生个别差异性的发展？学校应该开设不同的课程，促进学生优势智力的发展。通过优势智力带动弱势智力的发展模式，促进学生全面而综合的发展。学校应该为学生的发展服务，提供综合素养的个性化课程，满足学生发展的需要。国家、学

校、教师如若设计"普罗克拉斯提斯之床"般的课程,将自己设想的教学要求和内容强加到学生身上,这种按照统一标准和尺度预设的课程,将学生剪裁为统一的存在,生命的个性需求和差异性就会遭到严重破坏。因此,要想充分发挥学生主体责任意识,必须设置满足学生个体综合素养发展需要的课程,把学生选择课程的权利归还给学生,只有这样,学生才能体会到主体的责任感。综合素养的个性化课程是指学生根据主体智力优势,结合自身发展的需要,选择促进自我学习品质发展的课程。综合素养个性化课程的主要特点有以下几点。

(一)多样性

学习智慧具有独立自主性、生成创造性、内隐规范性和个别差异性的特征,这就要求课程要突破传统单一课程的模式,建立具有丰富多样的课程体系。单一课程体系倾向于从教师的角度设计课程,不能满足学生的个体差异性发展需要。学校只有设计多样性的课程,供不同学习主体选择,才能适应不同学生的发展需要。课程的多样性是指课程从原有各学科属性出发,根据社会的进步和学生个体情感意志,根据学生的认知水平和认知能力等特点而设置分门别类、水平不一的课程。学生依据自身的水平、自身的特点和自身的兴趣,在教师的帮助下选择适合自己发展水平的课程。课程的多样性主要表现在学习资源的丰富多样性上。多样性的学习资源具有以下几个方面的特点:其一,能够提供符合学生发展水平需要的学习资源。学生根据需要,自主选择学习资源,这不仅满足了学生自身发展的需要,还能使学生成为学习的责任人。学生若能获得与自身密切联系的学习内容,就容易积极地同化和顺应学习内容,就会对学习内容进行迁移和创造。根据维果茨基的最近发展理论,学生需要拥有属于自身的最近发展区,若这种区域是学生自己设置的,不是外部强加的,就容易实现学生的多样化发展。外部强加的最近发展区可能是教师预先设定的区域，但如果不符合学生发展需要，设置的学习资源也可能不是学生需要的。因此，学校应给学生自由选择学习资源的权利，让学生根据学习的需要，进行自主选择。其二，根据不同的年龄特征和学习水平分类安排学习资源，方便学生快速而准确地获取学习内容。丰富的学习资源应如超市陈列的商品一样，丰富而又分门别类地展示出来。其三，根据学科知识的内在联系来组织学习资源，每种学习资源都有其内部本身固有的逻辑体系，根据学习资源内部发展规律来安排学习顺序将有利于学生把握学习发展的脉络。

（二）开放性

美国学者泰勒提出课程编制需要回答四个问题：①学校应该实现哪些教学目标？②提供哪些教育经验才能实现这些教学目标？③如何高效地组织这些教学经验？④通过什么方式评价教学目标？泰勒在他的著作《课程与教学基本原则》中明确提出根据预先设定的目标，选择适当的教学内容和方法。泰勒所论述的课程基本原理对世界课程组织和设计产生了深远的影响。但是，随着研究的进一步深入和研究者对学生主体的关照，泰勒原理的弊端也逐渐浮出水面。对泰勒原理持否定态度的有后现代课程观的代表人物多尔，他在《后现代课程观》中认为泰勒原理过分关注目标的实现，却忽视了学习过程中人的发展，忽视文化、历史、政治等对课程发展的作用，从而导致课程具有封闭性、线性、统一性等特点。多尔认为，泰勒原理过分重视课程内容的统一性而忽视开放性，而具有开放性、灵活性等特点的课程内容才能符合个体发展的需要。多尔的后现代课程设计必须具有"4R"设计标准，即丰富性（Richness）、回归性（Recursion）、关联性（Ralation）、严密性（Rigor）[1]，而后，有学者提出"5I"课程

---

[1] 〔美〕小威廉姆 E. 多尔. 后现代课程观［M］. 王红宇，译. 北京：教育科学出版社，2000：序 II.

观,即信息(Information)、兴趣(Interest)、直觉(Intuition)、质疑(Inquiry)、智慧(Intelligence)。① 5I课程观点的提出更加突出人的主动性,强调人在学习过程中对学习内容的质疑、设问、反思和质问。因此,要求课程内容的设计与选择必须从确定性走向非确定性,从精确性走向模糊性,从封闭性走向开放性,学习命题由实然性命题、应然性命题走向或然性命题。学生学习智慧的发展过程,实则是学生在或然性命题中不断对学习因素、学习关系进行诘难的过程,并从中进行平衡,进而形成学习品质。个性化课程具有开放性的特点,主要表现在以下几个方面:第一,学习内容的开放性,认为信息宽于知识。课程的开放性注重教师和课程编制者的态度、情感、信仰等方面的信息,而这些以隐性的方式存在于课程之中,学习内容是蕴含有信息的知识。第二,课程内容以或然性命题为主导。以往的课程内容过度强调应然性命题和实然性命题,忽视或然性命题,不利于学生创造性思维的启迪。第三,随着科学技术的使用,学习平台应该是开放的。课程的开放性是指课程面向全体学生,学生可以根据自身的需要在方便的时间和地点获得自己所需的学习课程。学生可以根据学习的兴趣和需要自由地确定学习进度,甚至可以中途重新选择新的课程。

(三) 自主性

自主性表现为学生在教师的协助下,能从学校提供的多样性课程中独立地选择符合个体兴趣需要的课程。自主性首先强调学生主体的兴趣,学生根据兴趣选择课程,替代了以往教师为学生选择统一课程的单一局面。教师设置的课程很难符合所有学生发展的需要,容易使学生在学习过程中的责任意识薄弱。相反,学

---

① 彭道林,张楚廷."五I"课程观再释读 [J]. 课程·教材·教法, 2013 (9): 11-16.

生自主选择的课程符合学生的需要，学生的主体性能得到充分展示，能锻炼学生的学习毅力，使学生勇敢地面对学习中的困难。自主性强调学生的独立性，但却不忽视教师的协助作用。在结构主义、现代主义和科学主义课程观的引导下，学生主体的属"人"性被忽视，课程设置中见不到学生主体，学生被游离于课程设置主体之外。如今，课程设置中学生主体地位得到了承认，然而，学生毕竟是未成年人，身心都处在发展阶段，需要教师的参与和帮助。因此，教师不是可有可无的旁观者，而是学生发展的支持者和协助者，能够在学生自主选择课程中发挥其应有的作用。

综合素养个性化课程对学生发展具有以下几个方面的作用：其一，学生通过自主的选择，拥有独立自主性。学生更像超级市场的顾客，能根据需要自主地对学习资源进行选择。教育机构、学校领导、教师不会命令学生做什么，更不会代替学生做一些事情，而是创造一个可供学生自由挑选的超级市场般的系统课程，帮助学生实现自主选择，培养学生独立自主性。学生成为学习的主人，学生不是被迫去学习教师安排的课程，而是自己确定学习课程，每个学生都有一张属于自己的课程表，这些课程都源于学生独立自主的选择。学生根据自我个性化的课程表独立自主地确定学习内容、学习计划和学习目的，学生拥有强烈的学习责任意识。其二，综合素养个性化课程的设置，可以推动学生更加积极有效地使用和控制自己的时间。学生在完成自己的学习任务之后，可以在课堂上选择学习其他课程内容，还可以在已有学习基础上选择更高更远的本学科的课程内容。学生能够充分利用课堂时间，使自己实现差异性发展，形成个别差异性。其三，个性化课程能让学生感受到学习自由和承担应有的主体责任。只有当学生在使用个性化课程的时候，学生的公民权利才能得到充分落实，学生拥有充分的自由。当失落的课程选择权利重回学生手中,学生从此拥有接受哪些教育和不接受哪些教育的自由权利,实现了学生从被动学习到主动学习的转变。在这种情况下,学生更能充分发挥其主体责任意识,从而推动学习智慧的发展。

二、综合素养的个性化课程内容推动学习智慧发展

斯宾塞在《论教育》中提出了"什么知识最有价值"这一命题,目的是为了解决当时古典教育不适应科学进步和工业发展的矛盾。他认为科学知识最有价值,课程体系应主要以科学知识为主。当此命题迁移到学习智慧领域时,课程内容应如何才能促进学生产生良好的学习价值和学习行为呢?

学生个性化的成长必须建立在学生综合素质全面发展的基础上。同理,综合素质的发展又能鲜明地促进学生个性的成长。课程内容是承载学生综合素养的重要载体,因此,为了发展学生的综合素养来促进学生形成学习智慧,综合素养个性化课程的内容选择必须具有以下两个方面的特点:一方面转变以往课程内容的选择取向,主要表现在从功利主义转向德性引领的价值取向;另一方面转变课程内容的呈现方式,主要由必然性命题转向或然性命题。

(一)德性引领的课程内容帮助学生内化学习规范

在功利主义价值取向的引导下,传统学校教育注重传递学生的知识技能,忽视学生学习德性的培养。在我国,20世纪50年代提出了"双基"[①]的教育目标,从此基本知识和基本技能成为教育的主要内容,学生学习的目的是掌握基本知识和基本技能。有研究结果显示,我国义务教育小学阶段的数学课程仍然注重双基教学,以基本知识和基本技能为基本取向,以训练学生解题的技能方法为主要内容,追求解题的速度和效率,忽视对数学的兴

[①] "双基"是指基础知识、基本技能。

趣和价值培养，数学教材成为学生学习的主要来源。① 有研究显示，在义务教育语文课程教学中，出现类似数学教学的现象，语文课程设置单一的知识性内容。而这种以介绍知识为主的课程内容是否能帮助学生提高语文素养？答案是否定的。在有限的题目中，学生很难实现知识、技能、情感、态度和价值的综合发展。② 发展学生的知识和技能的单一教学内容是不足以充分发展学生的学习智慧的。相反，学生的功利主义倾向会日趋严重，越来越成为精明的利己主义者。学习智慧不能只注重学生的学习效益，而应该关注学生的德性发展，所以承载信息的课程内容必须以德性为引领。

一方面，在进行课程内容选择的时候，应该充分考虑到学生已有的学习经验，从学生的生活经验出发，选择学习内容，帮助学生内化学习规范。那种脱离学生的生活经验，对学生进行纯粹学习规范知识的教学并不利于学生内化学习规范，虽然学生记住了学习规范的知识，但不能将学习规范知识进行运用。学生停留在"知其然"的状态，而不能进入"知其所以然"的状态。另一方面，在德性引领下，课程内容必须实现跨学科综合。传统的学校课程将学习内容分成不同的科目来讲授，学生生活在一些界限明显的离散的学科框架之中，严重阻碍了学生思维的发展。学校必须打破单一的分科课程体系，课程的设置重心应由知识传递转向德性引领。

---

① 邝孔秀，宋乃庆. 新课程背景下的小学数学双基教学：现状与反思——基于"国培计划"小学数学骨干教师研修班的调查［J］. 课程·教材·教法，2013（2）：66－70.
② 张学凯. 论语文教科书练习题设计的价值取向——以人教版、苏教版、台湾版教科书中《核舟记》《愚公移山》为例［J］. 课程·教材·教法，2007（9）：33－37.

(二)或然性命题的课程内容启发学生发展平衡(选择)能力

课程内容的确定性不利于学习智慧的发展。确定性的课程内容往往容易导致学习过于严肃呆板,学习过程缺乏生机和活力。课程内容的确定性容易使学生丧失学习的主动性,失去学习的创造力和个性差异性。推崇知识确定性的源头可追溯到柏拉图,他主张理性主义的知识观,认为知识是存在理念世界,独立于时间和空间,是不可感知的、确定不变的、永恒存在的。后来,理性主义的代表人物笛卡尔、斯宾诺莎、莱布尼茨也持知识确定性的观点。牛顿建立的力学体系使得知识的确定性成为一种哲学和信仰体系。泰勒认为,有效组织经验的准则是连续性、顺序性和整合性,他之所以持这种观点,前提是他视课程学习内容是确定不变的。以上这些定性的、僵化的课程学习内容观,不利于激发学生的探索欲望,不利于学生创造性地分析和解决问题,不利于学生产生质疑和批判的精神。而质疑、批判的精神是学习智慧行为不可或缺的精神品质。因此,后来的研究者开始逐渐反思确定性课程内容的缺点。后现代课程观的代表人物多尔提出了"4R"课程观,认为课程内容的组织原则包括丰富性、回归性、关联性和严密性。他认为课程内容不是确定性的,而是不确定性的;课程内容不是清晰的,而是模糊的;课程内容不是平衡的,而是不平衡的;课程内容不是呆板的,而是生动的;课程内容不是内聚的,而是耗散的。多尔认为,只有这样的课程内容才能吸引学生的注意力,才能促进学生全面发展。究竟课程内容应以何种方式呈现才能推动学生学习智慧的发展呢?课程内容的呈现方式主要从实然性命题和应然性命题走向或然性命题。所谓实然性命题是指课程内容以肯定的形式存在,主要传递是什么信息。如:"人是动物。"所谓应然性命题主要回答"应是什么"的问题,如:"人应该是动物。"所谓或然性命题主要是提出问题、表达质疑,如："人是动物吗？"经比较，或然性命题在推动学生质疑、反问等方面的作用更大。或然性命题留给学生的思维空间比应然性命题和实然性命题要大，学生能施展的自主性和自由度更高。①或然性命题承载的学习内容具有明显的不确定性，可以推动学生自主建构学习知识。课程内容的不确定性可以激发学生产生内部不平衡，根据建构主义的观点，学生只有在不平衡过程中才能获得成长，才能对未知的东西表现出强烈的探究欲，才能提出大量的"为什么"。课程内容的不确定性，可以帮助学生展开想象的翅膀，发挥学生的主动性和想象力，调动学生的质疑和批判精神，促进学生主动去建构系统的知识网络，发展学生的平衡（选择）能力，实现学生对学习内容的选择、理解、继承和创新的学习品质。

第二节 教学：多种方式锻炼学习能力、发展学习智慧

教学是教师引导学生不断求知探索，在师生的交往互动过程中，提高学生的认知感悟能力、情意自制能力和平衡（选择）能力。教师不仅要教授学生系统的科学知识，而且需要把发展学生完整人格、获得良好的学习品质纳入教学目的，帮助学生从不擅长学习逐渐过渡到擅长学习，从而促进学生拥有进一步学习的能力和良好的学习品质。

---

① 彭道林，张楚廷． "五 I" 课程观再释读 [J]．课程·教材·教法，2013（9）：11 – 16.

一、互惠关怀的教学情境支持学生学习智慧的萌生

情境有两个维度：一个维度重视"情",一个维度重视"境"。情可以理解为感情、情感等包含主观色彩的一种态度。"境"主要指人的一种状态,如心境。"境"与情况紧密相连,同时也含有物理意义的时空之境。情境对人的情感、行为和态度的发展有特定的作用。此处的情境主要是指人与人之间的一种心理共识。教学情境是指师生和生生在交往之中共同遵守的一种心理精神环境。为了促进学生学习智慧的发展,教师与学生之间、学生与学生之间的心理精神环境应该是互惠关怀的。互惠关怀的教学情境是指在教育教学活动中,教师与学生、学生与学生之间形成的一种民主平等、心理相容、相互帮助和尊重的积极情感,最终实现彼此的共同进步。互惠关怀的教学情境主要具有以下几个方面的特征,且每个方面的特征在推动学生智慧的发展方面具有非常重要的意义。

（一）教师对学生充满期待

教师的期待心理可影响学生的价值判断力和行为选择能力。罗森塔尔和雅各布森等人提出了皮革马利翁效应①,他们的研究结果在小学教学的效果上得到了充分的验证。结果显示,教师对学生的爱、关怀和期待在教学效果上能产生相应的基于此种期待的良好教学效果。教师应该为学生创设一种轻松愉快的情境、气氛,给予每个学生充分表现个性的空间,这种轻松愉快的学习气氛,可以使学生的脑波处于 α 状态,脑波的思维活动效率最高,

---

① 皮格马利翁效应也称"毕马龙效应""罗森塔尔效应"或"期待效应",由美国著名心理学家罗森塔尔和雅各布森提出。人的情感和观念,会不同程度地受到别人下意识的影响。人们会不自觉地接受自己喜欢、钦佩、信任和崇拜的人的影响和暗示。

从而提高学生的直觉能力、想象能力、创造力、价值和行为选择能力。心理学中的哈罗实验的结果显示，小猴选择绒毛妈妈比小猴选择铁丝妈妈更多，实验还显示，如果小猴从小被剥夺了母爱，此后其情感会变得敌对，不会照顾其他小猴。以上这些实验为教学敲响了警钟，起到了警醒作用。在学校教学过程中，教师应该充分表达对学生的期待，提供积极的情感支持，帮助学生发展学习品质。

（1）鼓励的言语动作和非言语动作透漏出教师对学生的关爱。教师应通过各种方式流露出对学生的喜爱，并支持和鼓励孩子积极主动参与教学活动，尽量避免被动参与。教师一个鼓励的眼神，一抹嘴角的微笑，一句由衷的赞叹，将蕴藏在心底的情感抒发出来，能安慰学生浮躁的心。在教师积极的暗示下，学生能感受到教师的关爱，能感受到教师对自我的尊重，在此基础上能够积极主动地和教师互动。由于学生积极主动地参与教学活动，学生在学习过程中能充分感受到学习的快乐。

（2）教师应鼓励学生犯"错"，并对学生的错误行为予以包容。教师对学生应该严而有格、严而有度，允许学生犯错，允许学生质疑，相信学生的潜能，用耐心来代替急躁，用等待来代替干预。

（3）教师应该是学生解决问题的参与者、合作者，应避免以裁判员的身份出现在学习活动中。由于受到了教师的支持和理解，学生不再被"物"化，取而代之的是充满生命活力的学习个体。教师应正确对待学生作业中的错误，以往教师在批阅学生作业的时候，用红色勾画"√"和"×"的符号对学生作业进行"对"与"错"的判断。这种对错的教学评价方式会淡漠师生间的关系，加大师生之间的鸿沟。新课程改革以后，教师将此种裁定和判断行为转换为标记学生出错的地方，通过"惑者求助"的方式，学生之间彼此交流帮助，当问题通过集体解决不了的时候，才去请教老师。这种标记对错的方式不仅有利于提高同伴之间的交往率，还可以帮助学生形成互帮互助的良好学习品质。

案例6-1

课堂上，学生正在和教师一起探讨苦瓜的颜色、味道和形状。教师将苦瓜切成一片一片待学生去进行实践，在学生观察颜色和形状之后，教师请学生品尝苦瓜的味道，请他们说出苦瓜的味道。大部分学生品尝出苦瓜味道是苦的，其中有一个学生站起来说："老师，苦瓜不是苦的，是甜的。"教师顿时脸色反常，但马上又镇定起来，说："老师也去尝尝他吃的那盘苦瓜。"果然，教师尝出来是甜的。那为什么是甜的，而不是苦的呢？教师和学生一起去寻找原因，通过排查，师生一起得出结论，切苦瓜的刀上沾上了一些糖，这样才导致苦瓜味甜。据这位教师反映，后来这位学生听课非常认真，主动参与老师的提问，遇到困难时能主动寻求老师的帮助。[1]

此案例充分说明，教师对学生的关怀，包括行动上支持学生，情感上理解学生。这位教师巧妙地处理了学生提出的"非难"，他没有对学生的"错误"回答立即进行肯定或否定的评价，而是自己也参与品尝苦瓜，和学生一起去探讨苦瓜甜的原因。这一行为不但保护了学生的自尊心和自信心，学生也感到被尊重，更有利于激发学生探究的欲望。在教学中，学生得到了教师支持性的帮助，通过师生共同探讨"苦瓜是甜的"这个现象

---

[1] 曾强，李三福. 学习智慧本质及其养成［J］. 湖南师范大学教育科学学报，2014（5）：119-124.

背后的原因，学生的自尊得到了保护，学生的探究欲得到了激发，实现了学生的成长。教师恰如其分的参与和帮助，赢得了学生的信任，学生和教师的情感自然变得融洽。在融洽的师生关系中，教师体验到被尊重，从而萌生对教学事业的热爱之情，推动自己教学素养的提高，促进了教师的专业成长。

（二）民主平等、相互尊重

互惠关怀课堂教学情境的突出特点是师生之间、生生之间民主平等、相互尊重。互惠关怀的课堂情境能实现学生和教师真正的民主，能更好地促进师生、生生沟通，从而促进学习智慧的发展。民主平等、相互尊重的意义在于：其一，民主平等、相互尊重能实现良好的师生关系。民主平等不仅仅是一种政治制度，也是一种生活方式。将民主平等看作一种个人的生活方式，即认为民主平等不只是一种形式或者是一种外在的东西，而是一种内在的修养。民主平等能为学生和教师平等交流提供良好的心理氛围。在民主平等的自由心理环境下，学生可以畅所欲言，不会因为说错话而害怕。相反，若教师在课堂中的权利过分集中，那么就可能出现教师随心所欲地滥用权利，学生惧怕教师而不会主动和教师互动的现象。在民主平等的课堂中，教师和学生彼此人格平等，通过相互交流和平等对话，师生之间彼此敞亮，在支持、沟通和协调的氛围中形成"我—你"共在的主体。其二，在互惠关怀的课堂情境下，相互尊重、民主平等能形成良好的生生关系，并能推动学生形成良好的学习品质。在学习过程中，学生之间采用"一帮一"的互助模式，将成绩好与成绩不好，品行好与品行一般的学生编成互助小组，形成一个积极上进的学习共同体，通过小组成员建立合作学习目标，让学生在合作过程中产生归属、接受、支持和关心的情感。有研究表明，小组成员之间的合作学习比个体独立学习更容易促使学生产生积极的学习动机。在学习过程中，学生能对学习过程和学习结果拥有积极的学习态度和学习情感,也能对学科本身和任务产生积极的情感。① 学生长期生活在团结友爱的课堂中,通过耳濡目染,将会形成关心他人、体谅他人、乐于合作、主动分享等亲善品质。反之,学生长期生活在人际关系紧张、充满敌意、相互揣测和非此即彼的排他性竞争的课堂氛围中,将会形成自私自利、互相猜疑、相互诽谤和相互攻击等破坏性的行为品质。② 有研究表明,师生情感、生生情感关系的好坏与学生开展学习密切相关。互惠关怀的教学情境为师生、生生关系的形成提供良好的环境支持,是学生养成学习品质一个重要的保护性因素。多明格斯认为,教师若能在与学生互动或参与的教学活动中,在评定和考量学生的问题行为时给予学生支持和理解,学生的问题行为就会降低,问题行为对学生学习品质的消极影响也会降低。

二、"研究—探讨"型的教学模式促进学生学习智慧的生长

教学模式主要是指教学的组织模式,课堂教学模式包含着一些共同的、基本的要素:教学指导思想、功能目标、实现条件、教学活动操作程序、效果评价等。③ 传统教学模式以"传递—接受式"教学模式为代表,此种教学模式源自赫尔巴特的四段教学法,该教学模式以传授系统的科学知识,培养基本技能为教学的目标。教学的基本程序主要有:激发学习动机—复习旧课—讲授新课—巩固运用—检查评价。这种教学模式的优点如下:学生能在短时间内掌握较多的信息和知识,教师在教学中的主导地位和

---

① 〔美〕詹姆斯·H. 麦克米伦. 学生学习的社会心理学 [M]. 何立婴,译. 北京:人民教育出版社,1989:161.
② 黄向阳. 德育原理 [M]. 上海:华东师范大学出版社,2000:201.
③ 王文静. 中国教学模式改革的实践探索——"学为导向"综合型课堂教学模式 [J]. 北京师范大学学报,2012(1):18-24.

作用有利于提高教学效果。但是，这种教学模式也表现出明显的弊端：教学思想和教学观念落后，知识传授成为唯一的教学目标，不利于学生创新能力和创造性思维的发展，不适应时代发展的需要；学生主体缺位，表现为教师"一言堂"，剥夺了学生发问的权利，学生处于被动接受知识的状态，表现出昏昏欲睡的课堂学习风貌；教学手段单一，不能顾及个体学生的差异和需求，不能因材施教；学习生活单一，教学环境闭塞，实践教学相对薄弱。① 以上这些都充分说明：传统教学模式忽视学生学习的主体性，不利于培养学生的创造力，更不利于学生学习智慧品质的形成。"研究—探讨"型教学模式是相对"传递—接受式"教学模式而言的，它以皮亚杰个人建构主义理论、斯滕伯格成功智力理论、加德纳多元智能理论作为理论基础。"研究—探讨"型教学模式的基本教学实践过程包括以下几个方面：第一，创设情境。此阶段主要是教师根据最近发展区理论，通过各种手段、方式和方法，激发和唤醒学生的好奇心，使之拥有主动建构内化学习规范、理论知识的愿望。第二，围绕问题引导探究合作。教师作为指导者和组织者，帮助学生解决疑难问题，开启学生的思维和开阔学生的眼界。第三，交流结果，体验研究探讨的乐趣。"表达和交流"是"研究—探讨"型教学模式必不可少的环节。通过表达和交流，能充分激励学生表达个人愿景，体现学生的个体差异性。通过此环节，学生可以体会到与人相处之道，能学会相互倾听，能在尊重和赞赏的过程中学会平等地看待每个成员。通过彼此真诚地、合理地、有效地、轻松地交流，促进彼此建构出新的假设和更深层次的理解。在"研究—探讨"型教学模式中，学生主要的学习方法有研究法和讨论法。研究法是学生采用科学

---

① 郭玉莲. 课堂教学模式改革探论［J］. 教育理论与实践，2012（10）：57-60.

研究的方式，通过和教师共同探讨学习主题，从而解决问题的一种综合性的学习方法。研究法强调学习的主体性，学生在学习过程中不断思考"怎么做"和"做什么"，而不是被动接受教师的现成的学习结论。① 研究法起源于卢梭的《爱弥儿》，强调开放性、探究性等特点。讨论法是在学生和教师的共同参与下，学生以小组合作的方式，共同探讨中心问题，建构知识的一种学习方法。探讨法的最早提出者是孔子和苏格拉底，此种方法不断发展，如今由传统的教师激励学生讨论，逐渐演变为学生之间互相激励，学生和教师共同讨论。"研究—探讨"型教学模式对学习智慧的促进作用主要表现在以下几个方面：

首先，在"研究—探讨"型教学模式的具体实施过程中，学生通过参与课堂教学中的研究和探讨活动，提高自身的认知感悟能力，建构学习规范，从而推动学习智慧的发展。美国学者特巴斯基认为，知识只有与孩子们相联系并且有意义的时候，才能够有效地获得并学以致用。② 根据建构主义的学习观，学生以原有经验为基础建立自身的知识或意义，而那些远离学生已有认知结构的外在知识难以被学生内化。每个学生拥有的经验和文化背景不同，学生对世界的理解也存在差异，那种从教师角度出发的单一授受教学，不符合学生身心发展规律，学生也难以建构教师预先设定的知识。这种由教师单向度传授知识的教学模式，必然会遭到质疑和否定。学生是具有自然属性和社会属性的人，不仅需要独立自主地进行学习活动，而且还需要通过与同伴的相互交流和合作，在与同伴的对话、协商、沟通过程中，实现不同观点的碰撞与融合，激励学生不断地进行自我反思和意义建构。

---

① 邱石. 探究性学习综述［M］. 呼和浩特：远方出版社，2005：1.
② 李志厚. 变革课堂教学方式 建构主义学习理念及其在教学中的应用［M］. 广州：广东教育出版社，2010：1.

其次,"研究—探讨"型课堂教学模式的具体实施,有利于培养学生的责任心。在"研究—探讨"型课堂教学模式的具体实施过程中,突出强调学生独立自主的思考能力,这种能力容易促使学生主动养成学习智慧。一方面,能改变以往学生主体缺失的状况,提高学生的主动性。学生是学习行为的主人,是自由的个体,教师只需进行必要的指导,学生就能独立自主地设定学习计划,选择学习目标、内容、方式,寻求别人的帮助等;学生通过理性设计和践行学习品质,具有强烈的独立自主性。在此基础上,学生能充分体会到主体的意志自由,认识到自己的学习责任。另一反面,学生通过参加不同情境的学习,主动性会得到充分调动。因为儿童与生俱来就有发现、研究、探索的需要,这种课程模式能够帮助和促进学生充分发挥独立性、自信心和创造性;学生的内部积极性被充分调动起来,学生学习的合理需要会得到及时满足,这种满足能激发和引导新的学习兴趣和需要。

再次,"研究—探讨"型教学模式的具体实施,有利于提高学生平衡(选择)能力,促进学生学习智慧品质的形成。学习智慧强调学生在学习过程中能处理好各种矛盾,能以整合的观点对待周围的人与事,能以适当的方式处理各种关系,从而形成良好的学习品质。"研究—探讨"型教学模式的实施过程突出强调研究和探讨学习主题的设计。主题设计离不开个人、社会和自然的统一,实现经验、科学、道德的内在整合,这些方面刚好给学生学习智慧的发展提供了实践基地。学生通过观察、调查和探索等活动,感悟学习中各种关系的错综复杂,从而准确地掌握各种学习规范,协调多方面的利益冲突,主动对学习价值和学习行为进行平衡,采取合适的方法来解决问题。因此,学生通过参与此种教学模式的教学活动,可以提高学生的平衡(选择)能力。在传统的课堂教学模式的教学活动过程中,教师苦口婆心地对学生进行学习规范的机械式填塞,但这种填鸭式教学对学生学习品

质形成所起的作用是微乎其微的。如教师对学生进行尊师重道的学习品质教育，而不能代替学生自觉践行尊敬教师的学习品质；教师采用千篇一律的方式对学生进行简单的说教，不能激发学生求知欲，教师的要求只停留在外部短暂的影响上。相反，在"研究—探讨"型教学模式的教学活动过程中，学生需要平衡自身的价值和行为，通过自身体验，容易将学习规范内化，并乐意践行学习品质。在此模式的具体教学活动环节，学生对群己共赢学习价值观念的养成是自觉的。因为一旦学生出现自私自利的价值倾向，就会表现出自我中心的学习行为，当这种价值和行为初现端倪的时候，就会招致其他同学的否定。这就迫使学生不断反思自己的学习行为和价值，从而调整自己的学习行为和价值。因此，通过此种课堂教学模式，可以提高学生的平衡（选择）能力。

"研究—探讨"型教学模式的具体实施有利于推动学生具体学习品质的实现。其一，在"研究—探讨"型教学模式的具体实施过程中，学生彼此的合作学习有利于生生交流合作的学习品质的养成。在这种模式的教学活动环节，集体合作学习成为常规。通过小组之间彼此交流、沟通，可以增进同学之间的理解，有利于生生合作，实现生生共同发展。学生通过彼此相互交往，了解他人也了解自我，从而获得生生的交往规范。在"研究—探讨"型教学模式的课堂中，学生彼此交换学习经验，展示学习成果、彼此相互倾听和合作，学会平等地看待学习成果，学会相互接纳分享、相互接受赞赏，这些行为可以增进同学之间的友谊。在"研究—探讨"型教学模式的课堂教学中，教师的作用是引导学生在明确的目标下主动思考和积极交流，能根据学生的学习特征和差异，合理划分学习小组，让小组成员明确自身的学习任务，鼓励学生尝试运用不同的语言进行表达和交流。此番过程，学生把自己的情感和行为控制在一个适度的范围，从而形成正确的学习交往情感和态度。在"研究—探讨"型教学模式的课堂教学中，学生通过小组合作学习，生生间合理的交往价值和交往行为就容易内生内化。

其二，在"研究—探讨"型教学模式的课堂教学中，学生通过合作学习实现自我身心和谐发展。学校教育的目的是培养全面和谐发展的人和社会进步的积极参与者。① 在合作性学习过程中，通过小组成员的分工和合作，每个学生都拥有各自的探究学习任务，各自承担着自己的责任和学习共同体的责任。通过承担责任，能充分调动学生的主观能动性，学生在课堂中由被动接受转化为主动参与。通过小组成员的合作学习，彼此相互取长补短，充分发挥学生的潜能，锻炼学生的能力，从而促进学生智力和非智力因素的发展。通过小组成员之间的交流，学生之间相互启发、相互补充和相互修正，多渠道获得多方面的知识，对事物形成较为全面的认识。在此过程中，学生相互交往，学会认知、学会交往、学会做事、学会做人，从而促进自身各方面协调发展。

其三，在"研究—探讨"型教学模式的课堂教学中，通过学生与教师的互动，有利于形成师生协作的学习智慧。学生通过独立思考、小组合作和教师协助的方式来完成小组共同的任务。教师的作用不是代替学生解决问题，而是做到有所为和有所不为，教师不再是无所事事的旁观者，而是小组合作的协作者和引导者，及时帮助学生解决疑难问题。在"研究—探讨"型的课堂教学中，当学生碰到各种困难，产生退却等心理倾向时，教师会及时给予支持和帮助，给予学生关心，开拓学生的思维，开阔学生的学习视界，关注和指导学生的学习兴趣，做到在情感上支持学生，这样学生就会对教师产生尊敬之情。尊敬不是一种行政

---

① 蔡汀，王义高，祖晶. 苏霍姆林斯基选集（第4卷）[M]. 北京：教育科学出版社，2001：13.

的义务,而是发自内心的敬仰。教师不再是知识的传递者、学习内容的灌输者,而是引导学生多角度去发现、分析和思考问题,帮助学生建立探究性实践小组的支持者和合作者。学生通过积极探索,寻找相关的学习资料,参与教师的互动,形成对教师积极的情感,从而形成良好的师生关系。由于"研究—探讨"型教学模式的教学活动主题贴近学生的生活,学习内容源自学生内部发展的需要,通过与教师共同研究探讨,能够共同处理学习过程中的复杂问题。相反,如果教师越俎代庖地替代学生做出学习价值和学习行为选择,剥夺学生独立思考的权利,学生就不能做出合适的选择。"不愤不启,不悱不发。"① 充分说明教师应在适当的时间对学生进行启发和引导,这样才能使学生感受到教师在教学中不可替代的地位和作用,有利于学生形成对教师的尊敬之情。一方面,教师以协作者的身份参与学生的学习过程中,这样可以帮助学生充分发挥学习潜能,引导学生主动学习和思考,从而促进学生提高各种综合实践能力,拓宽学生的知识视野和思维;另一方面,学生在与教师的互动中,充分认识教师的作用,能自觉尊重教师,主动和教师协作。

其四,在"研究—探讨"型教学模式的课堂教学中,学生对学习技术进行充分认识和使用,有利于提高技术素养和学习技术品质。学校的领导和教师要高度重视现代学习技术在学校教学系统中的地位和作用,时刻了解学生使用学习技术的情况;对学习技术在培养和提高学生思维和创新能力等方面的作用保持警醒,使学习技术能够为学习发展服务。同时,通过大力加强信息技术在教学中的运用、推广和普及,使学生能够恰如其分地运用学习技术,充分调动学生学习的积极性,激发学生的创造力。

---

① 《论语·述而》。

三、对话教学法推动学生学习智慧的形成

在马克思哲学范畴中,方法是为目的服务的;内容能体现目的,目的决定方法。教学方法普遍被认为是一种实现教学任务和目的的手段。从建构主义观点分析,教学方法就是如何帮助学生实现学习内容的内化。目前主要的教学方法有讲授法、读书指导法、自学法、发现法、独立探究法和研究法。有人认为启发式是一种教学指导思想,不是一种具体的教学方法,但具有教学方法的一般意义。① 启发式教学法对学生学习智慧的发展也是非常重要的。其一,启发式教学法强调学生的主体性,强调学生的主体性和教师主体性相结合。一方面有利于学生形成良好的学生自我发展的学习品质,另一方面有利于形成良好的师生关系。其二,启发式教学法强调知识和智力协调发展,有利于学生形成处理学习内容的良好学习品质。其三,启发式教学法强调教师的"启"和学生的"发"有机结合起来,有利于学生养成不断探索、不断思考和不断发现的学习精神,提高其智力和能力,从而推动学习智慧的发展。对话教学法汲取了启发式教学法的优点,受到了教师和学生的青睐,在教学中逐渐得到了推广和运用。

马丁·布伯突破了笛卡尔哲学中唯我论②的境遇,从"他者"的命题中解放出来,提出了"你"这一向度。虽然"他"和"你"只是一个词的区别,但却代表着哲学理念的转变。哲学理念从二元对立的视角转向了哲学对话的观点,具有时代性意

---

① 余文森,洪明等. 课程与教学论 [M]. 福州:福建教育出版社,2007:229.

② 唯我论认为世界的一切事物及他人均为"我"的表象或"我"的创造物。

义。"我—他"关系是一种不平等的主客二元对立的关系,而"我—你"关系是一种亲密、交融和对等的关系,对话双方虽然存在着距离,但同时又保持着一种张力,在这种对等的关系中,人只有通过"你"才成为"我"。对话理论已经超越了简单的谈话或讨论,而一跃成为一种哲学观、一种精神和态度,具有差异的内涵,"对话精神高于形式"①。当教学中的对话成为一种精神,师生双方就会彼此尊重、互相信任和平等互利,通过语言而进入双方自由的交流和沟通。② 持对话理论观点的教育家,摒弃了传统课堂教学中的教师中心论的基本观点,学生拥有平等的身份,师生双方作为交往主体共同进行教育教学活动,在对话的过程中师生互相激励,从而实现精神层面的相遇、融合和沟通。对话就是彼此精神层面的相遇,因此对话是自由的、自觉的,不是被迫的、教条的。师生和生生的理性对话能帮助学生产生良好的学习品质。对话教学法具体表述为在教育教学过程中,通过提问、问答、讨论、争辩的方式,师生间双向或多向进行信息交换、思维沟通。孔子和苏格拉底是古代东方和西方对话教学的典型代表人物。对话教学对学生学习智慧的养成主要表现在以下几个方面:

首先,通过对话,推动学生形成关于教师的正确价值观,从而使学生拥有处理师生关系的良好行为品质。在传统课堂中,教师的提问基于封闭式问题,学生只能对教师的问题进行简单的"是"与"否"的回答。学生几乎没有机会向教师发问,更没有发问的权利,也不会对教师提出质疑,教师的领导地位不容撼动。而在对话教学的师生关系中,学生可以质疑教师,学生不再

---

① 杨小微. 对话精神远高于形式 [J]. 人民教育, 2012 (20): 45 - 47.
② 李森, 吉标. 师生对话的特点及意义 [J]. 西南师范大学学报, 2004 (3): 88 - 91.

迷信教师。教生之间真诚地彼此暴露，自由表达思想和感情，容易形成较为融洽的师生关系。

其次，在对话的关系中，随着对话成员的增加，同学之间相互表达和交流，实现信息间的相互碰撞，学生开始学会从异己的观点反思问题，向他人开放自我，在理解他人的基础上更新自我的观念。通过学生的反观自照，学生能以包容的心态接受他人的观点，更有利于形成良好的生生关系，产生良好的生生学习品质。

再次，在对话的过程中，学生需要表达自己的见解和观点，不人云亦云，形成良好的自我认识，从而形成良好的自我学习品质。通过对话，教师信任学生，学生在教师的信任下，有信心克服自我恐惧，不断提高自我认识，不断进行自我发现。在对话中，学生是学习的责任人，而不是教师的附庸；学生是学习中独立自主的个体，而不是客体或被认识的对象。

如何才能实现师生、生生之间的理性对话呢？一方面，教师要转变自我观念，鼓励学生质疑自己的观点。传统教学过程中，教师拥有至高无上的权利，可以对课堂中任何不"合理"的思想和行为进行"镇压"。这样不仅不利于学生产生对教师的尊敬之情，可能还会触发学生对教师的抵触情绪。如果教师鼓励学生积极参与教学活动，做出符合自我意志发展的选择，那么学生就会发自内心地尊敬教师。另一方面，要努力提高学生的认识水平，帮助学生冲破原有思维方式和认知结构的禁锢，让学生拥有新的情感、态度和价值观，让学生以主人翁的身份进入课堂学习。教师要鼓励学生认识到自我的主体意识和主体责任，这样，学生就会自觉地参与教学活动，也更乐意敞开心扉和教师进行对话。

第三节　环境：激发学生的情感和意志、陶冶学习智慧

学习环境对学习的作用是毋庸置疑的。在第一次浪潮和第二次浪潮的时代背景下，人们以被动的方式适应环境的发展。在科技迅猛发展的今天，学生必须学会学习才能迎接社会的挑战。学生作为学习智慧的行为主体，需要重视对环境的创造性使用，需要不断调整和创造适宜的环境，帮助自身建构正确的价值观念，形成稳定的学习情感和学习意志，从而为学习品质的实现提供有力支撑。

一、形成充满正能量的社会心理

正能量的社会心理能帮助学生形成积极的学习价值观念，提高社会归属感，帮助其产生积极的学习情感，推动学生产生良好的学习行为。

社会心理是人们对社会结构和社会运行现状较为直接的主观反映。① 社会心理分为三个层面：一是个体的社会心理和社会行为；二是社会交往心理和行为；三是群体心理。② 此处的社会心理主要指群体心理。根据社会心理对人产生的影响，可以将社会心理分为正能量和负能量。正能量能对社会文化产生积极的影响。正能量的社会心理能帮助学生建构良好的社会规范意识。社

---

① 沈杰. 中国社会心理嬗变：1992~2002 [J]. 中国青年政治学院学报，2003（1）：133-139.

② 林金辉. 社会心理：教育改革过程中不可忽视的制约因素 [J]. 教育研究：2009（8）：20-23.

会心理如同空气一样，看不见摸不着，却时刻对学生的学习产生影响，浸染学生积极的价值和情感，推动学生产生亲社会行为；负能量的社会心理容易使学生产生消极观念，抵制积极的学习行为。那么，如何才能使学生充满正能量呢？

首先，从优秀的传统文化中汲取正能量的养分，让学生浸染在良好的社会规范中。中国传统文化历史源远流长，内涵博大精深，给人类留下了丰富的精神文化遗产。这些传统文化跨越时空、超越历史，成为中华民族的文化载体和生命线。例如，在处理人与自然的关系时，推崇天人合一，道法自然；在对待与他人关系时强调"小人同而不和，君子和而不同""己所不欲，勿施于人"；在对待人与自身关系时，强调"仁者爱人"；在对待人与社会关系时，强调"先天下之忧而忧，后天下之乐而乐"。这些思想观念，是人类丰富的人文积淀。学校是人类优秀文化的传递场所，学生如若能在社会的大环境中浸染优良的社会规范，将会形成良好的学习规范，产生坚定的学习信念，推动其产生积极的学习品质。

其次，通过中西文化交流，汲取国外有益的文化养分，帮助建立良好的社会规范，促进学生学习智慧的发展。从历史发展的进程来分析，西方的文化思想对传统中国产生的影响微乎其微。鸦片战争以后，中华民族逐渐从沉睡中苏醒，开启了中西文化交流的道路。随着科学技术的推进，通过吸收、借鉴、融通和包容的方式接纳外来文化正逐渐推动中华民族文化心理的建构和发展。①

个体无法选择他出生的社会心理，因为社会心理在他之前就已经形成。当个体的生命在时间的隧道里画上句号的时候，社会

---

① 白雪峰. 当代中国大学生人文精神的培养 [D]. 沈阳：辽宁大学，2010：89-91.

心理也不会因为个体的消失而泯灭。社会心理赋予生活在其中的个体一种基本的社会规范,这种社会规范是客观存在的,具有不可选择性。良好的社会心理能激励学生产生社会归属感,促进学生产生亲社会行为,有利于推动学生德性的养成,有利于推动学生养成良好的学习智慧品质。

二、让学校成为学生栖居的场所

学校的英语单词是 school,意思是智慧的学园,学生可以根据自己的兴趣与志同道合者聚集在一起,自由地交流和讨论;学校是人际交流、情感沟通和生命对话的空间。学校环境是一种隐性课程,能对学生产生无穷的精神力量。这种环境能让学生心灵成长,学校里的隐性课程可以陶冶或启发学生在学习过程中做出合适的选择,从而促进学生践行良好的学习品质。"孟母三迁"的典故,充分说明外部环境对人的发展起着举足轻重的作用。良好的校园物质环境和精神环境能给学生以积极的情绪影响和精神启迪,能使学生感受到浓郁的文化气息,学生能乐在其中,尽情享受求知的乐趣和成长的幸福;能给学生以精神的熏陶和人格的感染,使学生徜徉其中,缓解因学习紧张而带来的心理压力。怎么才能让学校成为学生栖居的场所呢?

其一,学校为学生提供多样、可欲性的物质环境和自由的精神空间,激发学生对美好事物的欲求,从而使学生感受到作为学习主体的自由和快乐,促进学生学习智慧的养成。卢梭在《爱弥儿》中说,一个生来就没有别人教养的人,他也许简直就不成样子。[①] 因

---

① 〔法〕卢梭. 爱弥儿(上卷)[M]. 李平沤,译. 北京:商务印书馆,2007:5.

此，要培育这棵幼树，给它浇浇水，使它不至于死亡。[①] 卢梭在《爱弥儿》开篇提道："出自造物主之手的东西，都是好的，而一到了人的手里，就全变坏了。……他扰乱一切，毁伤一切东西的本来面目；……他不愿意事物天然的那个样子，甚至对人也是如此……照他喜爱的样子弄得歪歪扭扭。"[②] 卢梭的这段话充分说明教育要避免出现不恰当的干预，要让学生保持原来的天性，主张让学生依本性自由成长。人性本善的观点充分说明人类本质是好的，好奇心需要学校、教师等给予适当呵护，被呵护的学生能进行自我教育，成为善良、有用和快乐的人。学校应该让学生的德性得到充分的展示，激发学生对美好事物的欲求，而不是限制学生的发展，阻碍学生的成长。著名现代诗人徐志摩，他的诗流淌着对康桥的一种热情，因为他觉得康桥能使他的美好欲求得到发展。在康桥的学习生活中，徐志摩感受到学校能激发他的美好欲求，因此，康桥成为徐志摩一生都念念不忘的美好风景。在徐志摩的著名诗集《志摩的诗》中就有多篇诗歌表达了作者对康桥的热爱之情。学校应该成为学生的精神家园，成为学生进步的阶梯；学校应提供让学生自由想象和创造的空间，唤醒学生对于美好事物的向往和追求。

其二，学校秉承"以人为本"的教育理念，让学校的每一寸土地、每一幢楼房都能陶冶人的情操，创设一种优雅有格调的校园环境，感染学生的学习情感，坚定学生的学习意志。一所学校需要拥有一幢幢教学楼、一栋栋科技楼和图书馆，但仅仅拥有这些冰冷的建筑物和设备离建设好的学校环境与学校氛围还相距

---

① 〔法〕卢梭. 爱弥儿（上卷）[M]. 李平沤，译. 北京：商务印书馆，2007：6.

② 〔法〕卢梭. 爱弥儿（上卷）[M]. 李平沤，译. 北京：商务印书馆，2007：5.

甚远。如何让学校建筑物和设施唤醒学生美好的想象与自由的创造，唤起学生对美好生活的向往和追求，激励学生积极成长？必须通过物质环境的人性化，让人文气息蕴含在建筑物中，给学生创造人生不断回望的想象空间。这就需要将学校中的物质环境人性化，使学生感受到人文气息的熏陶，从而陶冶学生的品格。学校应该从学生的角度，营造活泼快乐、真实自然、自由向上的成长文化，使学生成为学校的主人，感受到成长的快乐。

三、激发学生探究欲的班级环境

基础教育课程改革以来，我国班级课堂教学环境发生了翻天覆地的变化。

其一，将传统秧田式的课桌椅摆放形式变为小组马蹄形团座的形式。传统秧田式的课桌椅摆放模式，最明显的优点是能让学生进行独立思考，但秧田式的桌椅摆放弊端也是显而易见的，比如容易导致学生情感冷漠，不利于学生彼此之间的交流和沟通，不利于合理有效地利用信息。相反，小组马蹄形桌椅摆放形式刚好弥补了以上缺点，学生能独立思考，同时生生间还可以方便地进行交流和沟通，信息能得到有效的利用，产生 $1+1>2$ 的教学效果。

其二，使用可移动的班级小黑板。课程教学改革以来，学校将小黑板引入课堂。在课堂中，小组代表将小组成员的核心问题记录在黑板上，教师循环指导，帮助答疑。在此过程中，能够培养学生独立思考问题的能力，由于问题来自学生，教师不再是问题的提出者，而是帮助解决问题的合作者和支持者。通过教师恰如其分的解答，更能增加学生对教师的信任感和尊重感。教师不需要满堂灌输学生知识，而是激发学生的提问意识。

其三，建立形成各种学科教室。基础教育课程改革中，不少课程改革试点学校将教室装扮得富有学科的特色（简称学科教室)。在装扮学科教室的过程中,需要所有学生群策群力,这样更能激发学生对学科教室产生热爱之情。学科教室可以激发学生强烈的学习欲望,学生迈入教室就会产生动一动、摸一摸的欲求,进入学科教室的学生更能产生归属感和安全感。比如生物课堂,可以将教室设置成生物博物馆,学生通过参观、动手摸一摸的过程,激发行动的欲望,加上学科教室环境陶冶,学生思维就会变得活跃。

其四,简化班级环境,避免环境对学生学习的过度干扰。在学习过程中,减少分散学生兴趣的环境,可以使学生克服学习诱惑,增强学生意志能力。杜郎口中学的教室里除了电灯以外、没有多媒体、投影仪、电视机等教学仪器,教室的前后都是大大的黑板,四周是水泥墙,中间是简易的课桌椅。[①] 这种简约化的班级环境,可以减少环境对学生注意力的分散。

其五,建立智能型班级。随着计算机、网络逐渐嵌入课堂,学习技术在教学中的运用越来越多。为了让更多的学生享受到学习技术带来的学习机遇,学校应努力让班级成为一种智能型班级。1997 年,马来西亚有学者提出智慧学习环境。[②] 在 2006 年,我国学者钟国祥也提出了智能学习环境。结合信息技术的发展,从学习智慧的特点和品质出发,可以创造一种智能型班级环境来陶冶学生的学习智慧。在技术的参与下,最为显著的学习环境变化莫过于人化的物质环境。传统的讲台、黑板、粉笔逐渐淡出视线,代之以电脑、投影仪、音响设备。首先,智能型班级可以实

[①] 许爱红,刘延梅,刘吉林. 农村中学课堂教学模式的重大变革——解读杜郎口中学"三三六"自主学习模式 [J]. 当代教育科学,2005(11):18-26.

[②] 智慧学习环境是一个以通信技术为应用基础,以学习者为中心,且具备以下特征的环境:可以适应学习者不同的学习风格和学习能力;可以为学习者终身学习提供支持;可以为学习者的发展提供支持。

现虚拟环境和物理环境无缝对接，能给学生提供个性化的学习支持和学习服务。学生通过对学习技术的使用，实现学习的即时记录、即时评估、资源共享。通过对学习技术的使用，可以帮助学生设计学习计划，监督和评价学习。在智能型班级环境中，学生可利用学习设备呈现各种真实的学习场景，使自己能够身临其境地体验学习对象；学生可以通过计算机系统记录学习结果、搜集学习资源，从事各种学习主题活动；学生可根据自身的兴趣爱好快速找到学习的合作团队；学生可利用系统进行便捷的交互沟通。其次，学生可以利用教室里的内置投票器与教师进行即时的学习互动，在学生进行投票的过程中，学生参与了具体的教学活动，从而提高了学习的效率。智能型课堂若能得到合理且创造性地使用，将会引领学生从规范性存在走向创造性存在，还能在更大范围里支持师生和生生关系的发展。

第四节　评价：促进学生自我认知、引领学习智慧

新一轮基础教育课程改革明确指出："建立促进学生全面发展的评价体系。评价不仅要关注学生的学业成绩，而且要发现和发展学生多方面的潜能，了解学生发展中的需求，帮助学生认识自我，建立自信。发挥评价的教育功能，促进学生在原有水平上的发展。"[1] 教学评价对学习智慧的影响已在前文进行了系统的论述（详见第五章第三节）。既然教学评价可以通过影响学生的自我

---

[1] 教育部关于印发《基础教育课程改革纲要（试行）》的通知［EB/OL］. http://www.moe.gov.cn/sircsite/A26/jcj_kojcgh/200106/t20010608-167343.html, 2001-06-08.

认知而影响学习智慧的形成，那么什么样的教育评价理念才能引领学习智慧的发展？评价应建立一种什么样的目标，来帮助学生实现自身的成长？教师如何实施评价来帮助学生形成良好的自我判断，从而推动学生的自我效能，促进学习智慧的发展？

一、充满激励和爱的评价理念

充满激励和爱的评价理念旨在通过全面、真实、深入地评价学生的学习现状和发展趋势，弥补长期以考试成绩作为评定学生唯一标准的弊端，使评价能真正全面反馈学生的学习过程和学习结果，发挥评价的"发展"功能，促进学生的全面和谐发展。1920年，夏丏尊看完日本三浦修吾的日文译本《爱的教育》后在文章中写道："学校教育到了现在，真空虚极了……教育没有了情爱，就成了无水的池，任你四方形也罢，圆形也罢，总逃不了一个空虚。"先生语重心长地道出了教育中"爱"的重要性，缺乏"爱"的生命才会遭遇干渴，充满"爱"的生命就会得到滋润。苏霍姆林斯基也认为：教育技巧的全部奥秘在于如何爱护儿童。爱应该渗透到教学的所到之处，通过爱的灌注，促使学生生命成长。因此，在对学生做出评价时，应树立起激励和爱的评价理念，促进学生学习智慧的发展。

首先，在充满激励和爱的评价理念支持下，教师的评价能正面引导学生进行积极的自我认识，从而促进学生形成良好的学习品质。在对待学生"错误"时，善于发现学生"错误"之中的闪光点，避免负面的指责。教师不再用统一的模式和标准去衡量个体生命，其评价能充分尊重学生的个体生命差异性，点亮个体生命价值，从而唤起和激励学生生命状态向"好"的方向迈进。"你是一个反应速度快、活动敏捷的孩子，在学习过程中更容易好动，具有很大的发展潜力和空间。只要你认真，学习效率就会更高。在今后的学习过程中，希望你能养成良好的学习习惯，用实际行

动来证明和发展你的多种可能性。"这则评价将学生的缺点化有形于无形，能充分激发学生的自我效能感，能促使学生进行积极的自我评价，能使学生形成良好的自我认识，能促使学生产生善待自我的行为。

学生具有无限发展的可能性，教师需要充分相信学生的主观能动性，相信学生的个体差异性，相信学生的完整性，并承认学生发展的差异，并在此基础上转化差异。不管学生的自身条件如何、基础如何，只要学生充满对美好生活的向往和积极向上的心态，教师就应该对他进行鼓励和引导。在教育领域，大家耳熟能详的陶行知先生三颗糖的故事，在处理整个事件中，陶行知先生一共表扬了三次：第一次表扬学生的诚信；第二次表扬学生的正义；第三次表扬学生自己认识到了在整个事件中所犯的错误。在激励和爱的评价理念下，教师正面引导的评价可以激励学生的成就动机，形成良好的自我效能感。阿特金森认为，人有两种成就动机，其一是追求成功的动机；其二是害怕或避免失败的动机。[①]学生在面对具体的学习任务时，两种动机会相互制衡，学生会产生强烈的心理冲突，需要对两种冲突进行平衡。此时，如果学生能得到教师的积极评价，就可能形成良好的自我认识，进行合适的学习行为选择；如果学生遭到教师的消极评价，就可能产生不好的自我认识，选择错误的学习行为。这种消极的评价将可能使学生和教师关系变得越发紧张，制约学生对教师的认识。在充满激励和爱的评价理念的支持下，教师能充分肯定学生在学习过程中的积极学习价值和学习行为，激励学生不断取得进步。同时，教师需要认真且耐心对待学生在学习进步过程中的倒退，并对这种反复行为进行理解，以包容的心态接纳学生的缺点，帮助学生

---

① 〔美〕伯纳德·韦纳. 人类动机：比喻、理论和研究［M］. 孙煜明，译. 杭州：浙江教育出版社，1999：198 - 213.

检测学习价值和学习行动的正当性和合理性，从而促进学生良好品质的养成。

其次，充满期待和爱的评价理念，可以促使教师对学生产生更多的关爱，教师一转以往那种控制者的角色，成为学生学习实践的支持者和协作者。教师促使学生认识学习规范，帮助学生将学习规范内化为学习信念，支持学生将学习信念落实到具体的行为实践中，激励学生形成良好的学习品质，促进学生的身心和谐。学生在教师的支持和关爱中不断成长，同时也会自发和自觉地对教师产生信任。如此积极地循环往复，学生和教师在交往中相遇，彼此形成正确的交往态度和方式，从而促进良好师生关系的养成：一方面学生实现了自我成长，另一方面教师体会到被学生尊重的职业幸福感。

再次，在充满激励和爱的评价理念支持下，教师可能会淡化学生的学科成绩，不再盲目地追求分数，而将评价的重心重新回归到学生的发展和进步上。教师可能更注重学生学习能力的发展，会更多地组织一些锻炼学生能力的活动，在相互交流和合作的学习活动中，学生的同伴交往能力会得到提高，从而促进生生学习品质的发展。相反，教师持"成绩第一"的评价理念，将会引发学生之间的恶性竞争，这种功利主义的竞争容易激发学生产生急功近利、自私自利的学习行为，严重阻碍生生关系的建立，不利于学生养成与同伴良好交往的学习品质。

二、实现学生自身发展的评价目的

基础教育课程改革认为，必须建立促进学生全面发展的评价体系。评价不能过分注重学生的学业测试分数，而要充分调动学生多方面的发展潜能，及时了解学生在发展中的需求，帮助学生认识自我、肯定自我、建立自信，从而促进学生的全面和谐发展。因此，评价的目的必须是促进学生的发展，只有这样才能使评价符合基础教育改革发展的需要，才能有利于学习智慧的形成与发展。为了实现学生的自身发展，评价的功能必须由"指挥棒"变为"服务器"。

首先，评价的"指挥棒"功能会抹杀学生的个性和创造性，不利于学生的发展。在传统教育教学中，评价过分重视学生的甄选和评定，将学生的发展安置于一个特定的评价框架内。以考试为基本目标，将严重阻碍和制约学生学习智慧的发展。如学生符合评价的标准就属于合格，相反，不符合学生评价的标准就应受到指责。这种评价不利于发挥学生学习的主体性，严重制约了学生学习的积极性和主动性。著名的"普罗克拉斯提斯之床"充分说明，按照统一的标准去认识事物，将可能导致削足适履的不良后果。为了适应评价的学习，学生演变为考试的工具，考试成为评价学生的目的，为了考试而考试，学生最终只能成为考试的机器。考什么学什么，甚至将考试演变为考试技能的训练。这种只关注分数的考试，不能提高学生观察、发现和解决学习问题的能力。学生在获得分数的过程中，一味地追求获得大量的知识，而忽视学习能力的提升和学习品格的养成。随着考试的范围扩广，难度越大，学生的课业负担也随之水涨船高。为了评价而学习的学生，可能在无聊的重复和竞争的喧嚣中泯灭主体的生命价值；学生容易产生消极心理和情感，越来越成为单向度发展的个体。评价"指挥棒"的功能，不仅不能促进学生的发展，而且严重阻碍学生的发展，使评价走向发展的反面，严重制约学生学习智慧的发展。

其次，评价作为"服务器"将会促进学生学会学习，促进学习智慧的发展。评价的功能和作用不止于强调甄别与选拔，而应该强调教学评价是否守护和发展学生的能力，是否从发展的角度观测学生的创造性和可持续发展的价值。评价是否重视学生的发展直接影响学生学习智慧的养成。为学生发展服务的评价，旨在让学生学会学习，为学生终身发展服务，这种"服务器"式的评价若得不到彰显，学生的学习智慧也将难以实现。

再次，多种评价方式结合，促进学生进行良好的自我认识，从而促进学生身心和谐发展。美国心理学家布卢姆根据评价在教学中作用时间、作用效果的不同将其分为诊断性评价①、形成性评价②和总结性评价③。形成性评价的作用一方面在于针对性地对学生进行个体差异性诊断，另一方面在于对教学过程进行即时的反馈调节。有学者根据评价的主体性差异将评价分为学生评价、教师评价和自我评价。学生评价和自我评价被引入评价系统将打破传统教师单主体评价的模式，有利于学生主体学习地位的发挥。自我评价又叫个体内差异评价，学生从自身的角度，在个体内部进行横向和纵向比较。这种自我评价有利于促进学生认识自我学习的主体地位，有利于学生进行自我反省，还可以消除教师评价带来的片面消极情绪，能充分调动学生内部的学习动机，能促使学生产生学习责任意识。学生互评有利于学生学会彼此合作、培养学生互助合作的良好学习品质；通过互评，有利于学生了解不同个体之间的差异，有利于学生形成合作交往的学习品质。教学中应充分结合形成性评价、自我评价和学生互评的优点，促进学生个体自我认识的发展，帮助学生形成正确对待自我的良好学习品质。

三、评价体现真诚性、具体性

2014年9月国务院颁布《国务院关于深化考试招生制度改革

---

① 诊断性评价是在课程和教学计划开始之前进行的预测性评价。
② 形成性评价是在课程编制、教学和学习过程中进行的评价，也叫过程评价。
③ 总结性评价是在课程与教学活动结束时对其结果进行的评价。

的实施意见》，2014年12月颁布考试招生制度的两个配套文件①，打破了原来"一考定终身"的局面，实行多维度、多选择、多机会的考试制度。2015年1月，教育部发布了《关于加强和改进普通高中学生综合素质评价的意见》，以考试成绩为唯一评价标准的评价方式将成为历史，学生的各种综合素质被纳入评估的范围。在充满激励和爱的评价理念的指导下，为了实现学生发展，促进学生学习智慧的生成，教师在实施评价时应尽量做到以下几点。

(一) 评价语言体现真诚性

评价是基于主体的需要，在对事物认知的基础上，对事物的价值关系的一种选择或判断。这种价值判断以对事物的认知或判断为基础，但并不是从事实判断中直接推理出来的。教师对学生的评价，语言必须具有真诚性。真诚是具有良好教养之人的必备品质，更是教师应有的美德。② 真诚需要教师勇敢地面对自己，不要有任何的虚伪与造作。只有在真诚性的前提下，教师的语言表达才是合理的。评价语言的真诚性建立在师生的交往活动之中，教师的评价语言只有在具体的语境中才能被理解。教师的评价语言既要说出教师的私人情感和个人欲求，同时也需要表达一种规范要求。只有这样，评价语言才具有存在的充足理由。同时，教师的语言必须和学生的学习行为具有内在的关联性。评价语言的真诚性不是针对具体实际存在的事态，而是有效地表达教师的主观体验。教师不是虚情假意地评价学生，而是出自对学生的一种真实评价。评价是建立在教师和学生朝朝暮暮相处之中，通过真诚性的表达，流露出教师对学生的爱和期盼。评价不是"片面追

---

① 《教育部关于加强和改进普通高中学生综合素质评价的意见》和《教育部关于普通高中学业水平考试的实施意见》。

② 徐继存. 面向现实教学活动的师生关系建设[J]. 教育研究，2005 (1)：58–62.

求升学率"的甄选,不是以成绩来衡量学生,而是重视学生个体发展的差异性,赋予学生个体生命成长的可能性。

评价语言的真诚性突出表现在教师在实施评价时应避免使用生硬、空话、套话和不切实际的评语,避免使用团结同学、尊敬师长、热爱集体活动等空洞词语。因为这类评语没有任何针对性,不能充分表达教师对学生的期待,不能突出学生的个体性。如何使评价语言符合真诚性?首先,评价的语言是正当的,即教师的评价语言来自与学生交往,能充分展示学生的特点。其次,评价语言真实表达教师的主观感受,能引起学生共鸣。如以下这则评价:由于你性格开朗,乐于助人,因此老师希望你在今后继续做一个有爱心的学生,热心帮助需要帮助的人。通过此则评语,我们一方面知道了这名学生的为人特点,另一方面这则评语充分表达了教师对该学生的期待。真诚性的评价语言能拉近教师和学生的心理距离,能让学生感受到自己是教师关注的对象,能让学生感受到教师的爱,体会到教师对自我的期待,进而增进师生感情。学生产生对教师的高度信任感,就会不由自主地流露出对教师的尊重,就能在学习中积极互动,选择适当的行为处理与教师的关系,从而形成优质的师生交流体验。

(二)评价内容体现具体性

通过标准考试获得的分数,只能片面地考查学生对知识的掌握情况,评价内容的具体性,需要教师在学生的具体表现和教学进展中不断进行总结,充分反映学生在学习过程中的基本情况。评价内容的具体性主要表现在以下几个方面:其一,具体性的评价内容包括评价的过程和评价的结果。评价内容来自学生的学习过程,充分展示学生在学习过程中的学习兴趣和学习动机;评价内容的具体性,需要教师考察学生学习行为产生的情境以及行为情境对学习行为产生的影响。其二,评价的范围可以具体化。基础教育课程改革强调对学生进行综合素质评价,要使这些抽象素质变成具体的、可考察的评价参考指标。评价的方式主要有写实记录、整理遴选、公示审核、形成档案、材料使用等。其三，评价的具体性还包括针对学生的性格和特长，对学生做出客观的评价。教师对学生的评价需要以认知学生为基础，避免出现主观臆断与随意性的评价。教师应该充分关心学生、尊重学生、理解学生，注重学生个体差异，以发展的眼光看待学生成长。如果仅仅因为学生的成绩差而责备学生，不仅不会获得学生对教师的尊敬，还会适得其反。教师要尊重学生，善于发现学生身上的闪光点，尽量使闪光点具体化。有位教师在学期末给一位调皮学生的评语如下：通过一学期的努力，老师发现你上课的小动作逐渐减少了，从不举手到逐渐举手，再到如今频繁和老师互动，这个过程体现了你的成长和进步，老师为你感到高兴，期待你下学期表现更出色。从这则评语中，家长一目了然地知道学生进步的程度。评语内容相当的具体，体现了教师对学生日常学习的关注。

评价语言的真诚性和评价内容的具体性能提高学生的自我认识，通过积极的评价，可以促进学生养成良好的学习品质。

结　语

《易经·系辞》提出了"形而上者谓之道，形而下者谓之器"的命题，隐含了人类认识事物的一种内在逻辑的演变过程，同时道出了哲学的两种思维方式：一种是形而上学的世界观追求，一种是形而下学的方法论探究。随着哲学思维方式的拓展，徐复观[①]提出了形而中学的观点，在形而上的思辨与形而下的方法论之间搭建了一座桥梁。我们试图揭示学习智慧是什么的命题，从而探讨学习智慧的内部结构、外部表征和形成机理等内容，在此基础上提出了学习智慧养成的策略。

其一，"人类精神一劳永逸地放弃形而上学研究，这是一种因噎废食的办法，这种办法是不能采取的。世界上无论什么时候都要有形而上学，不仅如此……尤其是每个善于思考的人，都要有形而上学，而且由于缺少一个公认的标准，每人都要随心所欲地塑造他自己类型的形而上学。"[②] 鉴于哲学家康德的勉励，笔者大胆地对学习智慧进行了本质思索，以身心健全的人为基础，提出了学习智慧的命题。提出学习智慧命题是基于如下考虑：在功利主义或效率主义的价值追求下，人越来越被物化为机器中的零部件，成为单向度发展的人，学生更趋向利己主义者，而不是

[①] 徐复观（1903—1982），原名秉常，字佛观，"现代新儒家"的代表人物之一。

[②] 〔德〕康德. 任何一种能够作为科学出现的未来形而上学导论[M]. 庞景仁，译. 北京：商务印书馆，1978：163.

一个完整的人。康德认为，人或者有理性的东西都应该是自在地作为目的而存在，他不是这个或那个意志所随意支配和使用的工具。在人的一切行为中，任何时候都应该以自身当作目的。[①] 在学习过程中，学生如何才能突破学习工具价值的属性，实现自身发展的目的？学生如何才能成为完整的人？当科学、科技被引入学习领域后，传统的适应性学习已经不符合社会发展所需，学生应该具有什么样的学习能力来适应时代发展的迫切需要？在终身发展的时代主题驱使下，学生更应该学会学习，以实现自身发展为目的不断学习。鉴于对以上问题的不断思考，笔者认为在学习过程中必须要有智慧的参与，而学习领域中渗透智慧刚好又能丰富、拓展学习和智慧的理论。因此，学习智慧的探讨是有理论意义和实践意义的。

其二，学习智慧究竟是关于什么的追问。由于学习和智慧都是意蕴深刻的主题，将二者完美结合，试图阐述清楚却是件十分困难的事情。学习智慧是学习的智慧？学习智慧是通过学习促进智慧发展？学习智慧是智慧学习？还是学习智慧是智慧性学习？通过分析，我们提出了学习智慧的本质内涵，认为学习智慧是指学生在复杂的学校环境中，在感悟学习规范的基础上，通过自身立法和意志自律，形成学习信念，平衡（选择）适度的学习价值和学习行为，从而形成良好的学习品质。

其三，基于学习智慧的内涵，我们通过逻辑推演，水到渠成地得出了学习智慧的基本特征，顺理成章地将学习智慧分为学习价值平衡智慧和学习行为平衡智慧。同时还得出了学生学习智慧的功能和作用。学习智慧拥有丰富的内部特征，同时学习智慧也包含广泛的外部学习品质。通过分析对立冲突的矛盾

---

① 〔德〕伊曼努尔·康德. 道德形而上学原理［M］. 苗力田, 译. 上海: 上海人民出版社, 2005: 80.

观点,在过度和不及的学习价值和学习行为之间,学生通过主体自主平衡得出学习价值和学习行为品质,主要的学习品质包括五个方面的内容:学生处理与自身关系的身心和谐的学习价值和自制接纳的学习行为;学生处理与学习他人(教师)关系的学生"人化"教师的学习价值和学生尊重、协作教师的学习行为;学生处理与学习他人(学生)关系的群己共赢的学习价值和合作学习的学习行为;学生处理与学习内容关系的形实并举的学习价值和扬弃兼容的学习行为;学生处理与学习环境(技术)关系的技术合和的学习价值和技术创生的学习行为。学习智慧的发展不是一个静止的、孤立的过程,而是一个动态的过程。其中包含三个不同的发展阶段:学习规范、学习信念、学习品质。三个阶段不断转化,构成了学习智慧发展的两个基本过程:第一,学习规范内化为学习信念的过程;第二,学习信念不断外显为个人学习品质的过程。心理机理和教育机理共同促进学生学习智慧的发展。其中,促进学生学习智慧发展的心理机理主要包括学生的认知感悟、情意自律、平衡(选择)。学习智慧发展的教育机理主要涉及课程设置、教学内容、教学模式、教学方法、教学环境和教学评价。

其四,在探讨学习智慧基本理论之后,需要深入思考学生在什么条件下才能实现学习智慧的发展,学校需要提供什么样的课程、什么样的教学、什么样的环境、什么样的评价才能促进学生学习智慧的发展?鉴于以上考虑,我们提出了支持学习智慧发展的建议,主要涉及几个方面的内容:综合素养个性化课程促成学习智慧;在教学过程中通过多种方式锻炼学习能力,发展学习智慧;创设环境,激发学生的情感意志,陶冶学习智慧,评价促进学生自我认识,引领学习智慧。

鉴于对学习智慧的系统分析,研究者只有深刻领会学习智慧的深刻意蕴,拥有足够的哲学功底,拥有系统的教育学、心理学、社会学的理论支撑，才能促进学习智慧研究向纵深方向发展。学习智慧研究的未来取向应该包括对不同年龄阶段学生的学习智慧进行差异性分析、对不同专业学生的学习智慧进行比较分析等。无论如何，学习智慧的研究有待更多研究者的参与。